KB187305

운정(芸汀) 소광희(蘇光熙)의 철학적 사유의 길

시간의 지평에서
존재를 논하다

운정(芸汀) 소광희(蘇光熙)의 철학적 사유의 길

시간의 지평에서
존재를 논하다

강학순 지음

철학과현실사

운정(芸汀) 소광희(蘇光熙)

책머리에

한국에서 1930년경부터 하이데거 사상에 대한 연구가 시작되었다. 그 출발점에 하이데거 연구 제1세대인 열암 박종홍(1903-1976) 선생과 청송 고형곤(1906-2004) 선생이 있다. 그분들의 제자인 운정(芸汀) 소광희(蘇光熙, 1934-) 선생은 제2세대로서 앞선 연구들을 창조적으로 계승한다.

1992년 9월 26일에 '한국하이데거학회'가 창립되어 이제 어언 사반세기가 되었다. 이는 1980년대 독일로 유학 갔던 하이데거 연구자들이 돌아오면서 한국에서의 하이데거 연구가 한 차원 높아지고 활성화 단계에 접어들게 된 상황과 무관하지 않다.

통념상 전기 작가는 주인공 한 사람의 개별적 운명과 인생의 존재, 생의 실현, 그의 개인적 정신 상황과 결단 등을 파악하고 표현해야 한다. 그 개인을 파악하려면 그 개인을 형성시킨 역사적 상황 전체로서의 객관적 정신을 이해하고, 전체가 개체를 형성시킨 요인 및 개체가 전체를 변혁시킨 측면 사이의 상관관계 따위를 치우침 없이 이해해야 하는 것이다.

나는 전기 작가도 아니므로, 이 글은 주인공의 생애와 사상을 명료하게 드러내는 평전에 미치지 못한다. 그러나 한국에서 하이데거 철학을 전공하는 제3세대로서 1, 2세대의 연구 성과들을 정리하여 이후의 세대에게 전승해야 할 필요가 있다는 생각에 도달하였다. 그 이유는 현대 존재론과 시간론을 대표하는 하이데거 사유에 대한 연구의 역사가 이어져 갈 수 있기 위해서는 모종의 가교가 필요하기 때문이다. 나는 학문의 계보는 어느 정도 가역적 필연을 포함하고 있어야 한다고 생각한다.

이런 점에서 한국 현대철학 연구사에서 하이데거의 사상을 매개로 하여 서양의 존재론과 형이상학 연구에서 혁혁한 학문적 공적을 남긴 운정의 철학을 요약하고, 그 역사적 의의를 정리하여 다음 세대에 기록으로 남기는 일은 필요하다고 여겨진다. 운정의 그간의 탁월한 연구 업적들을 모은 선집이 출간되는 시점에서, 이 책을 통해 그의 '사유의 건축물'을 볼 수 있는 조감도와 그의 '사유의 광맥'을 찾아갈 수 있는 안내도를 그려 보고자 한다. 운정 철학 선집은 7권으로 구성되어 있다. 1권 시간의 철학적 성찰, 2권 자연 존재론, 3권 사회 존재론, 4권 자아 존재론, 5권 하이데거 「존재와 시간」 강의, 6권 청송의 생애와 선철학, 7권 무상의 흔적들.

하이데거학회 창립에 함께 참여하면서 계속 운정과 학문적 인연을 맺게 된 나는 운정의 하이데거 저작의 번역과 책으로 펴낸 강의, 그리고 독보적인 연구물들을 통해 배울 수 있었다. 드디어 1995년 5월 1일에 『하이데거의 존재사유』라는 제목으로, 학회지 '한국 하이데거 연구' 제1집이 나왔고, 현재 42집이 상재되었다. 이런 점에서 한국에서의 하이데거 연구사의 흐름 속에서 이제까지의 연구에 대한 역사적 조명과 정리가 필요한 시점에 이르렀다고 여겨진다.

우리는 살아가면서 모종의 공간, 모종의 시간 속에서 자기 정신의 시선이 타자와 같은 시계(視界)를 향하고 있음을, 그리고 그 두 시선이 사유의 광장에서 어떤 창과 문을 통해 마주치는 순간을 경험한다. 어떤 사유의 자장(磁場) 안으로 끌어들이는 정신적 공감의 경험이 이 책을 쓰게 된 동인이다. 나와 운정 선생과의 인연은 1970년대로 거슬러 올라간다. 철학 공부에 대한 목마름을 지닌 채, 그의 『철학의 제문제』를 접하였고, 이 책은 초창기 나의 철학 공부의 길잡이 역할을 해주기에 충분했다. 그리고 1980년대 유학 시절에 직접 만나 뵐 수 있는 기회가 주어졌고, 1992년 하이데거학회 창립 이후부터 선생과 지금까지 학문적, 인간적 인연을 계속 이어 오고 있다. 나는 1999년 운정의 정년 퇴임 논문집인 『하이데거와 근대성』이란 기념 논집을 주관하여 헌정하였고, 2005년에는 고희 논문집인 『인간에 대한 철학적 성찰』에 논문을 실었으며, 2016년에는 선집 제7권인 『무상의 흔적』의 「해제」를 기고하였다.

특별히 운정 선생은 평생 동안 자식처럼 아끼며 소장했던 저서 전부를 지난해(2015년) 안양대학교 도서관에 모두 기증하셨다. 이 서책들은 앞으로 후학들의 하이데거와 존재론 연구에 계속 기여할 목적으로 보존되어 있다. 그 책들 중에는 고가의 진기한 원서 고전들과 어려운 시절에 주로 유네스코 쿠폰을 이용해 직접 주문하여 구입한 하이데거 원서들이 있다. 심지어 어떤 서책들은 식사를 거르면서 어렵사리 구입하였고, 또 궁핍하여 되팔고 다시 구입한 책들도 있다.

가을비가 흩뿌리던 그날, 자신의 삶과 인생이 담긴 책들이 실린 차량 앞에서 "책들아! 그동안 고마웠어! 학생들에게도 계속 도움을 주길 바래!"라고 하시면서 거수경례로 그동안 정들었던 책들과 작별하는 노학자의 모습은 눈부시게 아름답고도 애절했다.

모든 존재는 시간의 지평 위에서, 하늘과 땅을 비추는 '연잎에 구르는 이슬'처럼 영롱하게 빛나고 '무' 속으로 명멸한다. 이러한 '무상의 미학'은 운정 철학을 관류한다. 우리네 철학의 밭과 여울목에는 무상한 '시간'과 '존재'에 대한 이론적 아포리아에 직면하여 숱한 판타지와 서사들이 비온 후 잡초처럼 무성하다. 거기에 달갑지 않은 '수사학적 거품들'도 무시로 생겨난다. 그러나 운정은 그 모든 췌사(贅辭)들과 불순물들을 증발시켜 천일염처럼 정제된 철학적 정신으로 오롯이 '시간' 속에서 드리워지는 '존재'를 철학적 핵심 사태로서 사색한다. 그리고 그 존재 진리의 빛을 따라 학문과 삶을 성찰하는 사유, 즉 '시간의 존재론'을 펼친다. 무엇보다 그는 '물가에 핀 꽃의 향기(芸汀)'처럼 인문(人紋)을 숭상하는 철학의 풍미를 드러내고자 한다.

운정이 일생 동안 가꾸어 온 '철학의 정원' 및 '사유의 뜰'에는 마당이 넓고 햇살이 그득하다. 그 정원에 파종된 '한국하이데거학회'라는 씨앗은 사반세기 동안 제법 큰 나무로 자라났다. 나는 그 '철학의 정원'에서 선생님의 학은(學恩)을 입게 되었고, 근거리에서 그의 철학적 혼의 숨결을 느낄 수 있는 기회를 얻었다. 더욱이 인간적인 친교를 통해 많은 것을 배울 수 있었기에 이러한 저술이 가능함을 밝힌다. 특히 외국의 철학자들에 대한 연구는 많은 반면, 국내 철학자들에 대한 연구가 일천한 현실에서, 가까이에서 조우한 운정 선생의 철학사상을 정리하여 소개하는 것은 후학들의 과제의 하나로 여겨진다.

이 책이 나오기까지 관심과 격려를 아끼지 않았던 한국하이데거학회 역대 회장단들과 회원들에게 감사의 마음을 전한다. 특히 책 출간을 위해 애써 주시고 주선해 주신 이한구 선생님과 전춘호 사장님께 감사드린다. 마지막으로 한국하이데거학회 회원들과 함께 운정의 학덕을 기리며 한국에서 계속 존재론적 사유의 맥이 부단히 이어져서, 이 땅에서 창조적인 철학문화의 융성이 구현되기를 간절히 기원하는 바이다.

운정과 함께 우러러보며 경이감(thaumazein)을 품고서 찬탄했던 저

10

‘베론 성지’와 ‘석모도’의 푸르고 시린 가을 하늘처럼, 그리고 당대의 시대정신에 대한 창조적 비판으로서의 철학적 담론이 모처럼의 상쾌한 ‘여유(schole)’로 다가왔던 ‘오후 세 시의 티타임’이 추억되는 ‘카페 보뇌르(bonheur)’의 은은하고 정겨운 풍경처럼. 그러한 철학적 정신으로 청정하고 맑은 삶 이어 가시길 바라는 마음 간절하다.

2016년 ‘푸른 시간’의 여울목에서
강학순

차 례

프롤로그

갈급한 시대, '철학의 밭'을 갈다

격변하는 현대사, 그 갈급한 시대 속으로

밖으로는 격변! 안으로는 갈급! 격변하는 외적 현실의 가로축과 갈급한 내적 세계의 세로축, 그 좌표계 안에 정위된 존재는 그 중심점을 잃고서 좌표 변환을 모험한다.

일반 대중에게 제대로 알려지지 않은 우리 시대를 대표하는 철학자, 운정(芸汀) 소광희(蘇光熙)! 그는 한국 현대사의 격변기와 맞물린 정신문화의 목마름을 지닌 '갈급한 시대의 아들'이다. 일제강점기의 잿빛 역사와 암울한 사회 속에서1) 유소년기를 보내고, 해방 후 사상적으로 혼란한 좌우익의 이데올로기 대립 속에서 그야말로 혼돈의 사춘기를 맞이하게 된다. 더 비극적인 것은 청소년기에 아무나 경험할 수 없는

---

1) 소광희 엮음, 『변화하는 시대와 철학의 과제』, 한민족철학자대회 대회보 1, 천지, 1991, 대회사. "일제 치하에서 우리는 그들의 착취와 학대, 모멸과 징발의 대상이 되거나, 아니면 유랑민으로서 낯선 땅, 낯선 민족들 사이에서 헐벗고 굶주리며 이리저리 끌려 다니는 신세가 되었습니다."(6쪽)

세 번의 전쟁을 겪었다는 사실이다. 즉, 유년 시절에 중일전쟁(지나사변), 소년 시절에 대동아전쟁(제2차 세계대전)과 청년 시절에는 6·25 사변이다. 평생 전쟁의 상흔을 간직한 채, 미국과 소련을 중심으로 한 냉전체제의 결과인 남북분단의 비극과 독재정권의 엄혹과 민주화 시대의 환희를 동시에 경험한다.

이러한 굴곡지고 비탈진 역사와 사회적 모순이 빚어낸 '세계의 밤' 앞에서 누구나 '이게 다 무어란 말인가?'라는 질문을 던지지 않을 수 없다. 이는 온전한 지성과 정신을 지닌 인간에게 피할 수 없는 가장 화급한 물음이다. 그것은 바로 전쟁의 포화 앞에서 이유도 없이 내던져져 있다고 느끼는 세상만사의 무상성의 경험 또는 인간 실존이 겪는 시원적인 '무의 경험'이라 할 수 있다. 청년기에 불어닥친 저러한 전쟁의 폐허와 가난으로 인한 젊음의 분노와 좌절 그리고 청춘의 상실! 운정은 난파선처럼 모든 것이 무너져 내린 그 신산(辛酸)한 삶 앞에서 결코 무릎 꿇지 않고 당당하게 실존적인 삶의 모험과 정신적 분투를 감행한다.

인생의 출발점에서부터 무정한 시간과 역사의 질곡 속에서 켜켜이 쌓여 온 인생의 버거운 짐들! 리아스식 해안선같이 굴곡진 역사와 난마처럼 얽힌 사회의 그물망 속에 던져져 그저 사막의 낙타처럼, 자기 등에 맡겨진 짐을 지고 험준한 인생행로 속으로 분연히 출정해야만 하는 존재! 이것이 청년기 운정의 자화상이었다.

당대의 비정하고 불인(不仁)한 시대의 격랑 속에서 겪어야 했던 숱한 절망들! 그 앞에서 말문이 막힐 정도로 고통스럽고 버거운 역사적 삶의 현장! 거기에서 시작되는 고독의 늪과 눈물의 골짜기에 과연 희망은 있었던 것인가. 그러나 참된 희망을 열기 위한 그의 암중모색의 길은 부단히 이어진다. 열린 판도라의 상자에 그래도 마지막 남은 것은 희망이지 않은가!

이것은 그 암울하던 시절에 고독하게 걸어온 내 발자욱의 흔적들입니다. 어느 때는 발길을 들여놔서는 안 된다는 서릿발 같은 팻말을 살금살금 비켜 가기도 했고, 또 어떤 때는 모르는 척 팻말 안에 깊숙이 들어섰다가 나가라는 지엄한 명령으로 쫓겨나기도 했던, 말하자면 갈팡질팡하던 어둠 속의 걸음걸이였습니다. 그러나 어둠이 다하면 여명이 오게 마련이지요. 오히려 어둠이 깊으면 깊을수록 여명의 다가옴은 확실한 것입니다. 그 걸음걸이는 새벽을 향한 암중모색이기도 했습니다. 닭이 홰를 치고 먼동이 트는 새벽, 이제는 다시 뒤뚱거리고 눈치 볼 필요는 없어야겠습니다.[2]

'철학의 밭'에 희망의 씨앗을 심다

그렇다. 희망으로부터 동터 오는 한 줄기 새벽의 여명! 그것만이 현재를 살아 내게 하는 유일한 방책이고, 미래를 꽃피울 수 있는 씨앗이다. 그러면 그 희망은 과연 어디에서 오는 것일까? 인간은 희망을 품고 사는 존재이고, 희망이란 사람들이 늘 현실에 만족하지 못해 미래에 이상을 설정하는 것이리라. 운정에게 이상적인 삶이란 자신이 이루고자 하는 뚜렷한 과제가 있고, 그 과제를 위해 온 정열과 정성을 쏟아부을 수 있는 삶 외에 다른 것이 아니었다.

인간의 삶이란, 그것이 개인으로서의 삶이든 사회와 국가로서의 삶이든, 또는 자각적이든 아니든, 현저하게 미래 지향적이다. 물고기가 물이 흐르는 방향으로 역으로 거슬러 올라가듯이, 인간은 미래를 향한 계획을 양식으로 삼고 사는 존재, 희망을 먹고 사는 존재인 것이다. 만일에 인간에게 이 희망이라는 것을 제거해 보라. 그것은 금세기 및 금후 세기가 그렇게도 두려워하는 핵무기니 인구 폭발보다 훨씬 가공스런 상

---

2) 소광희, 『시간과 인간의 존재』, 문음사, 1980, 자서(自序).

태가 되고 말 것이다. 그러기에 판도라의 병 속에는 마지막까지 희망이 남아 있어야 한다.3)

그래도 희망의 싹은 화려한 '물질문명의 제국' 저편에 있으며, 겉으로 보기에 미미한 '정신문명의 세계'에서 싹틀 수 있다고 믿는 이들이 있다. 그들의 신념에 의하면 정신문명의 심장부는 바로 '철학의 영토'이다. 말하자면 저 '철학의 영토'에서만 새로운 정신문명이 움틀 수 있다는 확신이 생긴 것이다. 흔히 '문제가 있는 곳에 철학이 있다'고 한다. 문제가 있는 곳에 철학자는 태어난다. 그러나 '철학의 영토'에서 '희망의 길'을 찾는 이는 아주 드물다. 왜냐하면 그 길은 너무나 좁고 녹록지 않은 간고(艱苦)의 길이어서, 그 길에 대해 대부분 무관심하고 그 중요성과 가치를 제대로 알지 못하기 때문이다.

철학이 무엇이냐 하면, 한마디로 말해 근원에 대한 물음이에요. 이 근원은 나무의 뿌리를 직접 볼 수 없는 것처럼, 사람의 감각을 통해 접근할 수 없어요. 오직 사유를 통해서만 접근이 가능하기 때문에 사람들이 어려워하죠.4)

운정은 인류의 정신문명의 본령이란 '철학의 영토' 안에서 찾을 수 있다고 믿는다. 그 이유는 철학이야말로 부조리한 존재의 심연과 인간 지성의 가장 심원한 영역을 밝히는 학문이라 확신하기 때문이다. 이를테면 철학은 세계 내의 어떤 특정 대상을 탐구하는 학문이 아니고, 오히려 그것의 근원이 되는 세계 또는 존재 자체 내지 '근원적인 무(無)'를 사유하는 학문이란 정의를 그는 전적으로 수긍한다.

---

3) 소광희, 『패러독스로 본 세상』, 지학사, 1985, 123-124쪽.
4) 소광희, 「근원을 찾는 끝없는 여정」(인터뷰), 『人-ART』, 용인문화재단, 2015 봄호, 55쪽.

그리하여 운정은 갈급한 시대 속에서 철학의 밭에 희망의 싹을 파종하기를 결단한다. 그에 의하면 농사짓는 원리와 철학하는 원리는 다르지 않다. 철학함! 그 하나만을 선택하며 인생 전체를 모험한다. 그것은 바로 부조리한 역사적 현실과 당대적 모순에 대한 철학적 대응이었다, '호모 필로소피쿠스(homo philosophicus)'로서의 그 출발은 과연 어떤 모습이었던가?

여기서 우리는 어두운 시대를 치열하게 살았던 시인 하이네(H. Heine, 1797-1856)가 34세에 정치적 후진국인 독일을 떠나 코즈모폴리턴(cosmopolitan)으로 살기 위해 자발적으로 파리로 망명해 간 것을 떠올릴 수 있다. 그는 정치적으로나 문화적으로 깊은 겨울잠을 자고 있는 독일의 후진성과 부패를 신랄하게 비판한『독일, 겨울동화(Deutschland, Ein Wintermärchen)』라는 풍자 글을 통해 낙후된 독일의 문화 재건과 선진화를 위해 몸을 던진다. 그는 반동적이고 복고적인 보수세력과의 결의에 찬 대결을 실행하기 위해 망명을 감행한다.

이처럼 운정도 '철학의 영토' 안으로 '자발적인 내적 망명'을 시도한다. 그토록 '갈급한 시대'의 밤에 '희망의 새벽'을 일깨우기 위한 철학적 모험과 방랑! 그것이 그의 인생 여정을 이끌어 가기 시작한다.

왜 철학은 '희망의 노래'인가?

6 · 25 전쟁 이후에 운정은 인생에 대한 좌절과 회의를 겪으면서도 전쟁의 사상적 배후로서의 공산주의 이론에 대해 깊은 관심을 가진다.

미 · 소는 새로운 패권주의의 형태를 띠고 우리로 하여금 자본주의와 공산주의라는 두 이데올로기 가운데 하나를 택하도록 강요하였고, 동족끼리 서로 적대시하도록 우리를 충동질하였습니다. 그 결과로 빚어진

동족상잔의 6 · 25 동란은 우리에게 역사 이래 최대의 불행을 안겨 주었습니다.[5]

이런 관심으로 인하여 운정은 고교 시절 교우회지의 학생논단에「유물변증법의 논증과 그 비판」이라는 글을 싣게 된다. 대학입학 면접에서, 왜 철학과에 지망했느냐는 질문에는 다음과 같이 대답한다. "남북을 통일할 수 있는 이데올로기 같은 것을 찾아보고 싶습니다." 그는 남북의 적대적 대립을 가슴 짓누르는 시추에이션으로 받아들이고, 민족상잔의 그 참혹하고 반인륜적인 전쟁의 이론적 배경과 남북이 통일할 수 있는 정치철학적 이념을 찾고자 하였다. 그러나 대학에 들어온 뒤로는 공산주의나 유물변증법과는 손을 끊는다. 왜냐하면 그것은 철학이 아니라 이데올로기로 보였기 때문이다. 개별적 철학은 대개 일종의 '이데올로기', 아니면 '이데올로기 비판'으로 여겨진다. 그러한 그의 철학함의 출발점에서는 일찍부터 역사적 현실에 대한 학문적 진단과 반성적 분석, 그리고 민족의 역사에 대한 예견적 성찰을 발견할 수 있다.

이러한 운정의 철학함의 동기는 훗날 그가 한국철학회 회장으로서 주도한 1991년 '한민족철학자대회'로 이어진다. 그 행사는 분단 후 남북을 비롯한 전 세계의 한국인 철학자들이 함께 모여 한국사상의 과거, 현재, 미래를 심도 있게 진단하고 분석한 한민족의 철학의 제전(祭典)이었고 한마당이었다. 이는 그가 평생 가슴 깊이 간직한, 남북이 통일할 수 있는 사상적 이념의 모색과 그 실천방안에 대한 염원의 발로였다.

이런 간절한 희망은 우리 한민족이 인간답게 살 수 있는 정신문명의 건설 이외에 다른 것이 아니다. 그는 이 정신문명의 이론적 구축을 위해 살아 있는 건강한 철학적 정신이 요청된다고 확신한다. 따라서 '철

---

5) 소광희 엮음, 『변화하는 시대와 철학의 과제』, 6쪽.

학적 사유' 없이는 정신문명을 구축할 수 없다고 본다. 이러한 정신문명 없이는 한민족은 표류할 수밖에 없고, 민족의 자존과 정신적 유산을 이어 갈 수 없다는 것이다. 따라서 철학은 우리 민족에게 '희망의 노래'가 될 수 있다는 것이 운정의 시종 일관된 신념이자 지론이다.

'철학의 영토' 안으로 내적인 망명

끝이 보이지 않는 절망과 모순으로 점철된 역사 속에서도 인류의 정신문명에 대한 소명감을 가슴에 간직한 채, 희망을 찾기 위해 '철학의 영토' 안으로 내적인 망명을 무모하게 감행하는 소수의 선각자들이 있는 법이다. 그들은 그 영토에 '희망의 씨'를 뿌리고 싹을 틔우기 위해 일생을 분투하는 정신을 소유한 장본인들이다. 그들은 그야말로 토인비(A. J. Toynbee)가 설파한 역사를 새롭게 세우는 '창조적 소수'임에 틀림없다. 그 소수의 대열 속에 운정의 얼굴도 보인다. 그들은 반드시 기억되어야 한다. 왜냐하면 인류의 정신문명을 지키고 가꾸는 '사유의 농부'가 없다면, 본래적인 인간성이 메말라져서 쉽게 비인간적 야만으로 전락할 수 있기 때문이다. 이런 점에서 '문화의 내면'을 형성하는 정신문명을 위해서 반드시 저러한 선각자의 정신은 기록으로 남겨 계승해야 할 이유와 가치가 있다. 기록되지 않은 것은 기억되지 않기 때문이다.

또한 저러한 선각자들은 하이데거(M. Heidegger, 1889-1976)의 표현을 빌리면 '도래할 자들(die Zu-künftigen)'이다. 그들의 선구자는 횔덜린(F. Hölderlin, 1770-1843), 키에르케고르(S. A. Kierkegaard, 1813-1855), 릴케(R. M. Rilke, 1875-1926) 등이다. 그들은 '시대의 운명'을 바로 세우고자 자신을 헌신적으로 내맡기고 희생하는 자들이다. 그들은 '존재'의 소리 없는 부름에 응답하면서 다가오는 '도래할 자들'이다.

존재망각과 존재이탈에 길들여져 고향을 상실한 이 시대의 인간이 아니라, 존재와 사유의 '다른 시원(der andere Anfang)'의 역사를 준비해 나가는 '도래할 자들'이다.

잘 알려져 있듯이, 횔덜린은 근대 독일에서 시인의 직분과 존엄성 및 그 예언자적 사명을 자각한 최초의 거장이다. 그는 언제나 시인으로서 자기의 사명을 잊지 않았다. '이 갈급한 시대에 무엇을 위한 시인인가?' — 이것이 그의 평생의 과제였다. 여기서 그에게 '갈급한 시대'는 오늘날 일찍이 있었던 신이 이미 없고, 도래할 신은 아직 도래하지 않고 있는 '이중적 결여'의 시대를 의미한다. 즉, 그것은 존재의 근원과 고향이 지닌 성스러움이 부재한 당대의 천박하고 부박(浮薄)한 시대상을 지칭하는 것이었다.

하이데거에게 있어서도 시란 문학 형태나 문학의 한 장르 내지는 문학사의 대상이 아니다. 모름지기 시인의 사명이란, '갈급한 시대'에 세계의 '심연'에 도달해서 그 시대로부터 인간들에게 고향과 같은 장소로 전향할 길을 마련해 주는 것이다. 하이데거는 『숲길(Holzwege)』의 「무엇을 위한 시인인가?」에서, 즉 릴케의 '즉흥시' 해석에서 그를 '갈급한 시대의 시인'으로 호칭한다. '세계의 밤'의 시대에는 세계의 심연이 경험되고 감내되어야 한다. 그 시대를 헤쳐 나가기 위해서는 이 심연에까지 이르는 사람들이 필요하다는 것이다.

운정도 횔덜린과 릴케처럼 갈급하고 척박한 시대에 문화적 사명을 위해 '철학의 영토'로 내적인 망명을 시도한다. 그 첫 발걸음이 대학의 철학과에 입학하여 철학 공부를 시작하는 것이었다.

'사유의 농부'로서 살기로 결단하다

온몸으로 맞닥뜨린 '삶의 아포리아(aporia)'를 짊어지고서 운정은 대학에 들어가서 철학 공부를 일생의 과업으로 삼는다. 이때를 기점으로 세속적 명예와 영달을 뒤로한 채, 소위 '철학의 영토' 안에 살기로 결단한다. 그 후 여든이 넘은 지금까지 한 번도 다른 곳으로 몸을 옮기지 않고 그 영토 안에만 상주(常住)하고 있다. 이는 유교의 선비정신을 실천한 영남학파의 거목 남명(南冥) 조식(曺植, 1501-1572) 선생이 초야에 묻혀 모든 관직을 거부하고서 후학들을 양성하며, 안으로는 경(敬)을 밝히고, 밖으로는 나라를 의(義)로 바로 세우는, 그 한길로만 갔던 삶을 떠오르게 한다.

　서리가 하얗게 내린 새벽길을 맨발로 달리다가 돌부리에 채여 넘어지기도 했고, 동행인도 없이 방황하다가 길을 잃어 갈팡질팡하기도 했으며, 망연히 길 위에 서 있기도 했습니다. 가던 길이 다시 원점으로 돌아오는 일도 한두 번이 아니었습니다. 그렇건만 고집스럽게도 한길만 걸어왔습니다.6)

　그는 인류의 정신문명을 지키고 그것을 고양시키려는 일념으로만 살고자 한다. 다만 그곳에서 희망의 싹을 틔우고 돌보는 '사유의 농부'로서 묵묵히 '역사의 부름'에 응답하는 정신적 자세를 올곧게 견지하고 있다. 말하자면 물질문명에 억압된 정신문명의 자기 회복을 갈망하는 시대적 요청을 철학함의 사명으로 받아들인다. 철학은 잠든 자들의 혼을 일깨워 진리 속에 머무르게 하는 것을 본래적 사명으로 여긴다.
　무엇보다 운정은 생에 대한 허위 없는 '지적 성실성(Redlichkeit)'과 남에게 적용하는 기준과 나에게 적용하는 기준이 동일한 '지적 정직성(authencity)'을 강조한다. 여기가 키에르케고르, 니체, 마르크스,7) 사르

---

6) 소광희, 『무상의 흔적들』, 운주사, 1999, 92쪽.
7) 칼 포퍼, 이한구 옮김, 『열린사회와 그 적들』, 민음사, 2006. "진리를 모색하는

트르, 비트겐슈타인의 정신과 만나는 지점이다. 그것은 자기의 본질에의 무한한 충실로서 휠덜린의 '내적 성실성'과도 연결되며, 또한 시의 본령의 차원에서 수단과 목적을 엄격히 구분한 김수영의 시론과도 연결점을 지닌다. "시는 문화를 염두에 두지 않고, 민족을 염두에 두지 않고, 인류를 염두에 두지 않는다. 그러면서도 그것은 문화와 민족과 인류에 공헌하고 평화에 공헌한다."8) 이와 같이 운정도 철학을 특정 목적을 위한 도구로 삼지 않으면서도, 그것의 본래적 역할의 중요성을 미리 내다본 것이다. 철학은 모름지기 '지적 성실성'을 지니고서 인간의 자율과 책임을 향한 인류의 발전을 도모하는 데 그 역할이 있다고 여긴다.

무엇보다 저러한 정신적 덕목은 『대학(大學)』의 팔조목에 나와 있는 '격물치지(格物致知)'와 '성의정심(誠意正心)'과 통한다. 즉, 사물의 이치가 궁극에 이르기까지 내 마음의 지식이 극진한 데 이르게 하며, 자신의 뜻을 진실되게 하며, 마음을 바로 정하는 것이 '격물치지'와 '성의정심'이다. 우선 자신의 마음을 바로잡으려는 사람은 자신의 뜻을 진실되게 하여야 한다. 다음으로 자신의 뜻을 진실되게 하려는 사람은 먼저 지식을 넓혀야 한다. 결국 지식을 넓히고자 하는 사람은 먼저 사물에 관해 궁구하여야 한다는 것을 의미한다.

이제 '사유의 농부'로서 운정이 한국의 사상사와 철학계를 위해 혼신의 힘을 다해 땀 흘리며 경작하고 파종하여 가꾸어서 소담스레 수확한 열매들을 정성스럽게 갈무리하여 다음 세대에 전승할 '그때'가 되었다. 그는 단순 소박한 자연과 벗하며 사는 농부의 삶을 좋아한다. 그가 철학적 사색의 계절의 흐름 속에서 무엇을 파종하고 가꾸어서 어떤

마르크스의 성실성과 그의 지적 정직성은 그를 그의 많은 추종자들로부터 구별해 준다."(123쪽)

8) 김수영, 『김수영 전집 2. 산문』, 민음사, 1993, 253쪽 이하.

풍미를 지닌 열매들을 거두어 들였는지를 살펴보고자 한다.

　운정의 철학은 '시간론'과 '존재론'을 통람할 수 있는 지형도를 구축하였다. 그것은 한마디로 '시간의 지평에서 존재를 논하다'로 요약할 수 있다. 그리고 포스트모던 시대의 이성과 진리에 대한 회의주의 및 상대주의에 편승하지 않고, 삶에 기초한 보편적 이성의 원리에 근거한 철학의 정통성을 이어 가고자 한다. 여기서는 그 소중한 결실들의 종류와 용도, 그것들의 가치와 의미를 정리하고 음미하는 작업을 수행하고자 한다. 이것은, 운정이 자신의 철학함으로 어떻게 한국에서 현대 서양철학 연구의 맥을 창조적으로 이어 왔고 다음 세대에게 물려주고 있는가를 정리하는 작업에 속한다.

제 1 장

수업시대

1. '문학적 지성'의 양조

독서: '세속적 초월'과 '세상을 향한 출구'

한국 현대사의 격동기를 맨몸으로 맞닥뜨리면서 운정을 내적으로 지탱해 준 것은 문학 작품들이었다. 그것들은 세속을 초월하고, 동시에 세상을 내다보는 창문이 되어 주었다. 그 창문을 통해 역사와 사회 그리고 삶의 풍경을 내다볼 수 있었다. 해방 직후의 어수선함과 뒤이어 발발한 6·25 사변의 대혼란 속에서 중고등학교 시절(1947-1952)을 보낸 운정은 학교 공부에는 거의 취미를 붙이지 못하고, 주로 문학 서적과 역사책을 찾아 다녔다. 고등학교 시절에는 철학책에 몰두하기도 했는데, 그때는 일본인들이 놓고 간 철학 번역서들이 헌책방에 있었기 때문이다.

운정에게 독서는 그야말로 절망적인 현실을 넘어서는 '세속적 초월'과 '세상 밖으로 나가는 출구' 역할을 했던 것이다. 그는 중학교 시절에

'세계문학전집'을 탐독했다. 흥미로운 것은 운정과 같은 마을에 사는 세 친구들이 고전 읽기 경쟁을 하였다고 한다. 이런 분위기 속에서 비극적인 사랑을 낭만석으로 표현한 작품으로, 프랑스 사실주의 작가 뒤마 피스(A. Dumas Fils)의 자전적 소설인『춘희』, 앙드레 지드의『좁은 문』, 스탕달(Stendhal)의『적과 흑』, 알렉상드르 뒤마(A. Dumas)의『몽테크리스토 백작』, 도스토예프스키의『죄와 벌』, 호손(N. Hawthorne)의『주홍 글씨』, 톨스토이의『부활』을 읽었다.

이 중에서『부활』은 그의 청소년기를 정신적으로 변화시켰다. 그가 맺은 인연 가운데 잊을 수 없는 첫 번째 인물은 톨스토이(Leo Tolstoy, 1828-1910)였다. 이는 비트겐슈타인이 톨스토이의 작품을 만남으로써 검소하고 소박한 삶을 살아야 한다는 인생관을 확립하게 된 사례와 유사하다. 운정은『부활』을 만나지 못했더라면 거리의 부랑자가 되었을는지도 모른다고 술회한다. 잘 알려져 있듯이, 이 소설은 네플류도프라는 귀족 청년이 과거의 잘못을 뉘우치고 영혼의 부활을 이룩하는 경로를 그린 작품이다. 주인공은 새로운 삶을 결심하는 동안에 타락과 향락에 젖은 귀족들의 삶과 가난에 시달리는 민중들의 삶 사이에서 모순을 인식하게 된다. 톨스토이는 이러한 주인공을 통해 당대의 모순을 극복하기 위한 각성과 결단을 촉구한다. 또한 주인공이 도덕적 결단을 통해 자신의 영혼을 높은 경지로 끌어올리고 동시에 참된 삶의 가치를 찾아 나가는 과정도 보여준다. 이처럼『부활』이란 작품에서 운정을 사로잡은 것은 인간의 도덕적 결단을 통해서 비로소 인간 영혼이 정화되고 고양될 수 있다는 사실이다. 이것이야말로 가치 있는 삶을 위한 출발점임을 운정은 깨닫게 된 것이다.

문학책 이외에 이 시기에 탐독한 것은 역사책이었다. 이병도의『조선사 대관』, 안재홍, 신채호, 정인보, 손진태 등의 역사 저술을 탐독했다. 채희순의『동양사』, 일본인 오루이 싱(大類伸)의『서양사』, 웰스

(H. G. Wells)의 『세계 문화사 대계』를 탐독했다.

운정이 고등학교 시절에 읽었던 일본어로 번역된 철학 관련 책들은 모두 다 그의 정신세계의 멘토 역할을 한 셈이다. 듀란트(W. Durant)의 『철학야화』, 슈티르너(M. Stirner)의 『유일자와 그의 소유』, 파스칼의 『팡세』, 제임스(W. James)의 『실용주의』, 보에티우스의 『철학의 위안』, 마르쿠스 아우렐리우스의 『자성록』, 그리고 니체, 쇼펜하우어, 키에르케고르의 작품들에 탐닉하였다. 특히 1950년대에 마르크스와 엥겔스의 유물변증법과 공산주의 계통의 책을 읽었다. 그를 그 방면으로 이끌기 위해 누가 가져다준 책들이라고 한다. 그 결과 「유물변증법의 논증과 그 비판」이라는 글을 고등학교 3학년 초에 교우회지에 발표하여 선생님들 사이에 적지 않은 파문을 일으키기도 하였다.

이러한 청소년 시절의 운정의 엄청난 독서량은 '20세기 최고의 지성' 내지 '지식계의 티라노사우루스'라 불리는 움베르토 에코(Umberto Eco)의 경우를 연상시킨다. 에코는 잘 알려져 있듯이, 13세에 스탕달에게, 15세에 토마스 만(T. Mann)에게 매혹되고, 16세에는 쇼팽(F. F. Chopin)을 열렬히 사랑했다고 전해진다. 이와 같은 놀라울 정도로 많은 청소년기의 독서는 이후의 깊이 있는 저작들이 쏟아져 나온 원천이 된 것이다.

그 이후 대학생 운정의 젊은 날의 초상(肖像)의 일단을 보여주는 증언이 하나 있어 흥미롭다. 저명한 기독교 작가인 김성일의 신앙 간증집 『사랑은 죽음같이 강하고』에 그 이야기가 나온다.[1] 운정은 대학생 때 철학과 친구와 함께 김성일 작가의 집에 세 들어 자취를 하였다고 한다. 그는 공부를 하기는 했으나 가끔 술을 마시고, 더러 유행가를 부르기도 하고, 어떤 때는 훌쩍훌쩍 울기도 하는 등 기괴한 행동을 했다

---

1) 김성일, 『사랑은 죽음같이 강하고』, 홍성사, 1989, 38-41쪽, 68쪽.

고 한다. 마당의 양지쪽에 앉아서 책을 읽고 이따금 토론을 했는데 '교회의 속물들의 그것'보다는 훨씬 지성적이고 수준 높은 것이었다고 기술되어 있다. 운정은 중학생 김성일을 붙잡고 헬라 철학의 초기부터 칸트의 인식론이며 실존철학에 이르기까지 동서고금을 종횡무진으로 왕래하며 강론하였다. 김성일은 그 영향으로 니체의 작품들을 탐독하게 되었다고 술회한다.

운정은 소설을 쓰는 문학청년이기도 했다. 그는 김성일이 교우회지에 발표한 시를 보고는, "너는 시보다는 산문(소설) 쪽에 재능이 있는 것 같으니 그 쪽을 공부해 보라"고 하면서, 소설의 주제와 구성, 서두와 전개, 클라이맥스와 결말, 그리고 문장의 비교법, 대조법, 원근법, 반복법을 집중적으로 설명해 주었다. 그리고 의의와 복선에 이르기까지 그가 알고 있는 모든 지식은 김성일에게 주입되었다. 운정은 김성일에게 철학책을 많이 읽으라고 권하였다. 소설을 쓰려면 가장 중요한 것이 주제인데, 뚜렷한 주제를 제시하려면 반드시 작가의 내면에 충분한 철학적 기반이 있어야 한다는 것이었다. 오늘의 저명한 김성일 작가를 있게 한 배후에는 철학과 대학생 운정의 멘토링이 밑거름이 되었음을 확인할 수 있다.

문학적 감성과 철학적 지성

대학 시절 운정은 문학과 철학 사이를 방황하는, 문학적 감성과 철학적 지성을 지닌 철학도였다. 그의 정신 속에서는 초창기부터 문학적 심성과 철학적 형안으로 본질적 사태를 보고자 하는 철학의 맹아를 엿볼 수 있다. 이것은 이후에 '사유'와 '시작(詩作)'을 철학함의 세계 안에서 두 축으로 연결하는 하이데거의 철학에 대한 관심으로 이어지고 있음을 볼 수 있다.

그 당시 대학 시절에 시인 횔덜린의 철학 소설 『휘페리온(*Hyperion*)』
과 『엠페도클레스의 죽음』 — 이것은 니체의 『차라투스트라는 이렇게
말했다』의 전신이기도 하다 — 소포클레스(Sophokles)의 『오이디푸스』,
『안티고네』의 번역과 주석서, 그리스 시인 핀다로스(Pindaros)의 시편
과 그 주해 등을 통해 그리스의 문학적 지성에 다가간다. 이것이 나중
에 횔덜린의 시작 정신과 친근한 하이데거 사유의 세계에 진입하는 계
기로 여겨진다. 하이데거는 헤라클레스, 오이디푸스, 엠페도클레스, 프
로메테우스, 디오티마, 안티고네를 새로운 시간을 열어 간 인물들로 보
았다.2)

특히 운정은 빈델반트의 『철학개론』을 몇 번씩 탐독했다. 잘 알려져
있듯이, 하이데거는 1930년대 중반부터 예술과 시 그리고 언어를 사유
의 주제로 삼는다.3) 그에게 시는 예술의 본질이자 근원적 언어이다.
그리하여 그는 횔덜린과 함께 릴케, 트라클, 뫼리케, 헤벨, 마이어 등의
시를 언급하면서 예술과 언어를 사유한다. 시는 사유의 이웃이자 존재
의 언어를 함께 경청하는 동반자이다. 또한 그는 스테판 게오르게, 르
네 샤르, 괴테, 첼란, 아이헨도르프, 노발리스, 고트프리트 벤 등을 논
하였다.4)

하이데거는 일차적으로 시를 그리스적 의미에서, 즉 '포이에시스
(poiesis)'라는 근원적 의미에서 이해한다. '포이에시스'란 무엇인가를

---

2) M. Heidegger, *Hölderlins Hymnen 'Germnien' und 'Der Rhein'*, Frankfurt a.
M., 1980(GA 39), pp.69-70. (GA: 하이데거 전집)

3) M. Heidegger, *Unterwegs zur Sprache*, Frankfurt a. M., 1985(GA 12). "언어
자체가 본질적 의미에서 시다."(GA 39, p.108) 시는 "언어의 근원이다."(GA
39, p.116) 시는 "순수하게 말해진 것"(GA 12, p.14)이자 존재를 밝히는 근원
적 언어이다.

4) M. Heidegger, *Aus der Erfahrung des Denkens*, Frankfurt a. M., 1983(GA
13); M. Heidegger, GA 12 참조.

만들고 짓는 창작 행위 전체를 가리키는 말이다. '포이에시스'는 '퓌시스(physis)'에 가까운 개념이다. "창작함 곧 포이에시스는 수공업적 제작만을 뜻하는 것이 아니고, 예술적 시적 표현과 묘사만을 뜻하는 것도 아니다. 퓌시스, 즉 스스로 안에서부터 솟아오름 역시 일종의 창작함, 포이에시스이다."5)

특히 '퓌시스'를 독일어 '창작함(Her-vor-bringen)'으로 번역하면서 하이데거는 창작함을 "은폐와 자기은폐인 것으로부터(her), 개방 가능한 것 앞으로(vor) 가져옴(bringen)"이라고 해석한다.6) 따라서 그에게 시의 일차적 의미는 은폐된 것을 드러낸다는 의미의 창조성을 뜻한다. 존재 자체인 '퓌시스'로서의 자연은 인간 마음과 독립하여 존재하는 그 무엇이다. '퓌시스'는 그 스스로 자생적으로 그리고 자발적으로 생기하는 자연적 사건으로서의 피어남, 자람, 주재함을 의미한다.

무엇보다 운정의 수업시대에 횔덜린과 하이데거를 만남으로써 그의 문학적 감수성과 철학적 지성은 더욱 세련되고 심화된다. 마치 윤동주 시인이 『하늘과 바람과 별과 시』에서 「서시」로 형상화한 '별이 바람에 스치우는', '잎새에 이는 바람에도 괴로워한' 겨울밤의 서정성처럼, 운정의 그러한 문학적 감수성은 철학을 하게 하는 원동력이 된다.

겨울 문풍지가 구슬프게 우는 밤이나 눈이 소리 없이 쌓이는 밤에 우리는 고전에 침잠함으로써 그 속에서 천지창조 이전의 소식을 들을 수 있다. 생각하는 사람은 길 없는 길을 더듬어 선현들의 말씀에 귀를 기울이는 것이다.7)

---

5) M. Heidegger, *Vorträge und Aufsätze*, Frankfurt a. M., 2000(GA 7), p.17.

6) M. Heidegger, GA 13, p.103.

7) 소광희, 『무상의 흔적들』, 운주사, 1999, 308쪽.

요약하자면, 운정에게 있어서 문학적 감수성과 철학적 지성은 연결되어 있다. 그는 자연을 통해 피어오르는 존재의 사태를 온몸으로 감응하면서, 시인과 사유가들을 통해 사유된 실상을 '있는 그대로' 드러내고자 한다.

2. 열암과 청송 철학의 창조적 계승

인생의 스승을 만나다

사람의 운명은 태어난 가정환경이 중요한 역할을 한다. 가난한 가정에 태어나는 것과 부잣집에서 태어나는 것은 하늘과 땅의 차이가 있다. 사랑받고 자란 사람과 학대받고 자란 사람의 인성이 같을 수는 없을 것이다. 그러나 그가 사회라는 넓은 세상에 나가서는 누구와 만나 어떤 인생 역정을 엮어 가느냐 하는 것이 가정환경 못지않은 중요한 역할을 한다. 어쩌면 이것은 앞의 것보다 더 결정적일 수도 있다. 운명의 결정에 본인의 노력이 가장 중요하다는 것은 말할 나위도 없다. 운정은 대학 및 대학원 시절에 자신의 인생행로를 결정하는 데 도움을 주신 세 분의 스승을 만난다.

해방에서 대한민국 건국에 이르는 사이에 서울대학교 철학과에는 정교수만 5인이 재직하고 있었다. 그러나 정부 수립과 특히 6·25 사변을 겪으면서 뿔뿔이 흩어지고, 1950년대에는 열암 박종홍 교수와 청송 고형곤 교수만 철학과에 남아 있었다. 이 두 분은 1950년대 이후 한국 철학계를 리드하는 위치에 있었다. 학회를 만들고 '대한민국학술원' 창립에 참여한 것도 이분들이었다. 운정은 이 두 분의 애제자로 인정받는 행운을 입게 된다. 그리고 그것은 그의 생애에 결정적 계기를 형성했다고 여겨진다.

이제 운정이 기억하는 열암 선생과 청송 선생의 면모를 살펴보자. 청송 선생보다 세 살 위인 열암 선생(1903-1976)은 인품이 근엄하고 중후한 전형적 유교 선비였고, 체격은 매우 준수하고 당당하였다. 그는 평양고보를 나오고 이어서 1년간 연수과정을 거쳐 초등학교 교원 자격을 취득하여 곧장 전남 보성의 초등학교 교사로 발령받는다. 이듬해 대구로 전출되어 거기서 독학으로 중등 교원 자격시험을 치르고 대구고보의 교원으로 취임한다. 그것은 대학을 나와야 얻는 자리였다. 그러나 그의 향학열은 끝이 보이지 않았다. 새로 생긴 경성제국대학의 선과(選科)에 입학하여 지도교수의 도움으로 시험을 치르고 그 대학 학부 철학과를 5회로 졸업하였다. 그 후 이화전문학교 교수로 근무하다가 해방을 맞았다. 그는 놀라운 끈기와 노력으로 성공한 자수성가형이다. 그는 당대에 이미 교과서류의 책을 썼고, 그의 강의는 명강의로 알려져서 많은 대학생들의 추앙을 받았다. 특히 '변증법 연구', '퇴계의 교육사상', '한국사상사' 등은 매우 인기 높은 강의였다고 한다.

반면 청송 선생(1906-2004)은 다정다감하고 재기가 넘치는 매우 낭만적인 인품의 소유자였다. 전북 옥구 출신으로 어려서 한학을 익히고 초등학교와 이리농림을 6년 만에 마치곤 곧장 경성제국대학 예과(豫科)에 입학하였다. 천재니 수재니 하는 평을 들을 만했다고 한다. 젊어서는 문학청년이었는데 학부는 철학과를 택해 열암 선생과 같은 해 대학을 졸업했다. 2년간 동아일보 기자로 봉직하다가 다시 연구실로 돌아와 후설과 하이데거를 연구하여 연희전문학교 철학 담당 교수가 되었다. 해방 직후에는 잠시 연희대학의 임시 관리 책임자로 있다가 1947년 경성대학으로 옮겼다. 그는 훤칠한 체격에 미남이었다. 1950년대 대학 강의는 특강으로 '시와 과학', '절대의식류와 객관시간의 구성', '선과 Ex-sistenz' 등이었고, 연습으로는 하이데거와 후설, 니체,

칸트, 헤겔, 카시러 등의 텍스트를 읽었다. 그러나 그의 강의는 학부 학생들에게는 너무 어렵고 재미없는 것이었다고 전해진다. "졸리는 강의가 명강의지!"라는 말은 선생의 다소간의 억지 변명이 섞인 유머였다고 볼 수 있다. 백수(白壽)의 생애를 살면서 우리나라 철학계의 대표적 수작인 『선(禪)의 세계』라는 저술 한 권을 남겼다. 그는 보기 드문 과작(寡作)이었다. 열암과 청송 두 분은 동창으로서 허물없는 사이였지만 제자들 앞에서는 서로 존중하는 고귀한 모범을 보였다고 한다.

청송 고형곤 교수와의 만남

대학생 운정은 가정 형편상 서울에 계속 머물면서 학교에 나갈 수 없어 대부분은 등록만 하고 출석은 친구들에게 부탁하고는 고향에 내려가서 독서에 침잠하였다. 휴강이 다반사인 데다 강의라는 것도 별로 마음에 차지 않았다고 한다. 어쨌든 칸트(I. Kant)는 반드시 읽어야 한다는 은사님의 언질로 2학년 여름에는 산 속에 들어가 『실천이성비판』을 죽어라고 독파했다. 『순수이성비판』은 너무 분량이 많아서 감당할 것 같지 않아서 택한 것이었다. 그로 인해 철학원서에 대한 두려움이 없어졌고, 독일어는 어느 책이든 읽을 수 있게 되었다. 그가 3학년 2학기 등록을 하려고 학교에 갔더니, 청송 선생은 지난 1학기 말에 면접으로 기말시험을 치렀다는 것이었다. 부랴부랴 연구실로 찾아뵙고 사정 말씀을 드리자, 청송 선생은 집에서 무슨 책을 읽었느냐고 물으셨다. 운정은 독일 작가 한스 카로사(Hans Carossa, 1867-1956)의 단편집을 읽었다고 말씀드렸다. 청송 선생은 원전으로 읽었느냐고 하시면서, 당신은 독일어 어휘가 부족하다고 솔직하게 말씀하셨다고 한다.

운정이 대학 초년 시절 주로 읽은 것은 독일 문학 작품이었다. 카로사의 작품들은 전후의 폐허 속 암울한 역사적, 사회적 현실에서 지적으로 방황하던 젊은 대학생들에게 적지 않은 위로와 희망을 일깨워 주었다. 특히 카로사의『아름다운 유혹의 시절』은 자전적 소설로서 그가 겪은 사랑과 문학의 세계, 그 속에서 질서와 사랑이 평형을 이루는 지점을 그려내고 있다. 거기에는 괴테의 고전의 세계와 데밀의 격정의 세계, 그리고 엄밀한 자연과학 법칙의 세계가 균형을 이루어야 함을 보여주고 있다. 이런 작가의 정신은 운정의 철학적 사유의 형성에 영향을 미쳤을 것으로 보인다. 그 외 카로사의 작품으로는『젊은이의 변모』,『루마니아 일기』,『유년시대』,『청춘의 변전』,『성년의 비밀』,『아름다운 환각의 해』,『시집』,『숲의 빈터에 빛나는 별』,『서양의 비가』등이 있다.

범신론적 모럴리스트(moralist)인 카로사는 나치즘과 제2차 세계대전의 잔혹한 시대에 내적인 망명을 택한 작가이다. 1943년 히틀러 치하의 독일에서 발표하기 어려워 스위스에서 출판한 시『서양의 비가(Abendländische Elegie)』가 그의 대표작이다. 이 시는 제2차 세계대전으로 폐허가 된 유럽 및 독일이 일으킨 문명의 불은 꺼졌지만 그것을 다시 일으킬 방도에 대해 명상한다. 그 불빛은 문명 전체를 밝히는 것이면서 동시에 사람의 마음속 깊이 감추어진 '정신의 힘'이다. 그것은 자연과 문명이 조화를 이룬 공동체에서 자랄 수 있다.

청송 선생은 운정에게 여러 가지 일을 부탁하곤 하였다. 그때는 가정교사로 서울에 머물러 있었던 것이다. 가정형편을 아셨는지 청송 선생은 4학년 2학기 등록금을 마련해 주셔서 운정은 철학과를 무난히 졸업할 수 있었다. 다 어려운 시절에 그것은 엄청난 은덕이었다. 연희전문학교의 동료 교수였던 최규남 선생이 총장으로 임명되어 온 터라 청송 선생은 여러 가지로 대학 일을 도왔다. 그 중의 하나로 교수들이 논문을 발표할 곳이 없어 전전긍긍하던 1950년대에 청송 선생은 서울대학교 논문집을 발간하도록 하고는 그 일을 대학원장이 주관하도록 했다. 그리고 그 실무를 고향 출신인 철학과 제자에게 맡겼다. 그런데 그 제자가 1957년 1학기에 전북대학교 전임으로 가게 되었다. 그러자 청송 선생은 마침 그때 졸업하는 운정을 그의 후임으로 정하고 대학원장인 두계(斗溪) 이병도(李丙燾) 박사에게 데리고 가서 그 일을 맡기도록 해주었다. 이 일로 운정은 계속해서 서울에 머물러 있을 수 있게 되었고, 그 기회에 대학원 석·박사과정에 적을 두고 연구할 수 있게 되었다. 논문집 편집을 위해 별도의 사무실을 주어서 독방 연구실로 사용하는 특혜도 입었다고 한다.

청송 선생과 운정은 세대를 초월한 관계를 이어갔다고 여겨진다. 청송으로부터의 배움은 강의실이 아니라 목로집이었다고 말할 정도로 두 분은 애주가였다. 청송 선생은 운정의 대학원 재학 시절 연구실에 있는 그를 불러내어 무교동의 선술집과 명동의 음악 감상실 돌체(Dolce)를 전전했고, 시인 공초(空超) 오상순의 아지트 다방을 찾아 어울리기도 했다. 그러면서 인생을 사는 법을 말과 몸으로 가르쳤다. "인생을 허기진 놈 밥 먹듯이 살지 말고 여유를 가지고 즐기면서 살아가라"고 충고하였다고 한다. 당시의 젊은이의 삶은 몹시 허둥댈 수밖에 없었던 모양이다. 청송 선생은 몸소 풍류와 멋이 있는 인생, 즉 삶의 질을 가르쳐 주기도 하고 인간 이해의 폭을 넓혀 주기도 하였다.

운정은 청송 선생을 모시는 데 최선을 다했다. 작은 일 큰 일 가리지 않고 청송 선생을 도왔다. 청송 선생이 전북대학교 총장으로 취임하면서 대학의 강단을 떠나다시피 한 뒤, 그리고 정계에 진출하여 국회의원으로 활동하는 동안, 정계를 은퇴하고 저술에 집중하는 동안, 내장산에서 10년간 칩거하는 동안, 즉 교단을 떠난 뒤에도 운정은 청송 선생을 아버지처럼 변함없이 모셨다. 1969-1970년 운정이 은행에서 은퇴한 어느 부호의 부탁으로 출판사를 경영할 때, 그는 청송 선생의 필생의 저술인 『선의 세계』를 출판하였다. 그것으로 청송 선생은 학술원 저술상을 수상하게 되었다.

청송 선생은 국회의원으로서는 초기 박정희 군사정권에 선명하게 대립하는 입장을 취했으며, 정계를 떠나 저술에 집중하여 앞에 말한 『선의 세계』를 완성했다. 동국대학교 출판부에서 마지막으로 간행한 『선의 세계』(2005)는 그의 전집인 셈인데, 46배판 800쪽에 이르는 거작이다. 「선의 존재론적 구명」은 영가(永嘉) 현각선사(玄覺禪師)의 『선종영가집(禪宗永嘉集)』에 있는 한 명제를 '은폐'와 '현전'이라는 입장에서 구명한 것인데, 전·후편으로 구성되어 있다. 전편 '은폐'는 후설의 파지(Retention) 이론으로, 후편 '현전'은 하이데거의 후기 존재론으로 천명하였다. 그러나 독자의 입장에서는 선불교와 후설, 하이데거를 모두 알아야 이해할 수 있기 때문에 난해하기 그지없다. 거기에 청송 선생의 독자적 시간론과 보조국사로부터 추사에 이르기까지의 한국의 선사상의 맥을 존재 현전의 입장에서 선명하게 구명한 논문 및 선 이야기가 수록되어 있다.

잊을 수 없는 심상황 교수

대학원장인 이병도 박사를 모시고 논문집을 발간하는 과정에서 운정은 또 하나의 운명의 전기를 맞이하게 된다. 그때 운정은 대학원 철학과 박사과정 입학시험에 응시하여 철학과 최초의 유일한 재적자가 되었는데, 그 입시에서 운정의 독일어 시험 성적이 가장 뛰어났다고 한다. 당시 대학원 교무과장으로 계시던 분은 의과대학 예방의학 교수인 심상황 박사였는데, 이분이 운정을 인간적으로도 또 학적 능력으로도 크게 인정하여, 매해 대학원 입학시험에 독일어 채점을 재검하는 일을 의뢰했다고 한다. 본부 학생처장일 때는 ROTC 임관식에 발표할 스피치 원고를 부탁하기도 했고, 앞으로의 취업에 관해 관심을 표하기도 했다. 운정은 그분을 통해 후배들을 취직시켜 주기도 하였다.

그분은 사제관계도 아니면서 운정에 대해 지극한 관심을 가지고 있었던 것이다. 그가 교무처장으로 재직할 때 한번은 운정이 사무실로 인사차 들렀더니, "언제까지 그러고 있을 거냐? 박 원장님으로 하여금 당신의 일을 나에게 부탁하라고 하라"고 말하는 것이었다. 도대체 이게 무슨 말인가? 스승인 박종홍 대학원장이 신경 써야 할 운정의 일을 심상황 선생에게 부탁하라니! 그러나 운정은 그 말을 그대로 전할 수밖에 없었다. 그때는 해방 이후 처음으로 교수 티오(TO)가 조금씩 나오던 시절이었다. 사실 운정이 모교의 교수로 남게 된 결정적 계기는 바로 이분이 제공해 주었다고 한다. 어찌 되었든 두 분의 노력으로 운정은 1967년 11월에 대학원 전임강사의 발령을 받았다. 강의는 주로 교양학부에서 하였다. 그리고 1975년 서울대학교가 관악으로 이전할 때 인문대학 교수로 전임 발령을 받게 되었다. 이 큰 은혜를 갚을 길 없이 심상황 선생은 1970년대 초에 세상을 떠났다. 운정은 큰 도움을 주었던 심상황 선생을 평생 잊을 수 없는 분으로 기억하고 있다.

열암 박종홍 교수와의 만남

1961년 군사 쿠데타 직후 서울대학교 논문집 발간은 중단되었고, 운정도 그 와중에서 일자리를 잃게 된다. 운정이 대학의 시간강사로 연명하던 시절인 1960년대 초 대학원장은 박종홍 교수로 바뀌었다. 1962년의 봄 어느 날 운정은 퇴근하는 열암 선생을 우연히 만나 논문집 발간의 중요성을 역설하고 그 일을 다시 맡아 할 수 있다고 하였다. 그때는 논문집 발간도 가능할 만큼 재정적, 사회적으로 안정이 되었다. 얼마 뒤 그는 대학원장의 유급 조교라는 신분의 발령을 받고 논문집 발간 업무를 다시 할 수 있게 되었다. 물론 그 일을 하면서도 각 대학의 시간강사 출강도 가능하였다.

서울대학교 논문집은 연구 발표를 하지 못하는 교수들의 유일한 발표지였다. 원고료를 국고로 지원하니 원고료 개념이 없는 자연과학계에 큰 인기가 있었다. 처음에는 인문·사회과학과 자연과학의 두 분야로 나누어서 1년에 한 번 발간했으나, 뒤에는 자연과학이 이공계, 의약계, 농생계로 분화되었다. 논문집은 국내외의 저명한 대학 도서관에 보내졌다. 거기에 실린 논문들은 대한민국학술원 저술상을 수상하기도 하였는데 운정은 그 저자들과도 사귀는 기회를 얻은 셈이고, 여러 학문 분야의 현황에 대해서 안목을 넓히는 귀중한 경험을 축적할 수 있었다. 뒷날 운정이 전임이 된 이후로는 각 학문 분야의 전문지가 속출하는 바람에 어느 사이 이 논문집 발간은 흐지부지되었다. 어찌 보면 학문 발전의 과정에서 생긴 필연적 결과이기도 하다. 이 간행물은 운정 자신을 위해 태어났다 사라진 것 아닌가 싶기도 하다고 술회한다.

운정이 철학과 석사과정에 있을 때 하이데거의 글이 마음에 들어 가끔 짧은 글을 번역하기도 했다. 그때 우리나라에 처음 알려진 하이데거의 *Über den Humnismus*(인도주의 서간)를 번역해서 열암 선생에게 보여드렸더니, 그것을 동양출판사에서 발간하는 수상록 시리즈의 하나로 추천하였다. 그것만으로는 단행본 분량이 안 되므로 거기에 이미 번역해 두었던 하이데거의 횔덜린론 몇 편과 「형이상학이란 무엇인가?」를 더하여 『휴매니스트에의 편지』(1960)라는 제목으로 출판하였다.

열암 선생은 학부의 졸업논문으로 「하이데거에 있어서의 Sorge의 문제」를 쓰고, 일본의 『이상(理想)』이라는 잡지에 「하이데거에 있어서의 지평의 문제」를 발표하였다. 그러나 그의 하이데거 연구는 학문적 깊이보다는 초창기에 선구적으로 하이데거를 소개했다는 의미가 더 크다. 열암의 학문적 관심은 한국철학사상의 정립과 논리학 체계를 세우려는 데 있었다고 보인다.

열암 선생은 '한국철학사상'의 연구 결과의 일부를 고려시대까지 이르는『한국불교사상사』라는 저술로 완성하였다. 그리고 유교 방면은 조선시대 성리학, 특히 퇴계 연구와 실학사상 및 근대화 추이 등에 대한 깊은 연구로 성취하였다. 그러나 평생의 과제였던 '논리학 체계'는 미완성으로 끝났다. 열암 선생은 만년에 박정희 대통령의 교육·문화 담당 특보로 임명받아 교육헌장의 현창에 노력하였다. 그러나 한국의 대표적 지성이 독재정권을 옹호한다는 비판이 있었다. 그는 유교형 애국자였다. 열암 선생이 계속해서 저술에 집중하였더라면 어땠을까 하는 아쉬움이 남아 있다.

운정은 열암기념사업회 회장을 계속 맡아 보면서『열암 박종홍 전집』도 출판하였고『스승의 길』도 증보 재판하였다. 그리고『현실과 창조』라는 회지도 발간하며 열암 연구를 진작시키는 일을 보은의 차원에서 성의껏 수행했다. 운정은 각 언론사의 열암에 관한 원고 청탁을 거의 도맡아 쓰다시피 했다.

어찌 보면 박 선생님과 나와의 만남은 매우 산문적이기도 하다. 그러나 나는 내 평생의 신조를 배웠다. 무엇보다도 공사를 엄격하게 구별한다는 것이 첫째의 교훈이다. 남에 대해 관대하고 친절해야 한다는 것이 둘째이다. 초지일관 학문을 천직으로 삼았다는 것도 본받을 만하다. 생활에 있어서나 언행에 있어서 또는 인정을 베푸는 데 있어서 넘치거나 모자라는 일이 없이 한결같았다는 것도 잊을 수 없다. 맡은바 직책에 최선을 다한다든지 제자들을 공평하게 대한다든지 하는 것도 내가 저버릴 수 없는 교훈이다.8)

---

8) 소광희, 「공사의 구별이 엄격한 대학원장」, 열암기념사업회 엮음,『스승의 길』, 천지, 1998, 445쪽. 이 책은 열암 선생의 동료, 후배, 제자들이 쓴 추모사, 회상록을 모은 것으로, 원래 1978년 열암 선생 별세 2주기를 맞아 일지사에서

한편 운정은 보은의 정신으로 '청송장학회'를 처음부터 지금까지 이끌어 가고 있다. 또한 『청송의 생애와 선철학』이라는 단행본을 저술하였으며, 청송 선생에 관한 여러 편의 글을 썼다. 이처럼 운정은 스승들의 학덕을 선양하는 일에 소홀하지 않고, 사명감을 가지고 역사적 가교의 역할을 감당하고 있음을 확인할 수 있다.

3. 상실과 분노의 시대와 철학적 방황

운정의 수업시대는 문학적 지성의 양조, 철학 스승들과의 만남, 그리고 철학적 방황, 즉 주체적 사고의 실험을 통해 이루어진다. 우선 그는 문학, 역사, 철학에 관한 고전들을 섭렵하면서 철학적 소양을 쌓아 나갔거니와, 특히 철학적 서곡으로서 문학적 지성을 연마하였다. 그 이후 철학과에 입학하여 스승들을 만나 철학수업을 하게 된다. 동시에 신산한 역사적 현실과 당대의 모순 앞에서 철학적 물음을 통해 자신의 철학함을 수행해 나갔다.

모름지기 운정의 철학적 정신은 물음을 품은 데서 비롯된다. 묻지 않는 곳에 해답이 있을 수 없고, 물음이 없는 곳에 철학적 방황이 있을 리 없다. 모든 해답은 이미 물음 속에 내재하는 것이다. 그러나 무엇을 어떻게 묻느냐가 중요하다. 철학적 방황은 '근원(arche)'에 대한 물음을 가지고 해답을 구하고자 하는 고뇌에 찬 노력이다. 그것을 위해 운정은 철학함, 그 한길로만 내닫는다.

간행되었다. 운정은 열암기념사업회 회장으로서 대우재단의 후원을 얻어 이 책을 증보, 재간해서 전국 교육대학 졸업생들에게 선사하였다. 운정은 그 서문에서 경쟁으로만 치닫는 살벌한 우리의 기능주의적 교육 현실에 '진정한 교육과 참다운 스승'이란 어떤 것인가를 근본적으로 반성하는 데 조금이나마 기여하기를 바라는 마음에서 간행한 것임을 밝히고 있다.

부엉이와 독수리의 눈으로

운정은 젊음을 질식시키고 빼앗아 간 역사적 현실의 질곡 앞에서 상실과 분노를 경험한다. 그럼에도 불구하고 그는 그러한 현실에 순응하거나 도피하는 길을 택하지 않는다. 오히려 역사적 현실을 야기한 과거를 반성하고, 다가올 역사적 미래를 통찰하는 길을 택한다. 이를 통해 자신이 맞닥뜨린 역사적 현실을 근원적으로 이해하여 새로운 희망을 펼쳐 보기 위해 '철학의 영토'로 내적인 망명을 시도하였다.

그에 의하면, 철학은 남들이 다 잠든 한밤중에 하는, 밝은 대낮에 일어난 일에 대한 깊은 '반성적 성찰'이다. 동시에 그것은 밝아 오는 여명과 함께 일어날 일들에 대한 '예견적 통찰'이기도 하다. 그렇다고 현실을 떠나는 것은 아니다. 현실을 올바로 이해하기 위해 과거를 반성하고 미래를 통찰하는 것, 다시 말하면 현실을 근원적, 체계적으로 파악해 내려고 하는 것이다. 이것을 가능하게 하는 철학함은 고독하지만 밝고 맑은 영혼 속에서 안개처럼 피어나는 성찰과 예견이다. 그렇기 때문에 철학은 세상 사람들의 눈에 얼른 띄지 않는다. 그러나 그것은 가장 본질적으로 사유하는 학문인 것이다.

더욱이 철학은 대상에 대한 일차적 고찰이 아니라, 과학이 거둔 성과에 대한 이차적 성찰이다. 그 이유는 철학은 과학적 성과가 갖는 함의를 우리의 삶과의 관계에서 다시 검토하고 반성하는 학문이기 때문이다. 이런 철학의 성격을 통상 '미네르바(Minerva)의 부엉이'라 한다. 미네르바는 지혜의 여신이고, 부엉이는 날이 저문 뒤에 활동하기 시작하는 영물이다. 옛날부터 철학은 지혜의 여신의 손에 앉아 있는 부엉이로 표상된다. 그것은 철학이 반성과 종합의 성격을 가지고 있다는 것을 가리킨다. 그런가 하면 철학은 인간의 내일의 삶과 문명에 대해 예리하게 예견하기도 한다. 즉, 철학은 독수리의 형안도 가지고 있어야 한다. 어둠 속에서도 사물을 날카롭게 관찰하는 부엉이의 눈과 높은 창공에서도 지상과 수중의 작은 노획물을 꿰뚫어 보는 독수리의 형안! 이것이 바로 철학적 성찰이 갖추어야 하는 지혜이다.[9]

'시간의 지평'에서 존재를 해명하기 위한 방황

그러면 상실과 분노의 시대에 운정을 사로잡은 철학적 화두는 무엇이었는가? 그는 역사적 현실을 근원적으로 체계적으로 이해하기 위해서는 '시간'과 '존재'가 핵심문제로 대두될 수밖에 없다고 생각한다. 왜냐하면 시간과 시간성의 문제는 모든 것의 존재근거이기 때문이다. 그리하여 그의 철학함은 아우구스티누스(Augustinus)의 시간론에서 시작하여, 베르그송(H. Bergson), 후설(E. Husserl)과 하이데거 시간론 해명으로 전개된다.

무엇보다 운정은 인간을 '시간적 실존'으로 이해한다. 스스로 시간화하는 현존재만이 존재이해가 가능한 것이다. 인간은 시간을 초월한 존재가 아니라, 시간 속에 부침하는 존재에 귀속된다. 인간다운 본래적 사유란 존재의 숨겨져 있는 본질을 탈은폐하여 존재하는 것으로 그대로 밝게 드러내는 것이다. 따라서 존재론이 없는 철학은 철학이 아닌 것이다. 말하자면 운정에게는 '시간의 지평 위에서' 존재를 해명하는 일이 필생의 철학적 화두로 드러난다.

모름지기 철학적 방황은 인간의 근원적인 존재방식이다. '호모 필로소피쿠스', 즉 철학적 영혼을 지닌 자는 어디에 쉽게 순응하거나 안주하지 못한다. 그는 '길 없는 길'을 찾아 헤매는 구도자이다. 운정도 '철학의 영토'로의 내적인 망명을 모험하였기에 그의 방황은 쉽사리 닻을

---

9) 소광희, 『자연 존재론: 자연과학과 진리의 문제』, 문예출판사, 2008, 6쪽 이하.

내리지 못한다. 이렇게 그의 철학적 방황은 인간의 본래적인 '삶의 과정'이라고 볼 수 있다.

철학과 맺는 나의 인생 50년은 몽땅 연습과정이고 확신 없는 철학적 방황이었다는 후회가 없지 않다. 말하자면 학자로서의 나의 삶은 너무 생산적이지 못했다는 생각이 절실하다. 그러나 이제 직업적 철학 강의를 마감하는 자리에 서서 되돌아보니 그렇게 자기를 수정하고 방황하는 연습과정이 다름 아닌 삶의 과정이 아니겠는가 하는 생각이 든다.10)

이와 같이 운정의 의식과 내면의 세계로 향한 지적 모험과 분투로 점철된 철학적 방황은 선대 철학자들의 길을 따라 거닐면서 시작되지 않을 수 없었다. 특히 시간의 지평에서 존재이해와 해명을 위한 그의 철학적 방랑은 출항의 닻을 올리기 시작한다. 그러면 과연 그 출항지는 어디인가? 다음 장에서 살펴보도록 하자.

4. 현상학에서 출발하다

운정은 대학원에 들어와서 비로소 후설(E. Husserl, 1859-1938)을 통해 학문의 기초를 닦게 된다. 후설은 독자가 저자와 함께 사고 실험을 하기가 누구보다도 쉬운 철학자에 속한다. 그 이유는 자기의 의식상태를 반성하기만 하면 되기 때문이다. 운정은 평생 사색할 주제로 전술한 바와 같이 '시간'을 택한다. 그리하여 이후로는 주로 후설, 베르그송, 하이데거의 시간론을 천착한다.

---

10) 소광희 외, 『하이데거와 철학자들』, 철학과현실사, 1999, 발문 「철학과의 인연 반세기」.

후설의 '의식의 현상학'

후설은 아우구스티누스에 의한 '시간의 의식 내재화'의 철학적 논제를 계승한다. 그는 현상학 특유의 방법으로 시간의식을, 그것이 구성되는 기저로서의 선험적 의식으로 환원시킨다. 이 선험적 의식이 객관적 시간을 구성하는 시간의 근원으로서의 시간성이라는 것이다. 그는 철저하게 시간의 존재근거를 인간의 의식 속으로 끌고 들어온다. 이 노선 위에서 하이데거의 '현존재의 시간론'도 전개된다.11)

후설은 자아의 내부세계, 즉 의식의 본질과 구조를 철학적으로 성찰하였다. 요컨대 우리의 내부에 의식의 심층세계가 있으며, 그것은 시공을 초월한 무변광대한 영역이다. 우리가 사는 현실이 여의치 않고 힘든 이유는 그 현실이 시간과 공간에 의해 절대적으로 제약되어 있기 때문이다. 시간과 공간은 말하자면 현실의 규정 원리이다. 우리가 자유롭지 못한 이유는 우리가 이 시간과 공간의 제약 아래 있기 때문이다. 그러나 내부의 의식세계는 이런 제약을 전혀 받지 않는 영역이므로 얼마든지 마음대로 왕래할 수 있는 완전한 자유의 세계이다. 이것이 우리의 내부 심층세계의 풍경이다. 이 내부 심층세계란 다름 아닌 후설이 말하는 '의식 내재적 영역'이다.

후설의 현상학은 간단히 말하면, 의식의 외부세계를 받아들이는 자연적 태도를 중립화시킨다. 그 자연적 태도에서 작용하는 의식을 반성적으로 고찰하면서 객관적 존재자 및 객관적 세계가 의식에서 어떻게 구성되는가를 성찰하려는 것이다. 한마디로 후설의 현상학이란 '의식의 현상학'이다.

이와 같이 현상학은 한편으로는 대상세계 및 생활세계 지평을 구성

---

11) 소광희, 「아우구스티누스의 시간론: 시간의 의식 내재화의 효시」, 소광희 외, 『고전형이상학의 전개』(형이상학과 존재론 1), 철학과현실사, 1995, 132쪽.

하는 '초월적 주관성의 학' 내지 '초월적 관념론'의 체계이고, 다른 편으로는 주관 자체도 생활세계 내에서 형성되는 산물로 간주하는 '생활세계 학'으로 해석된다.

'의식의 현상학'은 시간론이다

잘 알려진 바와 같이, 후설의 '의식의 현상학'은 의식의 구조를 논리적으로 분석한 것이다. 이를 위해 그는 현실적 대상세계를 괄호 안에 넣고, 의식 내부를 들여다본다. 이것으로 그는 브렌타노(F. Brentano)의 '경험 심리학'을 넘어선다. 그런데 의식의 본질은 지향성(Intentionalität)이다. 물론 이 개념은 중세기부터 전해 오는 것이지만, 거기를 기점으로 해서 의식의 구조를 밝혀낸 것은 후설의 공헌이다. 후설은 '내적인 시간의식의 현상학'을 추구한다.12)

운정은 인간의 의식은 빛이라고 본다. 문제는 빛의 근원은 무엇인가 하는 것이다. 이때의 빛은 민족에 따라 태양일 수도 있고 하느님일 수도 있다. 그러나 좀 더 근원적으로 인간의 의식, 즉 정신이라 할 것이다. 파란만장한 일체의 인간사와 세상의 모든 변화와 운행! 심지어 해와 달의 교체조차도 따지고 보면 그 근원은 인간의 의식에 의존하는 것이다. 인간의 의식이 단절되는 날엔 해와 달의 운행도 삽시간에 정지할 것이며, 화원의 아름다운 꽃들도 일순간에 캄캄한 어둠 속에 잠기고 말 것이다.13)

의식은 지향하는 의식(noesis)과 그것에 의해 구성된 의식(noema)으

---

12) E. Husserl, *Zur Phänomenologie des inneren Zeitbewußtseins*(Husserlian X, 1893-1917), Ed. by Rudolf Boehm, The Hague, Netherlands: Martinus Nijhoff, 1969.

13) 소광희, 『시간과 인간의 존재』, 문음사, 1980, 169쪽.

로 구성된다. 이것을 다시 발생론적으로 고찰하면 의식현상학은 파지(Retention) 이론, 이를테면 시간론이 된다. 그렇게 내면화로만 치달으면 그 괄호를 벗고 객관세계로 나올 길이 막혀 버린다. 이것이 후설의 '목 안의 가시'임을 운정은 지적한다.

시간에서 보는 두 자아

시간의식에서 보면 인간은 한편으로는 시간을 형성하는 근원이면서, 다른 한편으로는 그 시간에 실려서 흘러가는 존재이다. 그리하여 시간에서 본 자아에는 두 가지가 있다. 하나는 일정한 시간 위에 실려서 무한하게 침퇴하는 자아이고, 또 다른 하나는 늘 '정지하는 지금(nuns stans)'에 서 있는 자아이다. 전자는 무상한 시간을 구성한다. 그리고 후자를 흔히 '영원'이라 한다. 영원이란 무한히 긴 시간이 아니라, 시간이 거기에서 비로소 형성되는 근원으로서 시간 이전적인 것, 시간을 벗어난 것을 가리킨다. 영원은 '흐름'으로 표상되는 시간을 벗어난 것이므로 불변의 것, 늘 정지상태로 있는 것을 가리킨다.

인간은 이와 같이 한 발은 영원에 담그고, 다른 한 발은 시간 속에 두고 있는, 이중 구조로 되어 있는 존재이다. 무엇보다 시간은 각자의 것이다. 절대적으로 실재하는 시간이 있어서 모든 생물이 거기에 실려서 마치 물 위에 떠내려가는 낙엽처럼 그렇게 살아가다가 어느 날 갑자기 시간을 벗어나서 죽어가는 것이 아니다. 인간은 시간을 창조하면서 동시에 그 창조된 시간에 실려서 흘러가는 자이다. 소위 객관적, 절대적 시간이라고 하는 것은 태양계 안에 사는 모든 생물이 태양의 운행과 삶의 리듬을 함께하기 때문에 생긴 것에 불과하다.

이와 같이 운정의 철학함의 단초가 '시간'이란 '사유거리(Sache des Denkens)'에서 마련된다. 말하자면 시간의 지평에서 인간 존재는 그 근원의 모습이 떠오르게 된다는 '시간의 존재론'에서 출발한다.

후설의 '의식현상학'에서 하이데거의 '존재론'으로

서양철학자들의 이론을 연구할 때는 가능한 한 빨리 그 철학의 한계를 알아차려야 한다. 자기의 독자적 철학이론을 강조하고자 하는 사람은 더욱 그러하다. 하이데거는 후설의 한계를 일찍이 간파했다. 거기서 후설을 넘어선 자신의 독자적 존재론이 나온 것이다. 여기서 하이데거는 후설을 넘어선다고 운정은 보고 있다.

그의 가장 고유한 주제인 지향성에 대한 가장 근원적인 규정이 관건일 경우 바로 현상학적 탐구도 전통의 속박에 매여 있다. 현상학은 가장 본래적인 그의 원칙에 반해 그의 가장 고유한 주제를 사태 자체를 토대로 해서가 아니라, […] 전통적인 선입견을 토대로 규정한다. 따라서 현상학은 그의 가장 고유한 자신의 영역의 규정이라는 근본과제에서부터 비현상학적이 되었다! 다시 말해 그것은 겉보기에만 현상학적이다!14)

의식과 의식대상, 주관과 객관은 불가분리의 본질적 연관 속에 있다. 이것을 의식의 지향성이라고 한다. 의식은 대상이 있는 한에서만 의식이며, 의식으로 작용한다. 의식이 의식 자신을 의식할 때도 그 자신을 대상화해서 주객의 지향적 관계에 들어섬으로써만 의식으로 작용할 수 있는 것이다. 대상이 없는 의식, 무엇을 의식하는가에 있어 그 무엇이 없는 의식, 그것은 의식이 아니다.15)

---

14) M. Heidegger, *Prolegomena zur Geschichte des Zeitbegriffs*, Frankfurt a. M., 1979(GA 20), p.178.
15) 한자경, 『한국철학의 맥』, 이화여자대학교 출판부, 2010, 405쪽 이하.

하이데거는 후설의 한계를 본 것이다. 그래서 그는 우리의 '삶의 세계'로부터 시작한다. '세계(Welt)' 개념의 분석이 그것이다. 현상학은 현상(phainomenon)을 다루는 이론(logos)이다. 즉, 현상은 존재자의 존재라는 문제일 뿐이다. 그리고 하이데거는 의식을 단순히 내면화된 분석으로 향하지 않고 구체적 의식으로 본다. 그러나 그런 그도 전기 사유에는 후설의 제자답게 관념론에 빠지고 말았다. 현존재의 본질을 '마음씀(Sorge)'으로 본 것이다. 그리고 거기에서 '본래적'이라는 개념과 '비본래적'이라는 개념이 나누어지고, '양심'과 '죽음'을 매개로 해서 '본래성'을 천착해 낸다. 그 마음씀이란 '시간성'이고, 이 시간성이야말로 시간의 근거라고 해명된다.16)

운정은 후설의 현상학에서 시작한다. 하지만 그의 현상학을 창조적으로 계승하여 수정한 하이데거의 '해석학적 존재론'으로 나아간다. 이제 제2장에서는 운정의 철학함의 본궤도를 진입시킨 하이데거 사상과의 만남과 그로부터 받은 영향을 살펴보고자 한다. 그리고 그가 하이데거를 어떻게 넘어서는지를 밝히고자 한다.

---

16) 소광희, 「하이데거 연구의 이모저모」, 『존재론 연구』, 제36집, 한국하이데거학회, 2014 겨울호, 2-3쪽.

제 **2** 장

하이데거 사유와의 만남

'시간의 지평'에서 현상하는 '존재'에 대한 관심은 운정의 철학적 인식을 이끌고 간다. 소위 획일화와 기능화의 이름 아래 고유한 존재가 명멸해 가고, 뭇 존재가 자신의 표정을 잃어 가는 '존재망각(Seinsver-gessenheit)'의 시대에, 스스로 생기(生起)하는 청정한 존재 및 무(無, Nichts)를 물음에 부치는 하이데거의 '존재사유'에 관심을 가지게 된다. 하이데거도 철학 공부를 함에 있어서 아리스토텔레스의 존재론과 후설의 현상학에서부터 출발한다. 무릇 그대로의 만물이 그 실용적 이름에서 벗어나 저마다 총총한 별처럼 빛나서 새롭고 신기하고 오묘하기 그지없는 저 '있음(Sein)'의 경지를 이해하고자 한다. 모든 존재자와는 구별되는 '단적인 초월'로서의 존재 자체를 사유거리로 삼는다. 하이데거는 전통적 형이상학의 대상적 사유를 비판하며, 존재와 사유가 공속하는 비대상적 사유로서 '본질적 사유'를 강조한다.

1. 하이데거의 작품들과의 만남

앞서 언급한 대로, 운정이 가장 먼저 만난 서양철학자는 칸트였다. 철학 전공자에게 칸트란 한 번은 넘어야 할 산과 같은 존재이다. 그는 대학 2학년 여름방학에 이르러서, 『실천이성비판』 독일어 원서 2판을 독파하면서 그 산을 넘기 시작했다. 철학의 거장의 사유세계 속으로 들어가기 위해 감행한, 어쩌면 당연한 학문적 노력이었다. 칸트와 마주하고 씨름한 덕분에 그는 철학 원서 독해에 대한 자신감을 얻게 된다.

진정으로 철학을 공부하고 싶다면 철학을 소개해 주는 참고서를 읽어서는 안 됩니다. 왜냐하면 철학자의 생각이 아닌 저자의 생각을 읽는 것이기 때문이지요. 처음에 고생을 하더라도 원저자에게 달려들고, 맞붙어 싸움을 해야 돼요. 물론 그렇게 하려면 탄탄한 외국어 실력이 뒷받침돼야 하죠.[1]

운정이 그 당시 다녔던 철학과에서는 연습 텍스트로 칸트와 헤겔이 주로 채택되었다. 이들 이외의 철학자의 저서로서 인상 깊게 읽은 것은 하이데거의 횔덜린 관계 저서들이었다. 그런데 그가 철학 인생의 중요한 한 부분을 차지하고 있는 하이데거를 만난 곳은 도서관이었다. 그의 눈에 띈 작고 얇은 『횔덜린과 시의 본질(*Hölderlin und das Wesen der Dichtung*)』(1937)은 하이데거가 시인 횔덜린의 시를 해석한 책이었다. 그것을 읽어 가자 지금까지 알지 못했던 문학의 세계가 펼쳐졌고, 무릎을 탁 치며 감탄할 만큼 신세계를 발견한 것이었다. 학부에서 하이데거 강의는 없었으나, 이미 실존주의라는 당대의 유행사

---

1) 소광희, 「근원을 찾는 끝없는 여정」(인터뷰), 『人-ART』, 용인문화재단, 2015 봄호, 55쪽.

조를 통해 하이데거라는 철학자에 관해서는 약간 알고 있었다. 그러나 그가 직접 하이데거의 저서를 원서로 읽은 것은 그 책이 처음이었다. 책의 크기도 작아서 그런대로 읽을 만하였다고 한다.

그 이후로 운정은 하이데거의 문장에 익숙해져서 그의 저술을 눈에 띄는 대로 읽었다. 그때부터 칸트보다는 하이데거에게로 관심을 기울이게 된 것이다. 당시에는 실존주의 문학과 함께 실존철학이 유행했는데, 그는 유행을 따르기보다는 철학의 '번지'를 찾아 나서고 싶었다. 하이데거가 본 철학의 번지는 '존재론'이었고, 이를 평생의 전공으로 삼고 탐구하다 보니 '세상에 이보다 더 힘든 분야는 없을 것'이라는 생각이 들었다.

운정은 대학원에 가서는 후설에 전념하였다. 후설의 책은 그의 내면세계를 분석하면서 그냥 따라가기만 하면 그런대로 이해할 수 있는 것이었다. 그러나 하이데거의 책은 달랐다. 운정은 『존재와 시간』을 낱장으로 해체해 가지고 다니면서 읽었으나 이해가 되지 않아 애를 먹게 된다. 나중에 안 일이지만 그의 사유는 종래의 범주적 사유가 아니라, 바로 실존론적인 것이었다. 그것에 익숙하지 않아서 그렇게도 어려웠던 것이다.

운정은 하이데거의 시간론에서 자신의 시간론의 단초를 발견한다. 하이데거는 서양철학이 초창기부터 존재 개념을 명사화하고 고정화하였다고 진단한다. 그 개념은 최고류(最高類, megista genê)가 되어 정의도 불가능하고 판단상의 계사(繫辭, copula)와도 유리되고 말았다. 이것이 바로 '존재망각'의 시원이 된 것이다. 그러나 사실 인간은 누구나 비개념적으로나마 존재이해를 가지고 있으며, 그것에 의거해서 생활하고 있다. 만일 우리가 존재이해를 전혀 가지고 있지 않다면 일상생활조차도 영위할 수 없을 것이다. 따라서 인간은 존재이해적 존재자요, 인간 존재의 구명을 통해 존재의 성격 내지 본질을 천착해 낼 수 있다고 본다.

하이데거도 사강사 시절 '역사과학에서의 시간 개념'을 강의하였다. 그때 "시간은 변화하고 다양한 시점들로 분화하지만 영원은 단순히 자신에게 머무른다"(M. Eckhart)는 모토를 내걸었다. 후에 시간을 단서로 하여 존재론을 새롭게 건립하려고 하지만, 이미 이 당시부터 그에게 시간이 중심적인 문제가 된 것이다.

무엇보다도 하이데거는 인간 존재를 분석하고, 그 존재의미로서 시간성을 이끌어 낸다. 바로 현존재의 시간 속에서 존재를 본 것이다. 이 점이 중요하다. 종래는 존재 개념을 초시간적 영원한 것으로 보았다. 여기에서 존재 개념의 추상성이 유래한다. 시간에서 볼 때 현존재의 존재는 유한하다. 존재는 인간 존재와 관련 하에서만 이해될 수 있거니와 그 본질은 시간성이라는 것이다. 이것이 『존재와 시간』의 주제요, 하이데거는 다시 시간을 존재를 통해 해명하는 『시간과 존재』를 예상했던 것이다.[2]

잘 알려져 있듯이, 하이데거는 전통적 존재론을 해체하고 새로운 존재론을 제시한다. 그는 종래 '형상-질료(form-matter)' 중심의 존재사를 '본질-실존(essentia-existentia)'의 전승사로 바꾸어 놓는다. 이것을 그는 '해체'라고 한 것이다. 전자는 사물의 구성에서 본 것이고, 후자는 명제의 논리적 구조에서 본 것이다. 존재론의 주제는 실존이다. 그 단초가 플라톤과 아리스토텔레스에 있다고 보지만 그것이 중세를 거쳐 데카르트와 칸트로 이어진다.

그 연장선상에서 하이데거는 전기에 '기초존재론(Fundamental Onto-logie)'을 '실존론적 분석론'으로 전개하고, 후기에 그리스어의 '존재(ousia)'를 현대 독일어로 번역하여 '현전성(Anwesenheit)'이라고 한다.

---

2) 소광희, 『패러독스로 본 세상』, 지학사, 1985, 256쪽.

이것이 그가 해체하고 새로 세우고자 한 서양의 존재론의 역사이다. 현전성은 용재성(Zuhandenheit)과 전재성(Vorhandenheit)을 포괄하는 그런 구분 이전의 존재이다. 존재는 다름 아닌 현전성인 것이다. 이것으로 그는『존재와 시간』에서 전개한 '실존-존재론(Existenz-Ontologie)'인 기초존재론을 극복하려고 한 것이다.

운정에 의하면, 하이데거의 사상에는 두 얼굴이 있다. 하나는 시대성이고, 다른 하나는 영원성이다. 예를 들면『존재와 시간』에서 인간 현존재의 본질을 '실존'이라 하고 진리를 현존재 분석을 통해 이끌어 냄으로써 키에르케고르의 체취를 담은 것은 시대정신의 반영이었다. 하이데거는 플라톤, 아리스토텔레스 이후 '존재' 개념이 명사화, 고정화, 추상화되었기 때문에 정의도 규정도 불가능하게 되었음을 지적한다. 이를 시간성으로 환원시켜 유한한 시간적 존재로서 동태적으로 파악한 점은 시대정신을 넘어선 형이상학 내지 존재론이라는 영원성의 면이다. 본래 시간성을 띠는 실존(Existenz)의 철학에 본질(Essenz) 철학을 흡수해 버린 것이다. 그의 사상의 전개과정으로 보아『존재와 시간』은 다분히 시대성과 결부되어 있으며, 소위 '전향(Kehre)'이 선언된 뒤의 사유는 — 부분적으로는『존재와 시간』에서도 언표되고 있었지만 — 거의가 후자, 즉 영원성과 연결된다. 그가 자기 철학을 실존주의 또는 실존철학의 범주에 넣는 것을 꺼리는 까닭은 그에게 있는 또 하나의 면인 영원성이 몰이해 내지 망실될까 우려하기 때문이다. 후기의 저술 속에서『존재와 시간』의 여러 언표를 변해(辨解)하는 것도 후기 사상이 이미 그곳에서 표명되고 있음을 환기시키기 위해서인 것이다.3)

---

3) 같은 책, 254쪽 이하.

2. 하이데거를 통한 횔덜린과의 조우

하이데거의 횔덜린 시론을 만나다

운정은 『존재와 시간』을 읽기 전에 하이데거의 횔덜린 시론을 먼저 읽었다. 그 당시 서울대학교 중앙도서관에는 『횔덜린과 시의 본질』이라는 작은 단행본과 『현상학의 근본문제(*Die Grundprobleme der Phänomenologie*)』(1923-1924, 제1권)라는 프린트본이 있었다. 운정은 '하이데거의 시론(詩論)'을 가지고 학부 졸업논문을 썼다. 그러지 않아도 시에 관심이 많던 청송 선생이 여기에 주목했던 것이다.

그리고 1950년대 후반에 와서 비로소 『횔덜린 시의 해명』, 『숲길(*Holzwege*)』, 『인문주의에 대한 편지(*Über den Humanismus*)』, 『논문과 강연(*Vorträge und Aufsätze*)』 등의 단행본을 접할 수 있게 된다. 당대에 유행하던 실존주의 사상은 사르트르(J. P. Sartre)의 『존재와 무(*L'être et le néant*)』, 『실존주의는 휴머니즘이다』, 카뮈(A. Camus)의 『이방인』 등이 허무주의의 간판을 달고 유행하였다.

특히 딜타이(W. Dilthey)는 『체험과 시』(1905)에서 횔덜린을 레싱(G. E. Lessing), 괴테(G. W. von Goethe), 노발리스(F. v. H. Novalis)와 함께 독일의 4대 시인의 하나로 다루고 있다. 그는 횔덜린의 『휘페리온(*Hyperion*)』을 가리켜 '철학소설'이라 하였으며, 니체의 '차라투스트라(Zarathustra)'의 선구라고 칭하였다. 니체는 횔덜린이 죽은 다음 해에 태어났으며, 젊어서 횔덜린의 『휘페리온』과 『엠페도클레스의 죽음』을 읽고 그의 시 정신과 혁신사상에 감명을 받는다. 그리고 『차라투스트라는 이렇게 말했다』는 이로부터 영향을 받은 것으로 평가되고 있다.

그런데 후기 하이데거 철학은 거의 전적으로 횔덜린의 영향 하에 있다고 해도 과언이 아니다. 우선 문체가 시적이다. 전기의 개념적 문체가 시적, 산문적 문체로 바뀐다. 특히 '사방(das Gevierte)' 및 '사물(Ding)'에 관한 단상 등 후기 사상은 시적으로 읽어야 이해될 수 있다.

휠덜린(F. Hölderlin, 1770-1843)은 누구인가? 전반생을 광명 속에서(36년), 후반생을 착란의 암흑 속에서(37년) 살다간 독일의 시인이다. 광명은 너무 밝아 '제우스의 벼락을 맞은' 시인의 시 정신을 현란케 하였으며, 암흑은 너무 어두워서 시인으로 하여금 '카오스의 심연'에 영원히 묻히게 하였다. 누구보다도 그의 성격 형성에 결정적인 영향을 미친 사람은 어머니였다고 한다. 그녀는 '우수에 잠긴 성실성'의 표징이었다. 우수와 운명, 고독과 성실, 방랑과 귀향 등 모든 휠덜린의 본질적 성격은 곧 어머니의 것이기도 하다. 많은 부분의 그의 시가 바쳐진 것도 어머니였고, 시로서 그가 노래 부른 것도 어머니였다. 내성적이고 우수에 잠긴 어머니를 향한 휠덜린의 내면화적 추구는 시에 있어서도 내적 음악성으로 나타난다. 어머니는 일체를 포용해서 기르는 생명의 원천이요 휠덜린이 찾아 돌아가야 할 근원이었다.

어머니로서의 그 근원은 모국인 독일이기도 하다. 그것은 자연이요 대지이면서 평생을 고독과 고뇌, 비탄과 궁핍으로 산 운명이기도 하였다. 아버지가 에테르(Äther)로서 빛이며 엄격한 법칙이라면, 어머니는 운명을 기다리는 카오스(Chaos)라 할 것이다. 아버지가 그리스적이라면, 어머니는 독일적이라고 할 수 있다. 이 양자 사이에서 시인은 운명적으로 태어났다.4)

하이데거는 청소년기 이래, 제1차 세계대전 당시 독일의 젊은 전사들과 마찬가지로 휠덜린의 시를 탐독했다. 그의 시인들에 대한 관심은 단순한 취미의 차원이 아니다. 하이데거로 하여금 시인들에 대해 주목

---

4) M. 하이데거, 소광희 옮김, 『시와 철학: 휠덜린과 릴케의 시세계』, 박영사, 1972, 293쪽.

하게 하는 것은 무엇인가? 하이데거와 시인들을 묶는 것은 '사유거리'이다. 동일한 사유거리, 즉 사유의 사태를 시인들은 노래하고 하이데거는 사유한다. 그는 시인들의 시를 사유로써 추종하거나 문예학적으로 고찰하거나 혹은 단순히 해설하는 것이 아니라, 자기의 사유거리로서 시인들의 시를 발견한 것이다. 시인의 사유와 사색인의 사유가 거기서 만나는 그 사유거리란 하이데거의 입장에서 말하면, 존재, 현존재, 역사적 세계, 개시성, 시간 등이다. 횔덜린 쪽에서 말하면 그것은 하늘과 대지, 신들과 인간, 민족의 운명, 반신 등이다.5)

사유와 시의 두 봉우리 사이에서

하이데거의 시인들과의 대화는 모두 시인에 의한 '존재 개시(Erschlossenheit des Seins)'를 엿볼 수 있다는 데서 출발한다. 다시 말하면 '시적 언명(dichtendes Sagen)'은 그 자체로 '존재 개시' 작용이다. 시와 사유는 멀리 떨어져 있는 두 봉우리이지만 동일한 것을 노래하고 사유한다. 철학은 시와 그 궤도를 같이할 수 있다. 철학이 가장 깊은 것을 사유하고 시가 가장 높은 것을 시작한다고 하면, 양자는 동일한 차원과 사명을 짊어지고 있는 것이다. 단 이때의 시는 풍경을 읊조리고 감정을 표현하는 시가(poésie)가 아님은 물론이다.6)

횔덜린의 내면적 본질은 안주가 아니라 방랑이다. 말하자면 그는 방랑과 방황으로 살았다. 그러나 그것은 언제나 근원으로서의 고향으로 향한 것이었다. 그렇건만 단 한 번도 고향의 본질에는 깃들지 못한다. 그는 광인(狂人)으로서 몸만 돌아와서 갇혀 있었던 것이다. 따라서 고향에 익숙해지거나 고향의 본질을 찾아 그 속에 안주한 것이 아니라,

---

5) 소광희, 『철학적 성찰의 길』, 철학과현실사, 2004, 175쪽.
6) 소광희 외, 『철학의 제문제』, 지학사, 1973, 15쪽 이하.

그저 몸만 와서 있은 것이다. 생애의 방랑은 인식의 편력이기도 하였다. 신학에서 철학을 거쳐 시로 갔으나 한 번도 자기를 시인으로서 성공(안주)했다고 자신하지 못하였다. 그의 시는 차라리 사상이며 사유인 셈이다. 가령 프랑스로 떠나는 것, 그리스를 찾아 헤매는 것도 근원으로서의 독일, 즉 자기의 고유성을 알기 위한 것이고 동시에 인식의 근원을 찾아 헤맨 것이다.

설사 봄의 온화하고 꽃피는 아지랑이와 향기를 노래한다 하더라도, 그의 계절은 봄이 아니다. 그것은 다만 그가 소중하게 희망하는 계절일 뿐이다. 그의 사실상의 계절은 마른 번갯불 번뜩이는 염천(炎天)이거나 눈보라가 휘몰아치는 겨울이다. 낙엽 지는 스산한 늦가을의 황량함이다. '반신(Halbgott)'[7]의 영웅들이 할거하던 고대 그리스의 어수선함이다. 시인의 본질은 반신이다. 신적인 것도 아니며 그렇다고 인간적인 것만도 아니다. 양자의 중간에 서 있는 중간존재이다. 이것 또한 일변적인 안주의 부정이요 방황인 것이다. 혹은 어떤 논자는 헤겔의 변증법적 운동과 관련시키기도 한다. 도대체 존재를 고정된 실체로서가 아니라 생성 변전하는 현전성으로 파악하고자 한다면 정착이라는 것은 불가능한 일이기도 하다. 그의 시작과 사유의 편력 및 그리스로의 출향과 편력은 하이데거의 『회상(Andenken)』에 자세히 언급되어 있다.[8]

하이데거의 『횔덜린 시의 해명』, 예컨대 '게르마니엔(Germanien)'은 옛날의 신들이 사라진, '저녁의 나라' 유럽의 형이상학적 갈급함 속에서 새로운 신들의 도래를 위해 역사적 현존재 독일 민족이 자기의 소임으로서 새로 시작하는 갈급을 채우는 것, 말하자면 다가올 독일 민족의 역사적 운명을 개시하는 것이다.

운정은 횔덜린을 '운명의 시인'으로 해석한다. 시인 이외의 어떤 현

---

7) M. 하이데거, 소광희 옮김, 『시와 철학』, 306쪽.
8) 같은 책, 303쪽 이하.

존재로도 있을 수 없었다는 의미에서 운명적이요, 무엇보다도 운명을 시작(詩作)했다는 의미에서 운명의 시인이며, 시인이라는 것, 그것 자체를 하나의 운명으로 보았다는 점에서도 운명적 존재이다. 어떤 의미에서 그는 운명적 시인인가? 운정은 다음과 같이 해명한다.

첫째 의미로서 휠덜린은 천부적으로 시작 이외의 것에는 적합하지 못하였다. 우수와 내적 성실, 단순하고 고귀한 생의 추구, 현실의식의 완전한 결여 등으로 그의 재능은 시작에만 한정되었다. 그리고 그에게 부여된 시업이란 가장 고귀한 것이기도 하였다.

둘째의 의미로서 그는 자기의 운명을 노래하였다. 이것은 지나친 자기 반조, 그럴수록 현실도피가 되기 쉬운 비생산적 도로(徒勞)요, 결국 그의 착란도 이런 데서 기인한 것인지도 모른다.

셋째의 의미로서 시인이란 무엇인가? 그에 의하면 시인은 신과 인간의 산물로서 '중간존재(Zwischensein)'로 태어난 자이다. 신은 불사요 따라서 비운명이다. 그러나 인간은 필사적 존재이다. 중간존재로서의 시인은 물론 신도 아니며 인간도 아니다. 그는 필사적이면서 운명적이라는 자기 모순적 존재이다. 그리하여 휠덜린은 이 중간존재를 반신이라 부른다. '하늘인바 신들은 어린이와 같이 운명 없이 숨 쉬지만' 반신은 가장 깊은 의미에 있어서 무거운 운명을 지는 것이다. 신과 반신을 구별하는 표지는 이 운명성이다. 반신은 운명을 지닌 인간이면서 동시에 인간을 초월한 더 높은 존재자이다. 이 이원적 성격 때문에 시인은 본질적으로 비극적인 것이다.[9]

신이 불사의 무운명적 존재라면 인간은 가사적, 운명적 존재자이다. 시인은 민중으로부터 나아간 자이기 때문에 운명적일 수 없고, 그러나 신은 아니기 때문에 비운명적일 수 없다. 그 중간 지대에 살고 있는 것

---

9) 같은 책, 394-395쪽.

이다. 여기에 시인의 비극이 있다. 휠덜린의 시인으로서의 비극은 이러한 시인의 본질에서 유래한다. 또한 시인은 신과 인간의 결혼에 의해 탄생된다고 휠덜린은 말한다. 그러므로 시인은 반신이다. 이 시인의 탄생일은 따라서 신과 인간이 만나는 거룩한 축제일이기도 하다. 이 축제일은 동시에 시가 잉태되고 탄생되는 날이기도 하다.10)

이와 관련하여 운정은 「하이데거의 시론·예술론」에서 다음과 같이 말한다.

하이데거의 시론이 철학자의 작업인바 사유와 매우 가까운 거리에 있음을 알 수 있다. 시는 언어예술인 까닭이다. 사유란 그에게 있어서는 다름 아닌 '철학함'이거니와 철학을 종래의 이성적 체계적인 것으로부터 존재의 체험으로 해체시키려는 데 그의 사유의 원의도가 있다고 한다면, 시 또한 이러한 사유에 대해 하나의 유력한 반려가 될 수 있는 것이다. 이와 같이 시를 사유의 반려자로 삼는 데에 하이데거 시론의 또 하나의 특성이 있다. 그의 시론·예술론은 그의 철학에 기초를 둔 것이어서 거기서 도출된 사유의 연장, 사유의 반려자이지, 소위 예술론이나 시론, 즉 예술이나 시 그 자체의 해명을 도모하는 그런 이론은 결코 아니다.11)

「라인 강」을 통해서 본 휠덜린의 시 세계

운정은 시가 어떻게 존재세계를 개현하는가를 보여주기 위해 휠덜린의 시 「라인 강」을 다음과 같이 해설한다. 라인 강(Der Rhein)은 시인 휠덜린의 조국, 즉 고향의 강이다. 라인 강은 반신이다. 라인 강은 대지를 경작할 수 있게 하고 독일인으로 하여금 문명과 문화를 일구어

---

10) 소광희, 『패러독스로 본 세상』, 264쪽.
11) 같은 책, 259쪽 이하.

역사적 민족이게 한다는 의미에서, 즉 독일인들에게 삶의 터전을 열어 준다는 의미에서 반신이다. 반신은 신과 인간의 '중간존재'이다. 중간 존재는 신의 입장에서 보면 신에 밑도는 존재(Untergott)이고, 인간의 입장에서 보면 인간을 넘어서는 존재(Übermensch)이다. 이렇게 보면 반신은 신과 인간의 본질이 먼저 규정되어야 비로소 그 본질이 알려질 수 있는 존재이다. 그러나 여기에서는 반대로 반신의 규정을 통해 신 과 인간의 본질이 알려질 수 있는 것으로 되어 있다. 즉, 존재일반의 규정을 통해 반신이 알려지는 것이 아니라, 거꾸로 반신을 통해 존재 일반의 위상이 규정된다.12)

휠덜린의 시 「라인 강」은 역사적 독일 민족으로 하여금 대지 위에서 살 곳과 역사 속에서의 변전(방랑)할 것, 즉 살 곳과 갈 길을 개시해 주는 '강 정기(Stromgeist)'를 노래한 것이다. 휠덜린의 시에는 상상력 대신 개념이 주류를 이루고 있다. 이런 시를 흔히 사상시(철학시) 또는 개념시라고 한다. 개념은 정확성과 명료함을 그 생명으로 한다. 따라서 개념시는 일반 서정시처럼 그 이미지를 좇아서 번역하는 것이 불가능 하다.13) 기본 정조를 보면, 이 시는 신과 인간을 매개하는 반신의 존재 와 시인의 사명을 노래하고 있다. 그 반신이 다름 아닌 라인 강이다. 여기서 반신과 시인이 주제화되고 '신과 인간의 화해'가 첨부된다.14)

이 시에서는 라인 강의 탄생과 본질, 그리고 라인 강을 통해 존재세 계가 어떻게 규정되는가 하는 것이 선명하게 드러난다. 휠덜린에 따르 면, 라인 강은 신과 대지의 아들로 알프스 산 속에서 비밀리에 태어난 반신이다. 그러나 그 반신은 자기를 낳아 준 신을 거역하고 힘차게 알 프스 산 밖으로 뛰쳐나와 독일인들을 위해 독일의 강토를 가로질러 북

---

12) 소광희, 『철학적 성찰의 길』, 218쪽.
13) 같은 책, 216쪽.
14) 같은 책, 217쪽 이하.

쪽으로 흐르면서 대지를 기름지게 하여 그들로 하여금 그 강안(江岸)에 집을 짓고 농사를 지어 살면서 문화와 문명을 일으키도록 한다. 그 점에서 라인 강은 디오니소스(Dionysos)와 같다.

이 시는 따라서 라인 강 찬가이다. 이 시는 또 존재세계 중에서 신과 인간, 반신과 시인을 규정하고 있다. 신은 불사적이면서 한편으로는 반신에게 자비를 베풀지만 악한 자에게는 엄한 벌을 내리기도 한다. 인간은 필사적이고 운명적이다. 그러나 신과 인간의 중간에 태어난 반신은 죽지도 않고 안 죽지도 않는 비극적 존재이다. 그러면서도 이 양자를 중보하여 신의 눈짓인 천둥과 번개를 언어로 싸서 민중에게 전달하는 역할을 담당하기도 하고, 신과 인간을 결합하여 축제를 이루게 하기도 한다. 시인은 주신 바쿠스(Baccus)의 사제로서 밤중에 이 나라에서 저 나라로 편력하는 자이다. 그것이 시인의 역할이다. 이 시에서는 루소(J. J. Rousseau)가 그런 시인으로 묘사되어 있다. 루소는 프랑스혁명의 진원이 되는 사상가요 혁명가로서, 당시 독일 청년들의 우상이기도 하였다.[15]

요약하자면, 하이데거는 사유의 사태를 중심으로 철학을 논하는 것을 제일의적 과제로 삼고, 시론 및 예술론은 사유의 연장선상에서 논한 것으로 정리할 수 있다. 하이데거는 존재역사의 시각 궤도에서 특정한 거점이 되는 철학자와 시인들의 작품들을 해석하면서 자신의 후기 사유를 엮어 가고 있다. 하이데거에게 있어서 횔덜린은 사유의 반려자이다. 그는 횔덜린의 시를 해석함으로써 자신의 사유의 사태를 더욱 구체적으로 밝히고자 시도한 것이다.

---

15) 같은 책, 241쪽 이하.

3. 하이데거 작품 번역

『시와 철학: 횔덜린과 릴케의 시세계』

운정은 하이데거 저서의 일부를 1960년에 번역하였고, 12년의 준비를 거쳐 1972년에 다른 일부를 추가 번역하여 『시와 철학: 횔덜린과 릴케의 시세계』(제1판 1972; 제3판 1978; 중판 1989, 박영문고)을 출간한다. 그 후 강의를 통한 10년 동안의 각고의 준비를 거쳐 1995년에 드디어 『존재와 시간』을 번역한다. 위의 번역물들은 한국에서 이 분야의 전문가에 의한 독보적이고 탁월한 번역으로 평가된다. 이것들은 난해한 하이데거의 저작들을 연구하고 가르친 후 숙성의 과정을 거친 소중한 역사적 가치가 있는 번역서이다.

먼저 전자의 책의 번역에 관한 역자인 운정의 이야기를 살펴보도록 하자. 여기서 번역한 하이데거의 작품의 주요 부분은 『횔덜린 시의 해명(Erläuterungen zu Hölderlins Dichtung)』(전집 4권)에 들어 있다. 각각 발표의 동기, 연대, 장소는 다르지만 '시와 철학의 대화'라는 점에서는 공통점을 지닌다. 그리하여 하이데거는 일련의 횔덜린의 시에 대한 해설을 『시와 철학: 횔덜린과 릴케의 시세계』으로 묶어서 단행본으로 출간한다. 역자인 운정은 1960년 가을, 그중의 두 편, 「횔덜린과 시의 본질」 및 「마치 축제일에…」를 하이데거의 다른 논문인 「휴머니즘에 관한 서한」 및 「형이상학이란 무엇인가?」와 함께 동양출판사의 수상(隨想) 선집의 하나로 소개한 바 있다.

그 뒤에도 운정은 하이데거 철학 작품들 중에서, 특히 언어의 문제에 대한 관심을 저버릴 수가 없어서 틈틈이 나머지 두 편을 번역할 기회를 엿보아 왔던 것이다. 1972년 가을에는 한국외국어대학교의 독어과 졸업반을 위한 교재로서 이 부분을 선택하였다. 이 나머지 두 편은 길기도 하거니와, 하이데거의 마술사적인 언어 연금술 및 그의 해박하고 깊은 어원학(Ethymologie)에 대한 지식 등에 압도당하여 감히 번역서를 출간할 용기를 못 내고 있던 터에, 오히려 학생들로부터 자극을 받아서 완성되었다고 한다.

잘 알려진 바대로, 하이데거 자신이 시작(詩作)도 하였다. 그래서 그의 운문적 논문을 어떻게 우리말 속에서 적절한 역어를 찾을지, 또 어떻게 원문의 행간에 들리는 리듬을 살릴지 등에 대하여 운정은 가능한 노력을 다해 보았다. 이로써 그는 하이데거의 작품의 하나를 최초로 소개한 셈이거니와, 거기엔 12년이라는 짧지 않은 세월이 묻혀 있다고 볼 수 있다.

「가난한 시대의 시인」은 역시 하이데거의 저작인 『숲길』 속에 들어 있는 귀중한 논문이다. 원제목은 「무엇을 위한 시인인가?」인데, 이 말은 원래 횔덜린의 「빵과 포도주」라는 시의 결구로서 "이 가난한 시대에 무엇을 위한 시인인가?"에서 가져온 것이다. 하이데거는 뒷부분을 취했고, 역자인 운정은 앞부분을 살려 보았다. 특히 횔덜린 시론 중의 「귀향: 근친자에게」와 관련시켰기 때문이다.16) 이 번역서의 목차는 아래와 같다.

서문
제1부 횔덜린의 시의 해명
「귀향: 근친자에게」
「횔덜린과 시의 본질」
「마치 축제일에…」
「회상」

---

16) M. 하이데거, 소광희 옮김, 『시와 철학』, 3-4쪽, 역자 서문.

제2부 가난한 시대의 시인

해설

횔덜린 소개

하이데거의 횔덜린과 릴케론

운정은 하이데거의 『횔덜린 시의 해명』 2판 번역본 '서언'에서 이 책에 대해 다음과 같이 소개한다. 말하자면 이 책은 이제까지 따로따로 발표했던 횔덜린의 몇 편의 시에 대한 해설의 시론(試論)들을 원형대로 모은 것이다. 이러한 해설들은 '시작과 사유의 대화'라 할 것이지만, 시작의 역사적 독자성은 결코 문학적, 역사적으로는 논증되지 않고 사유와의 대화를 통해서 논증될 수 있는 것이다. 여기서 해설(Erläuterungen)이라는 것에 관해서는 이전에 이미 다음과 같은 말로 진술해 놓은 바 있다. '비가'라든가 '찬가'라는 명칭이 붙어 있음에도 불구하고 횔덜린의 시가 진실로는 무엇인가를 우리는 알지 못한다. 그의 시는 신전(神殿) 없는 신주장(神主欌)과도 같은데, 시의 내용은 그 속에 보전되어 있다. 그의 시는 마치 지붕 없이 옥외에 매달려서 시나브로 내리는 눈에도 제 가락을 잃은 종(鐘)과도 같이, 비(非)시적인 언어의 잡담 속에 묻혀 있다. 아마도 그렇기 때문에 일찍이 횔덜린은 산문처럼 들리지만 사실은 비할 데 없이 시적인 말로써 다음과 같이 말하고 있다. "시나브로 내리는 / 눈에도, 저녁 식사를 / 알리는 종소리는 / 제 가락을 잃는다."

이러한 시에 대해서는 어떠한 해설도 아마 그 종 위에 떨어지는 눈에 불과하다. 해설이 언제나 유효하든 유효하지 않든 간에, 거기 관해서는 다음과 같이 말할 수 있다. 즉, 시 속에 순수하게 들어박혀 있는 내용이 보다 분명하게 그 진면목을 드러내게 하기 위해서는 해설의 언설 및 그것이 기도하는 바는 언제나 부서져 버리면 안 된다. 시의 내용

70

을 밝히기 위해서라면 '시의 해설'이라고 하는 것은 스스로 무용지장물이 되도록 노력하지 않으면 안 된다. 모든 해설의 최후의, 그러나 또한 가장 어려운 대목은 시의 순수한 존립 앞에서 해설의 언어가 자취를 감추는 일이다. 그때엔 고유한 법칙을 가지고 있는 시 자체가 직접 다른 시에게도 빛을 던지게 된다. 그러므로 우리가 반복해서 읽노라면 여러 다른 시들도 이미 그렇게 잘 이해하고 있었던 것처럼 생각되기도 한다. 그렇게 생각된다면 그것은 좋은 일이다.17)

『존재와 시간』

한국에서도 하이데거의 『존재와 시간』은 1930년대 초부터 읽히기 시작했다. 그 후 철학하는 사람들뿐 아니라 수많은 지식인들이 이 책에 매료되었다. 한국에서 발표된 하이데거의 사상에 대한 최초의 논문은 1932년에 쓰인 열암 선생의 경성제대 졸업논문인 「하이데거에 있어서의 Sorge에 관하여」이다. 『존재와 시간』이 1927년에 출간되었다는 사실을 생각해 보면 1932년이라는 해는 결코 늦은 것이 아니다.

운정은 1995년에 하이데거의 『존재와 시간(Sein und Zeit)』(Max Niemeyer, 1953)을 이 분야의 전문가로서 탁월하게 번역하였다. 그것은 다시 1998년에 경문사에서 초판 2쇄로 발간된다. 그는 이 기념비적인 역서가 나오게 된 배경과 준비과정을 다음과 같이 회고한다.

역자인 운정이 서양철학을 연구하면서 가장 고민스럽게 읽은 책은 헤겔의 『(대)논리학』과 하이데거의 『존재와 시간』이다. 이 두 책에서의 공통적인 난점은 '사고실험을 통해 내 것으로 하기가 어렵다'는 것이다. 양자는 다 같이 존재론을 표방한다. 전자는 절대정신이 역사 속

---

17) 같은 책, 9-10쪽.

에서 자기를 실현시켜 가는 프로그램이다. 그러나 역사적 현실에 갇혀 사는 사람으로서 그 프로그램을 사고실험을 통해 이해한다는 것은 결코 쉬운 일이 아니다. 후자는 우리의 일상생활과 상식이 전제하고 간과해 버린 '나의 존재방식'을 파헤쳐서 새로운 조명 하에 존재론의 기초를 다시 세우겠다는 것이다. 따라서 서술의 문법과 용어도 거기를 근원처로 삼아야 하고, 거기로 돌아가야 한다는 것이다. 그것을 이해한다는 것 역시 여간 어려운 일이 아니다. 어려움에 부딪칠 때마다 운정은 달마(達磨)와 양무제(梁武帝)의 고사(故事)를 수없이 곱씹곤 하였다. 그러나 어렵다고 해서 팔짱만 끼고 있을 수는 없는 노릇이었다. 누가 해도 언젠가는 해야 할 일이라면 차라리 그가 당하는 편이 옳지 않을까 해서 10년에 걸쳐 이 작업을 수행했다. 그동안 용어와 문장의 수정을 여러 번 반복하였고, 결과적으로 번역을 세 번 고쳐서 한 셈이 되었다.18)

하이데거는 명실 공히 현대의 가장 영향력 있는 철학자 중 한 사람이다. 그는 '현존재의 실존론적 존재론'을 가지고 일반존재론을 위한 기초로 삼았다. 전 철학사를 통해 거장 철학자들의 사상을 현상학적으로 해체하고 그들의 존재론을 실존론적으로 새롭게 정초했으며, 현상학과 해석학을 '현존재 분석'을 위한 방법론으로서 완성했다. 그뿐 아니라 그는 많은 시인들과 예술가들의 시와 작품을 독자적으로 해석하여 시와 예술작품의 본질을 새롭게 구명했으며, 현대의 역운과 문명형태를 천착했다. 나아가서 그는 서구적 사유의 전환과 동양사상에 대한 관심을 앞장서서 표명하기도 했다. 이런 광범위한 사유 활동으로 인해 그는 철학 이외에도 그리스도교 신학과 불교 해석, 문예학, 예술론, 언어이론과 언어철학, 사회과학, 정신의학, 비판이론, 포스트모더니

---

18) M. 하이데거, 소광희 옮김, 『존재와 시간』, 경문사, 1995, 역자 머리말.

즘 등 여러 분야에 심대한 영향을 미치고 있다. 그는 100권 이상의 작품을 남겼다. 죽음, 양심, 무, 불안, 시간성, 본래성, 결의성 등은 개별 과학에서는 다루어질 수 없는 철학 고유주제들임에도 불구하고, 플라톤 이후 그것들은 대개 그리스도교와 일부 과학에 맡겨지고 철학은 불변의 실체만을 탐구하는 일에 급급했다. 하이데거의 대표작으로서 『존재와 시간』은 이런 주제들을 정면으로 다룬 한 시대를 풍미한 철학서이다.19)

『존재와 시간』은 본래 총 3부를 기획하였으나 완결되지 못한 채, 1927년에 1부의 2편까지만 발표되었다. 이 책은 20세기 철학, 특히 존재론, 해석학, 해체론에 지대한 영향을 미쳤다. 오늘날 존재론이라는 개념은 시대의 언어가 되었다. 그렇게 되도록 결정적으로 역할을 한 사람은 하이데거이다. 그의 철학은 처음부터 존재문제를 구명할 사명을 가지고 출발했다. 그에 따르면 철학의 본질적 과제는 그 여명기로부터 오늘에 이르기까지 '존재의미에 대한 물음'이었다. 이런 존재의미를 구명하기 위한 그의 철학은 곧 존재론이다.

하이데거는 종래 거의 구별 없이 쓰이던 개념인 존재와 존재자를 엄격하게 구별한다. 존재자란 세상에 존재하는 어떤 것(그것이 신이든 강아지든 개념이든 상관없이)이고, "존재란 존재자를 존재자로서 규정하는 그것이다. 존재자가 어떻게 설명되든 존재자는 존재를 기반으로 해서 그때마다 이해되고 있다."20) 존재론이란 존재자의 존재의미를 밝히는 학문이다. 존재는 존재자의 초월적 근거이다.

하이데거에 있어서는 존재론의 의미가 종래의 그것과 현저하게 다르다. 종래의 존재론이 '존재자로서의 존재자'를 묻는 것이라면, 그의 새로운 존재론은 '존재자의 존재'를 묻는 것이다. 저것은 존재자를 그 자

---

19) 소광희, 『하이데거「존재와 시간」강의』, 문예출판사, 2003, 18쪽 이하.
20) M. 하이데거, 소광희 옮김, 『존재와 시간』, 11쪽.

체에 있어서 표상한다. 그때는 존재자의 본질이 이데아라고 하든 신이라고 하든 또는 실체라고 하든 여하간 존재자의 존재자성(Seiendheit)으로 보일 뿐이다. 그것은 형이상학으로서 이미 아리스토텔레스가 제시한 바와 같이 두 가지 방식으로 표상되어 왔다. 하나는 가장 보편적이라는 의미에 있어서 전체로서의 존재자 자체이며, 다른 하나는 최고의 존재자가 즉 신적 존재자라는 의미에 있어서 존재자 자체이다.

여기에 존재론은 형이상학으로 되고, 다시 신학과 서로 만날 여지가 생겨난다. 그러나 그것으로는 결코 존재의 진리는 드러나지 않는다. 오히려 그런 형이상학은 세계 안에서 만나는 존재자에 의존해서 존재를 해명하고자 한 것이다. 그것은 존재자의 존재에 대한 탐구로 제한되고 그 존재의 의미의 해명은 폐기되고 불투명하게 남아 있을 뿐이다. 그것은 존재망각이요, 존재은폐이다. "세계 안에서 만나는 존재자에 대한 묘사는 존재적이요, 존재자의 존재에 대한 해명은 존재론적이다. 진정한 존재론은 존재자를 그 존재로 환원해서 해석하는 것이라야 한다."21)

특히 『존재와 시간』의 5절에서 8절까지에는 이 책의 전체 구도가 기술되어 있다. 5절에는 '존재일반의 의미를 해석하기 위한 지평의 전개로서의 현존재 분석론'이 언급되어 있고, 6절에는 '존재론의 역사의 해체'라는 과제가 제시되어 있다. 7절에는 현상학적 탐구방법이, 그리고 8절에는 이 책의 구도가 서술되어 있다. 여기서 존재물음의 수행은 두 가지 과제로 나누어지고 이에 따라 이 책의 구성도 두 부분으로 나누어진다.

1부 : 현존재를 시간성을 겨냥해서 해석하고, 시간을 존재물음의 초월론적 지평으로 해명함

---

21) 소광희, 『시간과 인간의 존재』, 문음사, 1980, 303-304쪽.

74

2부 : 존재시성(Temporalität)의 문제를 실마리로 한 존재론의 역사
　　의 현상학적 해체의 개요

그리고 다시 1부를 1편 '현존재의 예비적 기초분석', 2편 '현존재와
시간성', 3편 '시간과 존재'의 세 편으로 나누고 있다. 그는 2부도 세
편으로 나누고 그 각각의 주제를 다음과 같이 적고 있다.

1편 : Temporalität의 문제의 전(前) 단계로서의 칸트의 도식론과 시
　　간이론
2편 : 데카르트의 'cogito sum'의 존재론적 기초와 'res cogitatum'의
　　문제로의 중세 존재론의 인수
3편 : 고대 존재론의 현상적 토대와 한계를 판별하는 기준으로서의
　　아리스토텔레스의 시간에 관한 논문

이것을 요약하면 2부의 I편은 칸트의 도식론과 시간론이고, II편은
데카르트의 존재론과 그것의 연원인 중세 스콜라적 존재론이며, III편
은 이것을 다시 소급해서 스콜라적 존재론의 근원인 아리스토텔레스의
시간론을 중심으로 한 존재론이다. 2부는 철학사를 소급해 올라가면서
기존의 존재론을 해체하고 새로운 존재론을 수립하겠다는 의도가 투영
되어 있다. 그런데 실제로 출간된 『존재와 시간』은 '전반부'라는 타이
틀 아래 1부의 1편과 2편뿐이다. 즉, 5절에서 말한 '존재일반의 의미를
해석하기 위한 지평의 전개로서의 현존재 분석론'뿐이다. 계획된 후반
부는 계획만 있을 뿐 그 뒤 출판되지 않았다. 말하자면 이 책은 당초의
구상의 3분의 1에 불과한 미완성의 저술인 것이다.
　　물론 1927년 여름 학기의 강의록인 『현상학의 근본문제』(전집 24
권)에, 『존재와 시간』에 저술되지 않은 부분, 즉 6절에서 말한 '존재론

의 역사의 해체'라는 과제가 서술방식을 달리하면서 부분적으로 논술되어 있다. 거기에서는 중세의 존재론 및 그 근원으로서의 아리스토텔레스의 존재론이 다루어지고 있다.

하이데거의 존재론을 '기초존재론'이라고 하는데, 이 명칭은 『존재와 시간』의 5절에서 말한 '존재일반의 의미를 해석하기 위한 지평의 전개로서의 현존재 분석론'에만 해당하는 것이다. 애당초 하이데거가 이 책에서 하고자 한 것은 기초존재론과 이것을 기반으로 하는 일반존재론의 수립이다. 즉, 궁극적 과제는 존재일반의 의미의 구명이고 이를 위한 예비적 분석이 '현존재 분석론'인 기초존재론이다. 일반존재론은 6절에서 말한 '존재론의 역사의 해체'로부터 시작된다.22)

요약하자면, 운정은 한국에서 이 분야의 전문가로서 하이데거 작품의 원전을 우리말로 번역하여 하이데거 사상이 한국에 소개되는 데 독보적인 기여를 한 셈이다. 하이데거의 난삽한 횔덜린 시의 해명을 번역하였거니와, 전문성과 가독성이 탁월한 하이데거의 주저인 『존재와 시간』을 번역한 것은 한국 하이데거 연구사에 하나의 이정표가 되며, 크나큰 공헌으로 여겨진다.

4. 『존재와 시간』 강의

하이데거의 주저인 『존재와 시간』은 근세 이후의 거의 망각되다시피 한 존재론 내지 형이상학을 재건하는 데 있어서 결정적 역할을 한다. 그리고 그것은 실존사상의 철학적 원전이 되기도 한다. 1930년대 중반 이후로는 자신의 독자적인 사유, 즉 소크라테스 이래의 전 철학

---

22) 소광희, 『자연 존재론: 자연과학과 진리의 문제』, 문예출판사, 2008, 568-571 쪽.

사와 대결하면서 종래의 철학사를 '존재망각의 역사'라고 규정하고 이 망각과 은폐로부터 존재를 제 모습으로 해방시키겠다는 노력이 계속된다. 그 노력은 한편으로는 언어, 예술, 현대문명 비판, 인간 존재 등에 대한 고차원적 성찰이다. 그리고 다른 한편으로는 아낙시만드로스를 위시하여 헤라클레이토스, 파르메니데스, 플라톤, 아리스토텔레스, 칸트, 헤겔, 니체, 둔스 스코투스, 베르그송 등 많은 선대의 철학자들과 횔덜린, 반 고흐, 트라클 등 예술가들에 대한 새로운 조명을 시도한다. 하이데거는 존재를 시간성으로 파악함으로써 유한한 것으로 보았고, 플라톤, 아리스토텔레스 이래의 본질 우위에서 개체적 현존 우위로, 현실성 우위에서 가능성 우위로 사유를 역전시킨 것이라 할 것이다. 그러면서 인간 존재의 존엄성을 누구보다도 역설하고 있다.[23]

1980년 중반부터 운정은 하이데거 철학을 강의하게 되었다. 그러나 그는 여전히 하이데거 철학에 대해 방황하고 있었다고 술회한다. 그 이유는 그의 언어 사용이 너무 현란하여 이해하기가 쉽지 않고, 하이데거 철학이 우리의 현실에 어떤 의의를 갖는지 확신이 서지 않았기 때문이었다.

앞에서 언급한 것처럼, 운정은 1995년에 우리나라에서는 처음으로 제대로 된 하이데거의 『존재와 시간』을 직접 번역하였다. 그때는 본문만을 우리말로 옮겼을 뿐 흔히 하는 방식대로 책 뒤에 해설을 붙이지 못했다. 왜냐하면 몇 쪽의 해설로는 그 내용을 온전히 담아 낼 수 있을 것 같지 않아 보였기 때문이다. 그보다는 차라리 별도의 해설서를 만들어 그 번역서의 부록으로 달아 주는 편이 독자를 위해 좋을 것이라고 생각하였다.

그러나 여러 사정으로 그 작업은 제대로 추진되지 못했다. 하지만

---

23) 소광희, 『시간과 인간의 존재』, 89쪽.

그 번역 덕택에 학생들에게『존재와 시간』전편을 한 학기 동안의 강의로 소개할 수 있었다.『존재와 시간』은 서론 2장, 제1편 6장, 제2편 6장의 총 14장으로 구성되어 있는데, 한 학기 14주 동안 연이어 강의를 하면 그 개요는 충분히 소개할 수 있다고 여겼던 것이다. 그때 만들어진 강의안이『하이데거「존재와 시간」강의』(2003)의 기초가 되었다. 이 책은 다음과 같이 구성되어 있다.

머리말
『존재와 시간』의 문제의식
『존재와 시간』의 구성과 개요
서론: 존재물음의 필요성과 방법론
제1편 현존재의 예비적 기초분석
제1장 현존재의 예비적 분석이라는 과제의 전개
제2장 현존재의 근본 틀로서의 세계-내-존재 일반
제3장 세계의 세계성
제4장 공동 존재와 자기존재: '세인'
제5장 내-존재 자체
제6장 현존재의 존재로서의 마음씀
제2편 현존재와 시간성
제1장 현존재의 가능한 전체 존재와 죽음에 이르는 존재
제2장 본래적 존재가능의 현존재적 증언과 결의성
제3장 마음씀의 존재론적 의미로서의 시간성
제4장 시간성과 일상성
제5장 시간성과 역사성
제6장 통속적 시간 개념의 근원
에필로그

『존재와 시간』은 일반 독자와 입문자들을 위해서는 적어도 해설서가 필요하다. 이 책은 우리나라에서도 1930년대부터 대학에서 원서로 읽히기 시작했으나 오늘날까지도 이 책이 제대로 이해되었다고는 단언하기 어렵다. 논의의 전개방식에 익숙하지 못할 뿐 아니라 용어도 난삽하여서 읽고서도 이해하기 어렵다는 독자들이 허다하다. 그래서 『존재와 시간』을 읽지 않은 독자도 한 권의 해설서만으로 그 책의 문제의식과 내용, 서술방식, 전개과정 등을 충분히 이해할 수 있게 해주는 것이 필요하다. 무엇보다 난삽한 용어들을 피하고 되도록 평이하고 간결한 해설서를 마련하는 것도 의미 있는 일이라는 생각에서 이 강의록이 출간된 것이다.

드래프트(draft)로 만들어진 강의안은 있었으나 그것이 바로 책이 될 수는 없기 때문에 새로운 구상과 계획이 필요했다. 운정의 『하이데거 「존재와 시간」 강의』는 『존재와 시간』의 중요한 부분과 중요하지 않은 부분을 선별해서 중요한 부분만 해설한 것이 아니라, 그 책의 순서대로 내용을 요약하고 해설해서 이해하기 쉽게 하고, 중요한 개념을 풀어서 알기 쉽게 한 것이다. 그러므로 원서에 서술된 내용 중 이 책에서 탈락된 부분은 많지 않다.

또한 『존재와 시간』은 당시 마르부르크(Marburg) 대학에 있던 하이데거가 쾰른(Köln) 대학으로 옮겨 간 선임자 하르트만(N. Hartman)의 후임으로 정교수가 되기 위해 급하게 쓴 책인 데다가 내용이 전적으로 '현존재 분석론'이므로 중언부언이 많은 책이다. 이 해설서도 자연히 반복되는 용어와 문장이 많을 수밖에 없다. 이 책으로 인해 하이데거의 『존재와 시간』이 난해한 책이라는 철학계와 독자들의 선입견이 불식되기를 바라는 마음에서 쓰인 것이다.[24]

---

24) 소광희, 『하이데거 「존재와 시간」 강의』, 7쪽.

『존재와 시간』에서의 모든 서술은 '존재의 의미'를 밝히려는 의도 하에 존재이해를 '아 포리오리(a priori)'하게 가지고 있는 현존재를 실존론적, 존재론적으로 분석한 것이다. 그것을 하이데거는 두 단계로 나누어서 분석했다. 첫 번째 단계는 현존재의 근본 틀인 '세계-내-존재(In-der Welt-sein)'를 그 일상성에서 구명한 것이고, 두 번째 단계는 현존재의 존재인 '마음씀(Sorge)'을 가능하게 하는 것은 시간성이라는 전제 하에 현존재의 시간성을 분석하고 거기에서 통속적 시간 개념이 연원하는 것까지 천착한 것이다. 이것은 그가 기획한 1부의 1편과 2편에 불과하다.[25)]

운정은 하이데거의 진리 개념을 받아들인다. 지성과 사물의 일치니 명제진리니 하는 진리 개념도 이 존재개현을 근거로 해서 비로소 가능하다. 그 존재개현의 영역을 하이데거는 인간의 거주영역, 즉 생활세계라 하거니와, 인간의 생활세계를 진리의 근원이라고 보는 데에 기초적 존재론의 면모가 드러난다. 그리하여 하이데거는 비은폐성으로서의 진리는 허위인 은폐성으로부터 탈취되어야 한다고 주장한다.[26)]

요약하자면, 운정의 『하이데거「존재와 시간」강의』는 실제의 강의를 바탕으로 하여 오랫동안 숙성시켜 창안한 텍스트이다. 이 책은 원전의 난해함을 해소하고 원전의 의미를 간결하고 이해하기 쉽게 해석학적으로 요해하여, 독자들이 쉽게 접근하여 독해할 수 있도록 친절한 설명과 해설을 수록하고 있다.

---

25) 같은 책, 260쪽.
26) 소광희, 『패러독스로 본 세상』, 272쪽.

5. 하이데거 사유를 넘어서

하이데거 사유의 적실성 문제

하이데거의 사유는 길을 가는 도상(unterwegs)에 있다. 그의 많은 저술은 길 또는 도상이라는 낱말을 표제로 달고 있다. 그 길이 올바른 길인가 아닌가는 가고 난 뒤에 결정될 수 있다. 그러나 그 길은 끝이 없는 길이다. 존재론이란 바로 그런 길을 걷는 것과 같은 철학이다. 그리고 그 길은 우리의 삶의 길이기도 하다. 그러면서도 "그 길이 유일한 길인가, 또는 도대체 올바른 길인가 아닌가?" 하는 대목에서는 회의와 머뭇거림의 몸짓이 엿보인다.

『존재와 시간』에서 현존재(Dasein)의 존재의 의미를 구별하는 이 길이 과연 존재일반의 의미를 천명하는 길로 이어질 것인가? 이것을 하이데거는 사반세기 동안 고민한 끝에 마침내 '전회(Kehre)'를 선언하고 만 것이 아닐까! 그는 실제로는 1930년대 이후 이미 존재에서 존재자를 조명하는 입장을 취하고 있었다. '전회'란 한 존재자(현존재)의 존재를 존재일반으로 이어 갈 수 없다는 사유의 비약의 고백에 다름 아니다. 그런 점에서 『존재와 시간』은 '현존재 분석(Daseinsanalytik)'으로서는 완벽한 저술이지만 존재론의 기초 놓기로서는 미완성의 작품이다.27)

그 밖에도 운정이 보기에 하이데거의 사유는 구체적인 현실세계를 해명하는 데 있어서 그 적실성이 부족해 보인다는 것이다. 예컨대 우리가 사는 구체적 일상적 현실세계를 본래적 존재의 '퇴락(Verfallen)'으로 보고, '세인(das Man)'의 세계라 한다. 이런 관점에서는 우리네

---

27) 같은 책, 260-261쪽.

삶의 세계, 말하자면 성공하기도 하고 좌절하기도 하는 그 생생한 삶의 현장이 무의미하게 된다. 운정은 여기가 하이데거의 한계라고 본다. 그래서 하이데거는 휠덜린의 시의 세계로 들어가 '전향'을 선언한 것이다. 이런 점에서 하이데거 자신의 사유 내에서도 미완성과 헤맴이 엿보인다는 것을 운정은 지적한다.

하이데거 철학에는 '전회'라는 계기가 있다.『존재와 시간』1부 3편과 2부(『시간과 존재』)가 약속한 대로『존재와 시간』과 같은 형태로 써지지 않은 데서 오는 좌절의 경험과 1930년대 초 히틀러 정권이 등장한 직후에 프라이부르크(Freiburg) 대학 총장을 역임하면서 그가 겪은 여러 체험들이 그로 하여금 사유의 전환을 하지 않을 수 없게 했는지도 모른다. 제2차 세계대전이 끝난 뒤 그가 나치에 협력했는지 여부가 철학적으로나 사회적으로 물의를 일으킨 바 있거니와, 하이데거는 취임 11개월 만에 대학 총장직(1933. 5. 1-1934. 4. 23)에서 물러난다. 그 후부터 그는 휠덜린을 위시하여 여러 시인들의 시 해명에 침잠했으며, 이를 전후해서 그의 철학에 커다란 변화를 보이기 시작한다.

하이데거는 '현존재 분석'을 통해 존재일반의 의미를 획득하겠다는 길을 단념하고, 존재에서 존재자를 해명하는 길을 택한 것이다. 그래서 하이데거 자신이 사상적 전회를 선언한 것이다. 그 뒤 그의 철학적 관심사는 초기처럼 그렇게 긴장된 것이 아니고, 대부분은 휠덜린, 릴케, 트라클 등 시인과 니체, 칸트, 헤겔 등 여러 선대 철학자들에 대한 현상학적 해체와 존재론적 구명 및 기술문명 비판 등에 모아졌다. 그래서『존재와 시간』은 하이데거의 철학을 전폭적으로 대표하는 것이 아니라고 생각하는 사람이 있을는지 모른다. 그러나 후기 사상을 알기 위해서라도『존재와 시간』에 대한 이해는 불가피하고, 그래서 이 책은 단연코 그의 주저로 간주되고 있다. 이 책을 읽지 않고 하이데거를 말하는 것은 불가능하다. 후기의 저술은 이 책의 해설 내지 부록인 경우

가 많다.28)

운정에 의하면 무엇보다 하이데거의 한계는 시간론에 있다는 것이다. 철학사상 처음으로 시간을 '흐름'으로 파악한 베르그송과 후설의 시간론을 본래적 시간성이라는 입장에서 그 '흐름' 개념을 포기하고 시간을 '구조적'으로 파악한 것은 시간의 본질을 포기한 것이다.

현실의 지반 위에서 철학함

특히 운정은 하이데거의 '존재역운적(seinsgeschichtliche)' 기술 해명에 대해서는 다음과 같이 우려를 표명한다.

철저한 기술의 지배는 그 자체로 위험한 것이다. 왜냐하면 인간도 몰아세워지고 부품으로 주문된다는 것 자체가 위험이기 때문이다. 그럼에도 인간은 그것을 향유하는 데 급급하여 그것이 위험이라는 것을 자각하지 못하고 있다. 이것이 더 위험한 것이다. 인간은 그런 위험 아래 노출되어 있다. 그러나 이것은 인간이 그렇게 만든 것이라기보다는 불가피한 역운현상이라고 하이데거는 말한다. 그러므로 기술의 위험도 인간이 제거할 수 있는 것이 아니다. 여기에서 하이데거는 인간과 존재의 본질의 전향을 사유한다. 그는 '위험이 있는 곳에 구원도 자라고 있다'고 한 횔덜린의 말을 빌려 낙관하고 있으나 증거 제시가 없어 공허하다. 한 시인의 예감에 인류의 운명을 의탁한다는 것은 역시 위험하게 느껴진다.29)

운정은 열암 선생과 청송 선생의 사유와 다음과 같은 점에서 궤를 같이한다. 말하자면 철학적 진리를 탐구하여 그것을 내 것으로 삼아

---

28) 소광희, 『하이데거「존재와 시간」강의』, 19-20쪽.
29) 소광희, 『자연 존재론』, 596쪽.

현실 속에서 그것을 실행에 옮겨 우리의 일상과 역사 속에 구현해야 한다는 것이다. 즉, 현실적 지반 위에서 철학해야 새로운 철학적 경지를 개척할 수 있다고 본다. 왜냐하면 우리의 철학하는 것의 출발점은 이 시대의, 이 사회의, 이 땅의, 이 현실적 존재 자체에 있기 때문이다.

무엇보다 운정의 철학은 하이데거의 '존재론'에 바탕을 두면서, 그와 비판적 거리를 두고 있음을 확인할 수 있다. 현실에 비추어 서구사상을 수용하되 창조적으로 재해석하는 논리를 찾아야 하거니와, 서양철학을 수용하되 그것을 '내 것으로 양조'해 내어야 한다는 것을 누차 역설한다. 이 점에서 운정은 은사님들의 '주체적인 서양철학의 수용'의 정신을 이어받고 있음을 엿볼 수 있다. 현존재의 일상성, 현실성, 역사성을 강조하며, '지금, 여기'의 구체적 삶을 중시한다는 점에서 전기와는 사뭇 다른 후기 사상인 존재사적 역운의 사유 및 시적인 사유와는 일정 거리를 두면서 하이데거를 넘어서고 있다.

요약하자면, 운정의 철학의 주제인 존재론과 시간론은 하이데거의 사상으로부터 지대한 영향을 받았다. 현대의 존재론적 사유에서 하이데거의 논점은 그 독창성과 영향력에서 중요한 위치를 점유하고 있기 때문이다. 그럼에도 불구하고 운정은 하이데거에 머무르지 않고 그를 넘어서서 더 넓은 사유의 시각 궤도에서 서양철학의 원류와 그 정통성을 이어 가고자 한다. 특정 철학에 닻을 내리지 않고, 역사적 삶에 기초한 학문적 철학을 옹호하면서 진리에 이르고자 한다.

1. 한국에서의 하이데거 연구

1930년대 중반부터이니 거의 약 80년이 되었다. 초기에는 『존재와 시간』의 전반부가 특히 'Sorge(마음씀)'를 중심으로 연구되었다. 세계 개념 분석에서는 실용주의와 유사한 점에 주목하기도 했다. 제2차 세계대전, 해방, 사변을 겪으면서 모든 철학 연구는 침전 상태에 빠졌다.

나는 『존재와 시간』을 읽기 전에 그의 횔덜린 시론을 먼저 읽었다. 그때 도서관에는 *Hölderlin und das Wesen der Dichtung*(『횔덜린과 시의 본질』)이라는 작은 단행본과 *Die Grundprobleme der Phänomenologie*(『현상학의 근본문제』)(1923-1924, 제1권)라는 프린트본이 있었다. 나는 전자를 가지고 학부 졸업논문을 썼다. 그러지 않아도 시에 대해 관심이 많던 청송 고형곤 선생이 여기에 주목했다. 바로 그 무렵, 즉 1950년대 후반 소피아 서점을 통해 *Erläuterung zu Hölderlins*

30) 소광희, 「하이데거 연구의 이모저모」, 『존재론 연구』, 제36집, 한국하이데거학회, 2014 겨울호, 1-5쪽.

Dichtung(『횔덜린 시의 해명』), Holzwege(『숲길』), Über den Humanismus(『인문주의에 대한 편지』), Vorträge und Aufsätze(『논문과 강연』) 등의 딘헹본이 수입되었다. 하이데거 후기 사상에 관한 연구가 본격화되었다.

1950년대에 유행하던 실존주의 사상은 사르트르의 『존재와 무』, 『실존주의는 휴머니즘이다』, 카뮈의 『이방인』 등이 허무주의의 간판으로 유행하였다. 나는 Erläuterung zu Hölderlins Dichtung 과 Holzwege 속에 있는 릴케론("Wozu Dichter?")을 번역하였다. 『시와 철학』이 그것이다.

청송 고형곤 선생은 하이데거 연구의 선구자이다. 그런데 후기 하이데거 철학은 거의 전적으로 횔덜린의 영향 하에 있다. 우선 문체가 시적이다. 개념적 문체가 시적, 산문적 문체로 바뀌었다. 'Das Gevierte (세계)', 'Ding(사물)'에 관한 단상 등 후기 사상은 시적으로 읽어야 이해된다. 이것이 1960년대 이후 한국에서의 하이데거 연구의 상황이다.

1980년대 독일로 유학 갔던 하이데거 연구자들이 돌아오면서 한국에서의 하이데거 연구는 한 차원 높아졌다.

한국에서는 존재론이라고 하면 무조건 하이데거를 떠올리는 경향이 농후한데, 존재론이 반드시 하이데거의 전유물은 아니다. 아리스토텔레스가 존재자로서의 존재자에 대한 연구를 천명한 뒤 그리스도교 천국인 중세기에도 존재론은 있었고, 칸트도 헤겔도 존재론을 거론했다. 특히 헤겔은 자기의 『논리학』(변증법)을 존재론이라고 불렀다. 하르트만은 현대의 존재론자이다. 전기 하이데거의 존재론은 실존론적 존재론이라는 특수 존재론임을 알아야 한다.

서양철학자들의 이론을 연구할 때는 가능한 한 빨리 그 철학의 한계를 알아차려야 한다. 자기의 독자적 철학이론을 강조하고자 하는 사람은 더더욱 그렇다. 하이데거는 후설의 한계를 일찍이 눈치챘다. 거기서 자기의 독자적 존재론이 나온 것이다.

후설의 한계는 무엇인가? 주지하는 바와 같이, 후설의 의식현상학은 의식의 구조를 논리적으로 천명한 것이다. 이를 위해 그는 현실적 대상세계를 괄호 안에 넣고 우리의 의식 내부를 들여다보았다. 이것으로 그는 경험심리학을 넘어섰다. 그런데 의식의 본질은 지향성이다. 물론 이 개념은 중세기부터 전해 오는 것이지만 거기를 기점으로 해서 의식의 구조를 밝혀낸 것은 후설이다. 브렌타노는 아직 경험심리학의 영역에 머물러 있었다. 의식은 지향하는 의식(노에시스)과 그것에 의해 구성되는 의식(노에마)으로 구성된다. 이것을 다시 발생론적(동적)으로 고찰하면 의식현상학은 파지(Retention) 이론, 곧 시간론이 된다. 그런데 그렇게 내면화로만 치달으면 그 괄호를 벗고 객관세계로 나올 길이 막혀 버린다. 이것이 후설의 '목 안의 가시'이다. 그러나 그렇게 의식을 분석한 후설 자신의 의식은 어떤 것인가? 'Intentio recta(直志向)'인가? 'Intentio obliqua(斜志向)'인가? 그도 'Intentio recta'를 가지고 철학하고 생활하였다. 탄압받으면 서러워하고 승진하면 즐거워하는 것은 'Intentio recta'이다.

하이데거는 거기를 본 것이다. 그래서 그는 우리의 '삶의 세계'로부터 시작했다. 세계 개념의 분석이 그것이다. 현상학을 현상(Phaino-menon)을 다루는 이론(logos)으로 본 것이다. 즉, 현상은 존재자의 존재라는 문제일 뿐이다. 그리고 의식을 단순히 내면화된 분석으로만 향하지 않고 구체적 의식으로 보았다. 그러나 그런 하이데거도 후설의 제자답게 관념론에 빠지고 말았다. 현존재의 본질을 'Sorge'로 본 것이다. 그리고 거기에서 '본래적'이라는 개념과 '비본래적'이라는 개념이 갈라지고 '양심'과 '죽음'을 매개로 해서 '본래성'을 천착해 내고, 그 'Sorge'가 '시간성'임을 분석해 냈다. 그리고 이 시간성이 시간의 근거라고 천명되었다.

그 밖에도 하이데거에게는 어려움이 많았다. 예컨대 우리가 사는 구체적, 일상적 현실세계를 본래적 존재의 '퇴락'으로 보고, 'das Man(세인)'의 세계라 하여 그것을 비신리로 하면 삶의 세계, 곧 우리의 삶이 성공하기도 하고 좌절하기도 하는 그 생생한 삶의 현장이 무의미하게 된다. 여기가 그의 한계이다. 이것을 눈치채지 못할 그가 아니다. 그래서 슬쩍 횔덜린의 시의 세계로 들어가 'Kehre(전회)'를 선언한 것이다. 그 전환점을 드러낸 것이 "Bauen, Wohnen, Denken(세우기, 거주하기, 생각하기)"이다. 특히 하이데거의 한계는 시간론에 있다. 철학사상 처음으로 시간을 '흐름'으로 파악한 베르그송과 후설의 시간론을 본래적 시간성이라는 입장에서 그 '흐름' 개념을 포기하고 시간을 '구조적'으로 파악한 것은 시간의 본질을 포기한 것이다.

2. 시야를 넓혀라!

하이데거의 유혹에서 벗어나라. 과학기술을 '몰아세움(Gestell)'이니 '제시 강요(Herausfordern)'니 하는 것은, 현대 과학기술의 특징을 그렇게 파악하는 것은 좋으나, 지구촌 시대의 과학기술문명을 초극하는 데 무슨 도움을 주었는가? 옛날의 과학 개념으로 돌아갈 수 있는가? 시는 감상하기에 즐거움을 주는 글일 뿐이다. 하이데거의 산문시도 그 한계를 벗어나지 못하고 있다. 특히 우리나라에서는 하이데거 마니아들이 너무 많다. 심지어 그의 시 해석에 맞추어서 시를 짓는 시인도 있다. 그것으로 그치지 않고 그의 토착적 언어 해석에 영향 받아 우리 철학을 만들자고 고민한다. 그게 무슨 의미를 가질까?

비단 하이데거 연구만이 아니라 우리 철학계에서는 우리의 철학을 너무 갈구하는 것 같다. 그 예를 보자. 지난 2008년에 세계철학대회를 서울에서 개최했을 때 그 결과를 총 정리하여 보고한 문건을 보면, 한국철학 운운하는 분과에 청중이 가장 많이 모였다고 하면서 그 보고자는 다석과 함석헌, 리영희와 박현채 등을 한국철학의 생산자로 찬양하는 듯한 글을 썼다. 전자는 종교사상가이거나 민주화를 외치는 광야의 사자후(세례요한). 후자는 반체제 선동가. 반체제적 매판자본론이 지금 먹혀드는가? 차관을 못 얻어서 경제성장을 못하는데 대중경제니 민족경제니 해서 민족주의로 자폐하면 경제이론으로 성립되는가? 그런 사상은 주장일 뿐 철학은 아니다.

옛날부터 우리나라는 정치, 군사, 문화의 면에서 몽골, 명, 청, 일본의 속국으로 또는 식민지로 예속되어 살아왔기 때문에, 떳떳한 우리 것을 갖고 싶은 욕망이 민족 심성의 근저에 깔려 있어서 그런지는 모르겠다. 엄격한 의미의 한국철학은 필요도 없고 있을 수도 없다. 철학은 가장 보편적인 사유이다. 보편적이라 함은 민족이나 시대를 초월한다는 뜻이다. 철학과 과학은 인류적 차원의 사유이다. 그래도 국가 단위, 민족 단위의 사상이 필요하다면 그것은 이미 북한의 주체철학이 예시하고 있지 않은가? 우리는 좀 더 시야를 넓게 가져야 한다. 진정한 철학도라면 그렇다는 것이다.

3. 나의 근래 연구

나의 독자적 존재론 개념은 없다. 다만 있는 대로의 존재에 대한 학문적 업적들을 'Intentio recta'의 입장에서 받아들이고 그것을 정직하게 서술하는 것이다. '자연 존재론'도 '사회 존재론'도 그런 것이다. 주어져 있지 있은 것, 실증성이 없는 것을 이러쿵저러쿵 논단하는 것은, 시는 될 수 있을지는 모르나 철학적으로는 사유의 사치이다.

제 3 장

시간의 지오그래피

시간론 통람의 지형도

운정이 평생 철학적 화두로 삼은 주제는 '시간'이다. 현상학에서 출발한 그의 철학적 여정은 후설과 하이데거의 시간론을 천착한다. 그들의 시간론의 배후에 놓여 있는 그리스 신화 및 아우구스티누스의 시간론에서 출발한다. 서양철학사 전체에서 다루고 있는 시간론을 섭렵하여 그것들의 유래와 계보의 지도(geography)를 만든다. 여러 지선(支線)들을 명료하게 조망하는 지형학적 시선을 가지고 시간론 전체를 통람하여 지번을 매긴다. 이 작업은 일생을 바쳐서 진력한 대작(magnum opus)이 아닐 수 없다.

시간의 본질, 시간의 인식, 시간 양상의 문제, 시간과 영원과의 관계, 시간의 근원 등이 철학 차원의 시간 연구 주제이며, 이 책에서는 이런 것들을 자세하게 다룰 것이다. 그동안 내가 시간이라는 주제를 쫓아 다니며 연구한 것을 내 나름의 방식으로 배치하고 정리하였다. 시간에 대한 담론을 빼놓지 않고 수록하려고 애썼다. 말하자면 나는 이 책에서 시간 논의의 지변을 매기고자 하였다.[1]

운정은 인생의 오의(奧義)를 시간이라고 본다. 인생이란 시간 안에서 펼쳐진다. 만물의 존재가 시간 안에 있으나, 인간만이 시간의식을 가지고 있다. 인생에서 시간의식을 제거하면, 인간은 금수와 다를 바 없을 것이다. 인간의 시간성으로 인해 모든 우수사려가 생겨난다. 이것으로 인해 과거의 기억과 미래의 희망 그리고 의미 있는 역사를 창조할 수 있다. 이런 점에서 그는 시간론을 자신의 철학의 일관된 화두요, 철학함의 본령으로 삼는다.

인생을 한마디로 말한다면 시간에 실려 가는 삶의 지속이다. 시간을 제쳐 놓고 삶을 이야기할 수는 없다. 그러나 시간은 언제나 모든 것을 소멸시키는 장본인으로 여겨져 왔다. 모든 변화는 시간과 더불어 시간을 기저로 하여, 시간을 통해 형성된다. 시간은 변화를 동반한다. 그러나 변화는 또 인간을 고달프게 한다. 시간은 고뇌의 주제인 것이다. 한 번 흘러간 시간은 영영 돌아오지 않는다. 시간은 오직 한 번 있다가 사라질 뿐이다. 시간의 본질은 유일회성에 있다. 모든 생명체는 개별자로서 이 한 번밖에 없는 삶을 변화무쌍하게 사는 것이다. 시간론은 단 한 번의 인생 자체를 주제로 한다.[2]

운정은 먼저 「아우구스티누스의 시간론: 시간의 의식 내재화의 효시」에서 본격적으로 시간론을 펼치고 있다. 그 목차는 다음과 같다.

1. 시간문제의 제기

---

1) 소광희, 『시간의 철학적 성찰』, 문예출판사, 2001; 2012(3판), 10쪽.
2) 같은 책, 5쪽 이하.

2001년에는 드디어 『시간의 철학적 성찰』이 출간된다. 여기에는 운정의 50여 년에 걸쳐 이루어진 시간에 대한 연구가 집대성되어 있다. 시간이 인식론적 측면에서 뿐만 아니라, '존재론적 측면'에서 구명되고 있다는 점에서 그 독창성이 현저하게 드러나고 있다.

1. 시간과 인간 존재

운정은 시간의 문제를 '존재의 빛' 하에서 밝히고자 한다. 즉, 시간과 존재는 구분되지만 결코 분리될 수 없다는 것이다. 우리 인생은 시간 속에 던져져 있다는 객관적 사태와 그리고 시간의식을 지닌 존재라는 사태를 동시에 보고자 한다. 시간의 너비와 길이! 그것은 존재의 폭과 길이와 일치한다. 시간은 존재를 규정하는 원리이다. 시간이 머무는 곳에 인생도 머물고, 시간이 사라지면 나의 존재도 사멸한다. 존재는 이미 전통철학에서도 시간이라는 지평으로부터 이해되었다.

그러나 하이데거에 의하면, 서양철학은 시간의 본질을 제대로 파악하지 못했다. 따라서 그는 시간의 지평에서 '존재의 의미'에 대한 물음을 새롭게 제기해야 한다고 보고 있다. 전통적 서양철학은 시간을 '지금이라는 시점들의 연속(Jetzt-Folge)'으로 파악한다. 하이데거는 이러한 시간을 '통속적 시간'이라고 부르며, 그것은 세계시간(Weltzeit)으로부터 추상된 파생적인 성격을 갖고 있다고 본다.

운정은 '시간의 본질'이 무엇인지는 그 누구도 모른다고 하는 데서 출발한다. 인생이란 '시간 지속' 속에서의 생명체의 유지 외에 다른 것이 아니다. 생명과 시간은 상호 함수관계에 있다. 시간과 함께 인생의 기본범주가 되는 것은 의식이겠거니와 의식조차도 시간과 더불어 흘러가는 것이 아닌가! 이 절대 불가역의 유일회성 안의 흐름, 이것이 인간의 운명을 결정하는 것이다. 만일에 시간의 본질만 구명된다고 한다면, 시간을 자유롭게 처리할 수 있는 방도를 강구할 수 있을 것이다.

그러나 이 세계의 주민들에게는 시간의 본질 구명은 영구히 폐쇄돼 있다. 허다히 많은 천재성과 무한정한 노력과 하늘에 사무치는 비원에도 불구하고 아직껏 이 문제는 해결을 위한 조그마한 실마리조차 보이지 않고 있다. 시간은 영원한 신비에 속한다. 그럼에도 불구하고 전혀 시간이 무엇인지 모르는 것은 아니다. 우리는 시간의 길이를 계산하고 또한 시간의 속도를 공간적 이동량을 기준으로 해서 측정한다. 우리는 생명의 리듬과 천체의 운행의 리듬을 통해서 시간을 지각하는 것이다. 다시 말하면 우리는 시간의 형상을 부분적으로는 알고 있는 셈이다.

이와 같이 운정은 시간 속에서 벌어지는 파노라마를 체인(體認)하고, 그 속에 사는 인생의 풍속도를 살펴보고자 한다. 존재의 세계를 분층화할 때 시간은 과연 어디에서 성립하는가? 앞서 언급한 바와 같이, 그 것은 생물 특히 인간에게서만 성립한다. 그리고 신은 영원에 속하며, 무기물의 세계는 무시간에 귀속된다. 인식의 면에서 보면 어떠한가? 순수한 정신은 영원을 인식하고, 변화의 지각을 종합하는 데서 시간은 인식된다. 즉, 시간은 지각과 통각에서 인식된다.3)

모든 것의 최종 판결권은 시간이 가지고 있다. 시간은 전능하다. 전능한 시간은 모든 것을 휩쓸고 간다. 그렇다면 인간의 궁극적인 본질은 시간에 속해 있다고 볼 수 있다. 하이데거는 이 부분을 다음과 같이 해명한다.

이 형상의 '근원적인' 존재를 어디에서 봐야 하는가에 대하여 결정권을 쥐고 있는 것은 로마의 신, 사투르누스(Saturnus, 아들을 잡아먹는 신. 그리스 신은 Chronos), 즉 시간이다. 이렇게 우화에서 표현되고 있는 인간에 대한 존재론 이전의 본질 규정은 애초부터 이 세계에서의 인간의 시간적인 변화를 철저히 지배하고 있는 그 존재양식을 염두에 두었다.4)

신화가 보고하는 바에 따르면 일차적으로 살아 있는 인간을 결정짓는 것은 '쿠라(cura)'이다. 그러나 궁극적으로 인간을 결정짓는 것은 시간이다. 인간의 삶을 특징짓는 것이 '마음씀(Sorge)'이라면, 삶과 죽음 모두를 주관하는 것은 시간이다. 시간이 인간을 결정한다.5)

하이데거도 비본래적 시간과 본래적 시간을 구분하고서 후자가 전자의 근원임을 밝힌다. 본래적 시간이란 마음씀의 구조 속에서 보이는

---

3) 소광희, 「아우구스티누스의 시간론: 시간의 의식 내재화의 효시」, 소광희 외, 『고전형이상학의 전개』(형이상학과 존재론 1), 철학과현실사, 1995, 123쪽.

4) M. Heidegger, *Sein und Zeit*, Frankfurt a. M., 1977(GA 2), p.270.

5) 김동규, 『철학의 모비딕: 예술, 존재, 하이데거』, 문학동네, 2013, 43쪽.

시간성이다. 비본래적 시간은 통속적 시간, 즉 객관적 시간을 가리킨다. 이것은 세인의 시간이다.6) '비은폐성(a-letheia)' 속에서 현전하는 것은 곧 현재 속에서의 현전이다. 그 현재는 지금과 구별되는 현재, 즉 과거 및 미래까지 포함하는 지평적 현재를 가리킨다. 그런 현재를 절대현재, 근원시간이라 한다.7) '기초존재론'에서는 실존하는 현존재의 현은 존재이해의 개방적인 터전인 근원적 시간의 지평으로 제시된다.

먼저 시간은 아우구스티누스에 의하여 내재화되었으며, 시간은 '정신의 분산(dis-tentio)'이다. '정신의 분산'의 양상으로서의 시간 양상은 기억으로서의 분산, 기대로서의 분산, 직관으로서의 분산이다. 시간의 양상이 세 가지이므로 거기에 상응해서 의식도 따로 분열되는 것이다. 그러나 영원은 시간의 이러한 분열된 양상을 갖지 않는다. 그것은 언제나 현재로서만 있는 '절대적 존재('Ist' schlechthin)'요, 정재(定在, Dasein)와 상재(相在, Sosein)의 분할 이전이므로 무(無, Nichts)가 전혀 개입하지 못하는 곳이다. 이것을 우리는 '일자(一者)'라고도 부른다. 영원에의 길은 분산(extentio, extentus)과는 반대인 '집중'이라야 한다. 따라서 시간에로의 길은 무(無)적인 것으로 향하는 정신의 분산이며, 영원에의 길은 일자에로의 정신의 집중이다. 그것은 무적인 것이 침투된 과거와 미래를 여의고 오로지 현재에만 서는 것이요, 일자를 지향하는 것이다.8)

그러면 시간은 도대체 무엇인가? 어떻게 물어야 우리는 시간에 접근할 수 있는가? 아우구스티누스는 '시간이 무엇이냐?'고 묻지 않으면 시간이 무엇인지 알 것 같은데 누가 '시간이 무엇이냐?'고 물어서 거기에 대해 설명하려고 하면 시간이 무엇인지 모르겠다고 고백한 바 있다.

---

6) 소광희, 『시간의 철학적 성찰』, 728쪽.
7) 소광희, 『청송의 생애와 선철학』, 운주사, 2014, 162쪽.
8) 소광희, 「아우구스티누스의 시간론: 시간의 의식 내재화의 효시」, 128쪽 이하.

솔직히 말하면 그가 '설명하기 전에는 시간에 관해 알 것 같다'고 한 것은 진정한 앎이라기보다는 짐작이나 느낌일 수 있다. 시간은 끝없이 흘러가는 것이라는 느낌. 시간은 여전히 수수께끼에 싸여 있다. 아니, 시간은 너무 친숙하게 알려져 있는지도 모른다. 초등학교 학생들도 시계를 차고 다니며 시간에 맞추어 사는 터에 시간을 모르다니 말이 되는가? 그러나 그것은 시계 위에서 보이는 시각의 표시이지 시간 자체는 아니다.

요약하자면, 시간에 대해서 이렇게 '앎'과 '모름'의 중간에서 우리의 물음은 시작된다고 운정은 말하고 있다. 모름지기 인간은 '시간적 실존'으로서 스스로 시간화하는 존재이다. 동시에 시간은 인간 존재를 규정하는 원리이다.

2. 시간성: 후설의 극복

시간은 단연코 '흐름'이다. 그러나 이것을 파악하는 데 서양의 시간론의 역사는 2천 5백 년 이상을 기다려야 했다. 과학적으로는 시간의 속도와 지속량을 공간과의 관계에서 파악할 수 있다. 그러나 거기에 '흐름'은 없다. 일찍이 아우구스티누스가 시간의 존재근거를 찾기 위해 시간을 의식 속으로 환원한 바 있으나 역시 거기에도 흐름은 없다. 시간을 이성적 사고로 '인식'하려는 데서 온 결과인 것이다. 다시 말하면 시간의 '흐름'은 인식할 수 없기 때문이다. '지금'을 대상화해서 파악하려고 하면 다음 순간 그것은 이미 거기에 없다. 없는 것을 어떻게 인식할 수 있겠는가?

베르그송(H. Bergson, 1859-1941)은 바로 시간을 '의식의 직접적 여건'으로서의 '절대적 흐름'으로 '직관'한 바 있다(1889). 그에게서 시간이란 흘러가는 실재시간이다. "실재시간의 본질은 흘러간다는 데 있으며, 그것의 어떤 부분도 다른 부분이 나타날 때에는 이미 거기에 있지 않다." 이런 시간은 객관적 시간이 아니다. 시간은 인식의 대상이 아니라 직관적으로 체험할 수 있을 뿐인 절대적 흐름, '순수지속으로서의 의식의 흐름'인 것이다.9)

이어서 후설이 의식의 '파지현상(Retention)'을 시간성으로 파악함으로써 시간의 흐름 성격을 보여준 바 있다(「내재적 시간의식의 현상학 강의」, 1904-1905). '시간성' 개념은 후설이 최초로 도입한 개념이다. 그것은 하이데거에게로 이어진다. 하이데거는 현존재의 본질을 '마음씀(Sorge)'이라고 파악한다. 현존재는 '죽음에로의 존재'로서 유한하다. 즉, 시간성은 유한하며, 양심 분석을 통해 본래적인 것으로 드러난다. 본래적 시간성은 유한하거니와, 그것은 객관적(통속적) 시간의 근원이다. 즉, 본래적이고 유한한 시간성이 근원적 시간이고, 이로부터 통속적 시간이 유래한다. 그러나 애석하게도 하이데거에 이르러 이 시간의 흐름 성격이 퇴색하였던 것이다.

운정은 후설에게서 배운 시간성 개념을 가지고 철학적 시간사상과 과학적 시간관의 분기점으로 본다. 거기서 그는 시간론의 전 역사를 조감하는 안목을 확보한다. 다시 말하면 설사 원저자가 시간성이라는 낱말을 사용하지 않았다고 하더라도, 시간을 의식(또는 영혼) 등 흐름의 성격을 가진 것으로 파악하는 시간론은 철학적 시간론이다. 시간을 영혼으로 파악한 플라톤, 플로티노스가 그렇고, 시간을 '헤아리는 수'로 이해한 아리스토텔레스가 그렇다. 그러나 시간을 '헤아려진 수'로

---

9) 베르그송의 시간과 관련된 작품들은 다음과 같다. H. Bergson, *Essai sur les données immédiates de la conscience*(『의식의 직접적 여건에 관한 시론』), Paris: Alcan, 1889; *Matière et mémoire: essai sur la relation du corps a l'ésprit*(『물질과 기억』), Paris: Alcan, 1896; *Durée et simultanéité à propos de la théorie d'Einstein*(『지속과 동시성』), Paris: Alcan, 1922.

이해한다면 과학적 시간론이지 철학적 시간론은 아니다.

운정은 이것으로 시간론의 기초를 획득하면서 동시에 하이데거의 시간론을 넘어선다. 특히 운정의 시간론을 집대성한 『시간의 철학적 성찰』 제4부에서 '의식의 흐름으로서의 시간: 후설의 의식 시간론'을 다루고 있다. 우선 후설의 현상학에서 객관적 시간은 연구의 대상이 아니다. 그 이유는 그것은 '실재하는 것에 대한 초월론적 전제'이기 때문이다. 현상학적 여건으로서 탐구되어야 할 시간은 객관적 시간을 배제하고 난 뒤에 남는 현상학적 잔여, 즉 의식 내재적으로 현출하는 시간, 현출하는 지속 자체이다. 그것은 존재하는 시간이기는 하지만 경험적 세계의 시간이 아니라, 의식의 경과 속에 내재하는 시간이다. 내재적이므로 그것은 명증적이요, 의심의 여지가 없는 것이며, 또한 초월론적으로 절대적 여건이기도 하다.[10]

운정에 의하면 후설의 현상학은 자연적 태도에서는 사상(事象, Sache) 지각에 음영(陰影, Abschattung)이 생기므로 이를 의식 내재적 세계로 환원하여 사상의 형상(이데아)을 직관하고, 다시 이를 초월론적 영역으로 환원하여 그 초월론적 근거를 밝혀내는 것이다. 환원의 순서가 반드시 그렇게 형상적 환원이 먼저이고 그 다음이 초월론적 환원이라야 하는 것은 아니지만, 시간론은 이 초월론적 환원을 통해 보인다. 그것은 시간론이 의식의 가장 근저의 영역을 천착하는 현상학의 최후의 경위에서 논의된다는 것을 함축한다.[11] 따라서 후설에 있어서 시간은 초월론적 환원을 통해서 비로소 보이는 영역이다. 이 초월론적 영역에서 보이는 의식은 흐르는 의식이다. 시간은 이 흐르는 의식에서 구성된다. 흐름 자체가 스스로 시간으로 구성된다고 해야 할 것이다.[12]

---

10) 소광희, 『시간의 철학적 성찰』, 455쪽.

11) 같은 책, 445쪽.

12) 같은 책, 464쪽.

'초월론적 현상학'에서 다루어져야 할 존재는 초월론적 의식이다. 이것은 절대적 존재로서 초월론적 체험의 영역이기도 하다. 초월론적 의식은 흐름의 성격을 갖는다. 유(類)적 의식의 자기 발생적 구성문제기 '발생적 현상학'의 과제라고 한다면, 시간의 문제는 의식 자체의 유적 성격과 함께 논의되지 않을 수 없다.13)

'순수 자아'는 순수 의식 또는 초월론적 주관성이다. 그것은 유동하는 체험이기도 하다. 이 유동하는 체험의 분석을 통하여 비로소 '의식은 시간성을 갖는다'는 사실이 발견된다. 그러나 이것은 소위 객관적 시간이나 우주적 시간이 아니라 초월론적 의식 자체— 그것이 곧 시간성인 것이다. 이것을 후설은 내재적 시간의식이라고 한다. 그것은 반성의 측면에서 보아도 마찬가지이다. 자아는 자각하고 반성하는 자아(cogito)와 지각되고 반성되는 자아(cogitatum)로 구별된다. 그러나 양자는 사실 동일한 자아이다. 반성은 '지금'과 '바로 전' 사이를 다리 놓는 간격이요, '지금'과 '바로 전'의 가장 근원적인 노현이며, 자아의 자기 분열이기도 하다. 무엇보다도 시간은 개별화의 원리이다. 즉, 그것은 하나를 둘 이상으로 분할하는 것이다.

반성이 자아의 고유한 능력이라고 한다면, 자아는 반성에 있어서, 반성을 통해서, 반성으로서 시간적인 것이다. 반성은 바로 '있었다(war)'와 '있다(ist)'의 긴장을 간취하고 그것을 하나로 연결하는 시간성이기도 하다. 자아는 자기 자신과 구별된다는 것, 즉 반성하는 자아와 반성되는 자아가 구별된다는 것, 다시 말하면 자아의 자기 동일성이 지양되지 않을 수 없다는 것, 그것은 자아의 시간성 이외의 다른 것이 아니다. 따라서 반성은 자아를 가장 내적으로 가능케 하는 것으로서, 자아의 '근원적 존재(Ur-sein)'를 '시간적 존재(Zeitlich-sein)'로서 드러내는

---

13) 같은 책, 451쪽.

것이다. 이것은 먼저 자아가 있고, 그 다음에 반성에 의해 비로소 자아가 시간적으로 된다는 뜻이 아니라, 반성이 곧 시간성이라는 것이다.14)

앞서 언급한 대로, 운정에 의하면, 후설은 아우구스티누스에 의한 '시간의 의식 내재화'를 계승하면서 현상학 특유의 방법으로 시간의식을 그것이 구성되는 기저로서의 선험적 의식으로 환원시킨다. 이 선험적 의식이 객관적 시간을 구성하는, 시간의 근원으로서의 시간성이라는 것이다. 그는 철저하게 시간의 존재근거를 인간의 의식 속으로 끌고 들어온 것이다. 이 노선 위에서 하이데거의 '현존재의 시간론'이 전개되는 것이다.15)

'살아 있는 현재(lebendige Gegenwart)'는 후설 시간론의 최후의 경지이다. 그리고 그것은 후설의 현상학을 단순한 방법론의 영역을 넘어서 존재론(형이상학)이 되게 하는 대목이기도 하다. 왜냐하면 '살아 있는 현재'란 다름 아닌 '정지한 지금(nunc stans)'으로서 기존의 개념으로 말하면 '영원한 하루'와 같은 것이기 때문이다. 그것은 현대의 영원론으로 해석해도 무방하다.

따라서 이것을 근거로 해서 존재론적 기초를 획득할 수 있다. 시간론과 존재론은 상호 의존적이다. 다시 말하면 전자는 후자를 결정하고, 반대로 후자는 전자를 규정한다. 그리하여 설사 후설이 자타가 공인하는 존재론자는 아니라 하더라도, 후설의 시간론에 입각해서 그의 존재 사상의 일단을 살펴보는 것은 의미 있는 일이다. 그것은 현상학의 존재론적 기반을 성찰하는 것이기 때문이다.16)

후설은 객관적 실재시간과 의식 내재적 순수시간을 구별한다. 그리고 순수시간의 내부에서 다시 노에시스(noesis)적 '정지한 지금(nunc

---

14) 같은 책, 453쪽 이하.

15) 소광희, 「아우구스티누스의 시간론: 시간의 의식 내재화의 효시」, 132쪽.

16) 소광희, 『시간의 철학적 성찰』, 497쪽.

stans)'인 영원과 과거로 침퇴하는 노에마(noema)적 시간을 나눈다. 그에게는 의식시간, 그중에서도 노에시스적 영원이 본질적인 시간이다.17)

운정은 후설적 시간을 좀 더 선명하게 부각시키고, 후자의 객관적 시간을 '실재시간(Realzeit)'으로 이해하고자 한다. 후설이 말하는바 단일적, 객관적 시간이란 과거도 미래도 없는 우주시간이 아님은 물론이려니와, 체험시간만도 아니다. 오히려 이렇게 분류될 수 있는 여러 형태의 시간들이 거기에서 비로소 우주시간 혹은 체험시간이라고 자기를 드러낼 수 있는 보편적이고 단일적인 실재시간이다.

다만 후설의 시간론은 그것만을 떼어서 말한다면 단일적, 객관적 시간의 근원인 시간성을 의식에서 찾고 있다고 할 것이다. 다시 말하면 후설의 시간론은 객관적 세계시간과 주관적 의식시간이 미분화된 차원을 의식에서 개시하고 거기를 근원으로서 추구하고 있다.

후설의 시간을 '실재시간'이라고 주장하는 운정의 논변은 다음과 같다. 존재를 그 방식에서 볼 때 '실재적 존재(reales Sein)'와 '이념적 존재(ideales Sein)'로 구분할 수 있다. 그와 마찬가지로 시간의 존재방식도 실재적 시간과 이념적 시간으로 구분할 수 있다. 후설의 이념적 시간은 시간의 기하학 내지 시간의 영원화(초시간화)라 할 것이다. 도대체 실재적이란 사물(res)의 존재방식에서 유래하는 개념이기도 하지만, 그 실재성을 규정하는 것은 시간이다. 시간이 곧 실재성과 이념성을 구분하는 기본이요, 실재성의 기본범주라고 한다면, 시간의 존재방식은 유일하게 실재적이다. '실재시간'이라 함은 거기에서 사건이나 사물 및 그것들 간의 제 관계 등 실재적 생기가 발생, 진행, 소멸하는 시간이다. 그리하여 실재시간을 우리는 일차원적 상속(常續)으로서 한 방향으로 동질적, 불가 반복적으로 흐르는 영속성이라고 말할 수 있다.

---

17) 같은 책, 727쪽 이하.

단적으로 말해서 실재시간이란 거기에서 제 사물이나 사건이 일회적인 것, 개별적인 것으로서 규정되는 시간이다.

후설의 '단일적, 객관적 시간'을 실재시간으로 보는 데는 또 다음과 같은 이유가 있다. 후설적 시간은 의식 내재적인 것이다. 그에게 있어서 시간의식은 사실은 시간에 대한 의식, 즉 시간 지각이 아니라 의식의 시간성, 즉 의식류를 가리킨다. 그러므로 흐름 자체가 실재적 생기로서 취급되며 따라서 실재시간의 제약을 받는다. 그러나 후설의 의식류를 시간의 근원인 시간성으로 보고 있다. 후설이 의식을 시간적 흐름으로 보고 시간의 구성을 가장 근저적인 의식구조에서 해명하고자 한 것은 바로 이 입장에서이다. 그런 시간의식은 의식 내재적이라고 하든, 의식의 흐름이라고 하든 의식류의 진행이 실재시간의 흐름과 함께 또는 그것에 준해서 흐르기 때문에 실재시간으로 간주된다. 다만 후설은 그 실재시간의 근원적 구성을 환원을 통하여 초월론적 의식에서 찾았을 뿐이다.[18]

요약하자면, 운정은 시간을 의식으로 환원하는 것이나 경험론적 시간론을 배격한다. 그는 시간을 철두철미 존재론적 시각에서 구명하고, 후설의 시간론의 존재론적 기반을 밝히고자 한다. 여기서 그가 후설을 극복하려는 단초가 발견된다.

3. 시간의 철학적 성찰

운정은 자신의 필생의 대작인 『시간의 철학적 성찰』(1판 1쇄 2001; 2판 1쇄 2003; 3판 2쇄 2012)을 세상에 내어 놓는다. 이 역사적인 작

---

18) 같은 책, 521-523쪽.

품의 개요를 살펴보도록 하자.

제I편에서는 주로 일반적으로 가지고 있는 과학적, 상식적 차원의 시간 개념을 다룬다. 그 속에서 태양계 인의 모든 생명체가 살고 죽는 것은 말할 것도 없고, 우리가 활동하고 인식하기도 하고, 별나라에 가기 위한 정거장을 짓고 로켓을 쏘아 올리기도 하는 그런 시간 개념에 대해 살펴본다. 그것들을 3부로 나누어서 고찰한다.

제1부는 시간에 대한 일반적 표상이다. 여기에서는 두 시간 표상이 논의되고 있다. 시간이 해와 달처럼 원을 그리며 무한히 돌고 돈다는 생각(회귀사상)과, 시간은 시작과 끝이 있어 직선적으로 진행하다가 어느 날 끝나고 말 것이라는 생각(종말론)이 그것이다. 그리고 시간에도 성스러운 시간이 있고 세속적 시간이 있는데, 성스러운 시간은 항상 되돌아오면서 속죄의 기능을 한다는 종교적 시간관도 다룬다.

제2부에서는 시간을 측정하기 위해 달력은 어떻게 만들어지며, 우리는 시간을 어떻게 헤아리면서 사는가 하는 과학적 시간 개념이 토의되는데, 마지막에는 상대성 이론의 시간관을 검토한다.

제3부는 도대체 시간은 생명과는 어떤 관계에 있는가, 생명체는 시간을 어떻게 감지하며 사는가를 다루고 있다. 생체시간, 체험시간이 논의되고 특히 모듬살이를 하는 인간의 삶의 양식에 따라 시간관념은 또 어떻게 달라지는가 하는 것들이 토의된다. 즉, 농경사회의 시간감각과 산업사회의 시간관념에 대해 검토한다.

제II편은 철학적 시간론을 두 편으로 나누어서 고찰했는데, 앞부분은 서양 고중세의 시간관이고 뒷부분은 서양 근현대의 시간관이다. 전자는 플라톤, 아리스토텔레스, 플로티노스, 아우구스티누스의 시간론이고, 후자는 칸트, 헤겔, 베르그송, 후설, 하이데거의 시간론과 선불교의 시간관 및 현대 영미계 특히 분석철학적 시간론이다.

문화권에 따른 분류로 하자면 헬라계의 시간론과 히브리계의 시간론을 구별해서 다루어야 하고, 동양의 시간관을 소개해야 할 것이다. 전자에 대해서는 제I편의 일반 시간론에서 시간표상의 상이로 간단히 소개한다. 이 책에서는 종교적 시간관을 고려하지 않고 오직 철학적으로 문제되는 것만 다루기 때문에 그 이상으로 나아가지는 않는다. 그리고 고대 중국을 중심으로 하는 동양의 시간관은 계산단위만 다를 뿐(고대 동양에서는 24시간을 12간지로 헤아린다), 객관적 시간 바로 그것이기 때문에 철학적 시간론에서는 따로 다루지 않았다. 혹자는 주역의 시간 사상을 다루지 않은 것을 지적할지도 모른다. 주역은 원시 농경 씨족 사회의 세계관이라고 보는데 거기서 중요한 것은 인간의 복과 화를 예견하는 것이고 주역이 전제하고 있는 시간은 객관적 시간이다. 즉, 주역은 객관적 시간을 전제하고 그 속에서의 인간의 운명을 점치는 것으로서 풍수학 비슷한 것이다.

그러나 불교의 시간관, 특히 화엄종과 선종의 시간관은 특이하기 때문에 별도로 소개한다. 그것을 청송의 '선과 화엄'의 시간 연구를 소개하는 것으로 대치하면서 그 기회에 불교의 시간관 일반을 곁들여 고찰한다.

무엇보다도 현대 영미계, 특히 분석철학의 시간관을 성찰한다. 즉, 제7부에서 '시간의 비실재성과 분석철학적 시간론'을 다룬다. 여기서 맥타거트(J. E. Mactaggart, 1866-1925)의 '패러독스: 시간의 비실재성'을 주제화한다. 그 시간론은 맥타거트의 시간의 비실재성 주장에서 출발한다. 그는 시간의 진행을 좇아서 일어나는 사건 계열을 A계열이라 하고, 그 사건이 시위(時位)에 실려서 먼저와 나중으로 표현되는 것을 B계열이라 한다. A계열은 흐르는 시간의 입장이고, B계열은 정지하는 지금의 입장이다. 그는 A계열이 기본적이라 하지만 화자가 어디 서 있느냐에 따라 동일한 일이 과거적일 수도 있고 미래적일 수도 있다. A계열과 B계열 중 어느 것을 시간에 본질적이라고 보느냐에 따라 분석철학자들이 갈라지지만 A계열론과 B계열론을 함께 고려하면 시간의 질서는 매우 혼란스러워진다. 과거는 동시에 미래일 수 있다. 이것을 시간의 패러독스라 한다. 그것은 시간의 비실재성을 함축한다. 여기로 부터 언어분석철학에서는 A계열을 지지하느냐 B계열을 지지하느냐 하는 것으로 혼란이 있었다. 그러나 이것은 시간론이라기보다는 시간의 논리화, 엄밀하게 말하면 '시제의 논리(tense logic)'요, 궁극적으로는 시간론의 파기이다. 이것은 현대의 영미 분석철학적 시간관을 우리나라에서 최초로 언급한 것이다.19)

시간을 연구함에 있어서 유의해야 할 것으로 크게 두 가지가 있다. 첫째는 '영원'이다. 영원은 시간의 외적 대조항으로서 시간을 밖에서 제약한다. 즉, 시간을 연구할 때에는 언제나 그것을 영원과 대비하지 않을 수 없다. 시간은 영원의 반대 개념이기 때문이다. 둘째는 시간을 파악함에 있어 그 아르케(arche)를 운동과 관련해서 볼 것인가, 아니면 의식과 연관해서 성찰할 것인가 하는 것이다. 전자는 예컨대 운동량을 통해 시간의 측정을 보장하고, 후자는 시간의 인식을 보장한다. 첫째 것이 시간문제의 외부적 측면의 문제라면, 둘째 것은 그 내부적 측면의 문제라고 할 것이다. 이 두 가지를 그리스철학에서 고찰한다. 그리스적 시간 파악을 정리하고 나아가서 그 이후 시대의 과제를 제시한다.

제III편은 근세 이후의 시간사상과 시간이 담당한 역할에 관한 담론이다. 시간을 자연의 운동으로 파악하는 아리스토텔레스의 시간론이 뉴턴의 천체 물리학의 절대시간으로 이어진다는 것은 자연스러운 일이다. 뉴턴의 수리 물리학을 학의 전범으로 삼고, 그것을 철학적으로 정초하고자 한 칸트에 있어서 시간은 어떻게 인식되었는가? 즉, 아 프리오리(a priori)한 종합판단을 위해서 그는 시간에 어떤 역할을 담당시켰

---

19) 같은 책, 734쪽.

는가? 시간은 어떻게 표상되었는가? 전자를 위해서 시간은 직관의 형식 특히 내감의 형식으로서 외감 형식인 공간을 통해 받아들여진 감각 자료를 사유로 인도하는 역할을 담당하는 것으로 인식되었다. 후자, 즉 그 자체로서의 시간은 단순히 계기로서만 파악되었다. 말하자면 시간의 인식상의 기능은 매우 중요하게 취급되었으나 그럼에도 불구하고 시간을 독립된 주제로 연구한다는 입장에서 보면 그의 시간에 대한 관심은 소박한 것이었다. 그것은 뉴턴의 절대시간을 답습한 결과로서 자연과학적 시간론의 한계이자 또한 시간을 인식을 위한 형식으로만 본 결과이기도 하다.[20]

운정에 의하면, 시간을 연구하는 차원은 세 가지이다. 첫째는 과학의 차원이고, 둘째는 종교의 차원이며, 셋째는 철학의 차원이다. 첫째, 과학의 차원에서 보이는 시간은 태양계에 속하는 생물들이 해와 달과 별들의 주기적 운행에 맞추어 사는 데 근거한 것으로서 거의 상식화된 견해요, 따라서 다른 차원의 시간론의 기초가 된다. 여기에서 다루어지는 시간을 흔히 우주적 시간 또는 자연적 시간이라 한다. 우주의 시간은 영구히 회귀한다는 표상을 낳는다. 농경사회의 시간 표상은 대개 이런 것이다.

이 차원에서의 주제는 예컨대 시간 주기의 정확한 측정에 입각한 캘린더의 제정과 그 연장선상에서 시간의 미시적 측정도구인 시계의 제작, 시간 측정을 둘러싼 과학이론(절대시간과 상대론적 시간), 시간 측정의 거시화, 시간과 생명과의 관계, 즉 생명체의 시간 지각, 나아가서 모듬살이의 방식에 따른 시간감각의 차이 등이다. 현대인은 무심코 캘린더를 사용하고 있지만 이를 위해 태초의 고대인들은 얼마나 많이 천체의 운행을 관찰하고 기록하였는지 모른다. 이 캘린더의 제작을 통해

---

20) 같은 책, 728쪽.

비로소 인간은 역사세계를 연 것이다.21)

칸트로부터 하이데거에 이르는 서양 근현대의 시간사상에서 주목되는 현상의 하나는 시간이 종전처럼 영원과의 내립 속에서 고찰되지 않고, 영원 개념은 사라진 채 시간 자체를 이원화하였다는 것이다. 칸트는 시간을 순수직관 형식과 연속성으로 나누어 보았다. 그러나 그는 시간을 본격적 주제로 다룬 것이 아니라, 시간을 인식하기 위한 시간의 역할이라는 점에서 검토하였기 때문에 이 구분은 시간론적으로 우연적인 것이다. 헤겔은 자연시간과 개념시간으로 구분하였다. 베르그송은 동질적, 공간적 시간과 순수지속으로서의 시간으로, 후설은 초월적 시간과 의식 내재적 시간으로, 그리고 하이데거는 비본래적 시간과 본래적 시간으로 구분하였다.

운정은 그런 서양철학적 시간론의 연장선상에서 선불교를 도입한 청송이 어떻게 현대 서구의 시간 논의와 선불교의 시간관을 수용하여 자기의 절대 현재론을 천명하는가를 살펴보았다. 청송의 '절대 현재론'은 한편으로는 화엄종의 무시간성을 받아들이고, 다른 편으로는 서구의 시간론이 도달한 마지막 단계를 선불교로 막음한 것이다. 그러나 그의 절대 현재론은 시간 자체를 없애 버리는 무시간론(영원론)으로 귀결된다.22)

시간은 처음부터 존재와 무라는 모순을 내포하고 있는 개념이다. 그러기에 시간은 애당초 논리적으로 접근할 수 있는 주제가 아니다. 예컨대 삶과 죽음, 존재와 무를 어떻게 논리적으로 다룬단 말인가? 변화하는 것은 논리 속에 들어오면 그 생명을 잃게 된다. 논리는 정지(불변성) 위에서 성립되는 것이기 때문이다.23)

---

21) 같은 책, 7-8쪽.
22) 같은 책, 738쪽 이하.
23) 같은 책, 745쪽.

운정의 시간론에 있어서 남은 과제는 무엇인가? 그 하나는 시간 양상의 문제이다. 과거와 미래는 현재 속에는 없다. 그렇다고 현재만 있다고 말할 수는 없다. 이 문제는 존재론적으로는 존재와 무의 문제이다. 이 모순을 어떻게 해결하느냐 하는 것은 매우 어려운 문제이다. 가장 쉬운 방법은 시간 존재를 의식으로 환원시키는 것이다. 즉, 시간 양상을 의식의 변양을 그 존재근거로 해서 보는 것이다. 그러나 그렇게 시간을 의식의 차원에 넘겨 버리면 시간의 측정이라는 아포리아에 부딪히게 되고, 시간의 의식화 현상이 생긴다. 그것은 의식 시간이다. 그렇다고 운동의 측면에서 시간을 파악하면 그 객관성은 확보할 수 있으나 시간 양상의 문제 등은 미제로 남을 수밖에 없다는 것이다.24)

요약하자면, 운정의 '시간에 대한 철학적 성찰'에 대한 연구는 현대 한국철학 연구사에서 그 질적, 양적인 면에서 그리고 그 폭과 깊이의 면에서 독보적인 업적으로 평가된다. 그는 마침내 필생의 과제였던 '시간의 지오그래피'를 완성한다. 그것은 고대, 중세, 근대, 현대에 이르기까지 서양철학사에 나타난 중요하고 대표적인 시간론에 지번을 매기는 작업에 해당한다. 이로써 시간론 전체를 일목요연하게 통람할 수 있도록 하였다. 즉, 시간론의 고고학과 계보학 그리고 영향사를 망라하여 시간론의 역사와 그 체계를 정립하였다. 게다가 동양의 선불교적 시간관과 현대 분석철학의 시간론까지 덧붙여 상론하였다. 이는 무엇보다 한국에서 시간에 관한 기존의 대표적인 저술들, 즉 고형곤의『선의 세계』에 나타난 시간론과 김규영의『시간론』을 확장하고 넘어선 괄목할 만한 연구 성과이다. 평생을 '시간'이란 한 가지 주제로 절차탁마하고 혼을 다 바친 운정의 일관되고 집요한 철학적 정진의 자세는 두고두고 기억되고 타산지석으로 삼아야 할 것으로 여겨진다.

---

24) 같은 책, 745쪽.

보론 ▓ 『시간의 철학적 성찰』 서평[25]

　근 40년 동안 서울대학교에서 철학을 강의하고 연구하다가 2년 전에 정년퇴임한 소광희 교수가 그간의 많은 학술적인 연구 성과와 업적의 한 부분을 『시간의 철학적 성찰』(문예출판사, 2002)이라는 제목으로 출간하여, 근간에 한국철학계에 소개되었다. 저자는 이 책의 원고에 마무리 종지부를 찍는 데 3년 반의 시간이 걸렸다고 한다. 그러나 이 책의 내용은 40년간 성숙하고 심화되었을 것으로 생각된다. 왜냐하면 저자는 이미 학부와 대학원 과정부터 하이데거와 후설의 시간론에 관심을 갖고 연구하기 시작했던 것으로 알려져 있기 때문이다.

　이와 같이 '시간'이라는 주제에 관한 저자의 연구와 사색이 오래도록 천착되고 반추되었다는 사실은 이 책이 상당히 깊이 있고 광범한 내용을 담고 있으리라는 것을 예상케 한다. 우선 이 책의 외면적인 한두 가지 사항만 검토해 보아도 저 예상이 사실과 일치함을 확인시켜 준다. 첫째, 저술의 지면이 764쪽에 달하는 거작이다. 이것은 논의되는

---

25) 신귀현, 「『시간의 철학적 성찰』 서평」, 『철학』, 제71집, 한국철학회, 2002, 275-280쪽.

주제들이 다양하고 광범하다는 것을 의미한다. 이 점은 둘째로 목차를 펼쳐 보면 확인된다.

원래 이 책은 1부 일반 시간론, 2부 철학적 시간론, 3부 시간의 존재론의 3권으로 기획되었던 것 같으나, 이 중 3부가 아직 미완성이어서 1, 2부를 합본하여 현재의 단행본으로 출간이 되어 지면이 방대해진 것 같다. 그 큰 목차는 총 3편 13부로 구성되어 있다. 제I편 '일반 시간론'은 제1부 '시간의 일반적 표상', 제2부 '캘린더와 계시법(計時法)의 발달', 제3부 '태양의 자식들과 삶의 시간'; 제II편 '철학적 시간론(1): 시간의 기초론'은 제1부 '철학적 시간론의 기초', 제2부 '아우구스티누스에 의한 시간의 내재화', 제3부 '영원의 행방'; 제III편 '철학적 시간론(2): 시간에 대한 근현대적 표상과 그 역할'은 제1부 '직관 형식과 계기로 표상되는 칸트의 시간관', 제2부 '헤겔의 자연시간과 개념시간의 변증법', 제3부 '순수 지속으로서의 시간: 베르그송의 시간 사상', 제4부 '의식의 흐름으로서의 시간: 후설의 의식 시간론', 제5부 '현존재의 존재의미와 근원적 시간: 하이데거의 실존론적 시간 사상', 제6부 '청송(聽松)의 절대 현재론과 선불교의 시간관', 제7부 '시간의 비실재성과 분석철학적 시간론'이다.

이런 목차를 통해 저자가 이 저술에서 얼마나 광범한 관점에서 시간의 문제를 논술하고 있는가가 쉽게 확인된다. 그 범위는 계절의 변화에 순응하는 농경민족의 생활 경험, 열악한 자연환경 속에서 처절한 생존의 고난을 체험한 유목민족의 신앙생활 경험, 천체의 운동을 육안이나 간단한 기구로 관측하고 그 결과로 얻은 지식을 바탕으로 제정한 역법(曆法), 사회의 관습이나 자연의 순환에 반응하는 생물체의 생체리듬 등에 근거한 인간의 소박한 일반 시간관에서부터 서양철학사에서 논의되어 온 대표적인 철학적 시간이론을 하나도 빠짐없이 총망라하고 있을 뿐만 아니라 선불교의 시간관까지 논술하고 있다. 이러한 관점에서 보면 『시간의 철학적 성찰』이란 이 저술은 단순히 시간에 관한 하나의 주제를 체계적으로 성찰하는 저술이 아니라 시간론의 역사를 관통하여 성찰하는 일종의 시간론사의 성격을 지니고 있는 저술이라고 평가될 수도 있었다. 이와 같은 시간론의 광범한 논술에서 독자는 저자의 전문적 식견의 폭과 깊이를 감지하기 어렵지 않다.

　제I편 일반 시간론에 대한 내용은 철학적 소양이 없는 일반 독자들이 읽어도 지루하지 않을 정도로 논술이 평이하고 흥미로우면서도, 제2부 '캘린더와 계시법(計時法)의 발달'이라는 부분에서는 철학자인 저자가 자연과학에 속하는 역법(曆法)에도 얼마나 풍부하고 정확한 전문적인 이해를 갖고 있는지를 확인할 수 있는 점이 아주 돋보이기도 한다. 반면 제II편과 제III편의 철학적 시간에 관한 논술은 상당한 철학적 소양이 있는 독자들도 읽기가 용이하지 않을 정도로 논술이 난삽한 것이 사실이다. 그러나 이것은 저자의 주제에 대한 이해가 불충분하거나 문제의 천착과 해명에 관한 사색이 미숙하고 반추가 미진한 탓이 결코 아니다. 그것은 아우구스티누스가 이미 "시간이 무엇인지 누가 묻지 않으면 누구나 그것을 다 알고 있으나, 누가 그것을 물으면 아무도 모른다"고 지적했듯이 오직 주제 자체가 지니고 있는 특수한 아포리아적 성격 때문이다. 고중세 철학에 있어서도 시간의 문제에 관한 논의는 그렇게 평이하고 간명하지 않았으며, 근현대에 이를수록 그것은 더욱 현학적이고 난삽해지고 있다. 이 사실이 시간에 관한 담론은 난삽할 수밖에 없는 이유를 밝혀 준다.

　제II편에는 고중세의 시간론이 논술되고 제III편에는 근현대의 시간론과 선불교의 시간관이 논술되었다. 그리고 II편과 III편을 관통하고 있는 저자의 관점은 객관적 혹은 자연과학적 시간관과 주관적 혹은 의식 시간관의 구별이다. 전자의 시간은 아리스토텔레스와 뉴턴으로 이어지는 시간관이고 후자의 시간관은 플로티노스, 아우구스티누스, 베르그송, 후설, 하이데거로 이어지는 시간관으로 구분한다. 이러한 시간관의 구분은 가장 보편적인 구분이기 때문에 특별한 비판적 검토의 문제가 되지 않는다. 그러나 이러한 구분 외에도 니체로 대표되는 순환론적 시간관과 기독교적인 종말론적 시간관, 종교적 시간관과 철학적 시간관 등이 있다는 것을 저자도 지적하고 있음을 상기시켜 둘 필요가 있을 것 같다.

고중세와 근세의 시간관에 관해서는 기존의 연구 성과가 이미 상당히 축적되어 있어서 문제점들을 해명하는 데 독자적인 천착과 사색의 노력이 그렇게 많이 요구되지는 않았을 것으로 짐작된다. 그럼에도 불구하고 아우구스티누스와 보에티우스, 토마스 아퀴나스와 스피노자의 영원 개념을 해명한 부분이나 헤겔의 자연시간과 개념시간의 변증법을 밝혀낸 부분은 큰 연구 성과로 평가되어야 마땅할 것으로 생각된다. 왜냐하면 기존의 연구 문헌들에서는 이 책에서와 같은 체계적인 설명을 찾아보기 어렵기 때문이다. 칸트의 시간관을 논술하는 저자의 관점은 너무 그의 인식론에만 국한한 감을 지울 수 없다. 칸트는 인식론뿐만 아니라 도덕철학, 종교철학의 이론도 확립했음은 누구나 다 아는 사실이다. 이러한 관점에서 볼 때 그의 종교철학에 관한 문헌을 통하여 칸트의 종교적 시간관, 즉 영원에 관한 견해를 충분히 밝힐 수 있을 것으로 짐작되는데, 혹시 이 부분이 저자에게 간과된 것이 아닌지 의문스럽다.

저자가 가장 많은 정력과 시간을 투자하여 오랫동안 독자적인 사색을 반추하고 문제를 천착하며 많은 문헌을 섭렵했던 부분은 현대의 시간론, 특히 베르그송, 후설, 하이데거의 시간론이었을 것이라는 사실을 추측케 하는 흔적들은 이 부분을 논술하는 데 활용된 참고문헌의 소개에서 찾아볼 수 있다. 현대의 시간론에 관한 연구 성과는 고중세와 근세의 그것에 비해 아직 크게 불충분한 실정인 듯하며, 다양한 연구가 진행되고 있음에도 불구하고 그것은 아직 개별적인 차원을 넘어서 종합적이고 체계적으로 정리된 차원에로 이르지 못하고 있는 듯하다. 그뿐만 아니라 현대의 시간론은 그 문제의 분석이 미세화(minuziös)되어 논의의 초점을 찾아내기가 용이하지 않다. 이것은 마치 고전적인 자연과학이 거시세계를 탐구하였으나 현대의 자연과학은 유전자나 나노의 세계를 탐구하는 경향과도 유사하다. 후설의 시간론은 시간의 미세 분석(minuziöse Analyse), 자연과학적인 용어로 표현하면 나노 분석의 대표적인 예에 해당한다. 이러한 분석이 현대적 시간론을 난삽하게 하는 주요인이다. 이 사실을 『시간의 철학적 성찰』을 읽는 독자는 누구나 쉽게 공감할 수 있을 것이다.

위와 같은 난삽성은 독자들만이 아니라 저자도 극복해야 할 난관이다. 현대의 시간론, 특히 후설의 시간론에 관한 문헌들을 읽으면 누구나 미세 분석의 늪이나 숲속에 빠진 감을 금할 수 없는 것이 사실이다. 그 속에서 문제의 맥점(脈點)을 찾아 천착하고 사색하는 것은 울창한 숲속에서 오솔길을 찾아 헤매는 각고에 비유할 수 있을 것이다. 이에 못지않은 난관이 또 하나 더 있다. 그것은 미세 분석을 통하여 새로 밝혀진 현상들을 철학적인 언어로 표현하는 것이다. 이를 위해서는 거시적인 현상이나 사상체계를 표현하는 데 적합한 고전철학의 용어들은 곧 한계에 직면하게 된다. 그 때문에 현대 시간론에서는 많은 새로운 철학 용어들이 인위적으로 만들어진다. 이런 용어들을 가능한 한 독자들에게 생소하지 않은 우리말로 옮기는 일도 쉬운 일이 결코 아니다. 그러나 저자는 이 두 가지 큰 난관을 성공적으로 극복한 것 같다. 이러한 성공은 평소 많은 정력과 노력의 투자와 장시간의 연마와 사색이 없이는 결코 이룩할 수 없는 일이다.

후설의 시간론에서 비판적인 검정이 필요하지 않을까 하는 의문이 제기되는 문제는, '살아 있는 현재(lebendige Gegenwart)'를 논술하는 부분에서 후설은 현상학의 커다란 아포리아인 자아기능의 익명성의 문제를 해결하기 위해서 생동하는 시간(nunc stans)의 편시간성(Allzeit-lichkeit)을 모색한다고 저자는 말한다. 여기서 저자는 생동하는 시간의 시간성을 편시간성과 동일시하고 있는 것 같다. 그러나 저자도 같은 곳에서 지적하고 있듯이 이 편시간성은 문화대상이나 수, 의미, 사태관계와 같은 본질적 대상의 시간성이며, 이 시간성에는 '살아 있는 현재'나 '생동하는 시간'에 있어서처럼 생명성이 내포되어 있지 않다. 그렇기 때문에 편시간성을 살아 있는 현재나 생동하는 시간의 시간성과 동일시하는 것은 비판적인 검토가 필요하지 않을까 생각된다.

서양철학의 시간론을 주로 논술하는 저서 속에, 비록 단편적이기는 하지만, 후설과 선불교의 시간관을 비교하는 청송(聽松)의 시간관을 소개한 것은, 다소의 이질감을 주기도 하지만 또한 참신감을 주는 것도 부정할 수 없다. 이러한 시도는 동서철학의 이해지평을 넓히고 융합을 시도하는 데 기여할 것이므로 긍정적으로 평가되어 마땅하다고 생각된다. 이 부분에서 저자는 청송이 「선의 존재론적 구명」이라는 논문에서 "후설의 경우에는 의식의 파지 계열의 생멸상속(生滅相續)을 무명(無明)과 은폐의 근원으로 보고 이를 철폐하고 존재 현전으로 나아가는 길을 하이데거의 존재론을 빌려 선의 적멸과 견성(見性)을 해석하는 것으로 설명하고 있다"고 소개한다. 저자는 청송의 이런 견해를 무비판적으로 수용하는 듯하다. 서평자의 생각으로는, 불교의 무명과 은폐의 근원을 후설에 있어서는 의식의 파지 계열의 생멸상속에서 찾기보다는 자아의 익명성에서 찾아야 하는 것이 아닐까 하고 의문을 제기하고 싶다. 이 문제는 좀 더 진지한 담론을 필요로 할 것 같다.

서평자가 『시간의 철학적 성찰』을 통독하고 깊은 감명을 받으면서도 한 가지 아쉽게 느낀 점은 주역의 시간관에 관한 논술이 전적으로 빠진 점이었다. 아무리 유능한 저자라도 독자들이 희망하는 모든 요구를 수용할 수 없음은 불가피한 일이다. 그러나 이 저술이 기독교, 유대교, 불교의 시간관을 논술하면서 거기에 동양의 순환론적 시간관의 대표적인 예인 주역의 시간관을 포함시켰더라면 금상첨화였을 것이 틀림없다. 주역의 시간관에 관해서는 서구 언어의 논저들도 다수 있으므로 이를 토대로 그 빠진 부분이 보충되었더라면 저술의 체계상 더욱 충실성을 확보할 수 있을 것은 의심의 여지가 없다. 국내에서 출간된 시간에 관한 기존의 저술은 고형곤의 『선의 세계』, 김규영의 『시간론』, 소광희의 『시간과 시간의식』 등에 불과하다. 이런 사정에 이번 이 『시간의 철학적 성찰』의 출간은 비단 저자가 개인적으로 이룩한 큰 연구 성과와 업적일 뿐만 아니라, 한국철학계가 거두어들인 풍부한 수확의 결실로 평가해야 마땅할 것이다.

제 **4** 장

존재론의 구축

1. 왜 존재론인가?

모든 존재자의 존재방식의 통합적 획일화는 현대 기술문명의 특징이다. 말하자면 동물의 존재방식과 인간의 존재방식의 질적 차이를 없애고 하나로 통일시킨다. 모든 것이 '생존'에 통섭되어 생존조건의 개선과 향상에 초점이 맞춰져 있다. 그러나 생존조건의 개선으로 수명은 연장시켰지만, 삶의 질은 낮아지고 자살은 늘어 가고 있다.

하이데거가 이미 언급했듯이, 동물은 생존하지만 인간은 실존한다. 동물은 소멸하지만 인간만이 죽을 수 있다. 그러나 어디서나 인간 존재의 실존성은 사유되지 않는다. 이미지가 존재를 장악하는 시대에 진입하였다. 이제는 더 이상 존재의 진리와 가치의 문제는 고려대상이 되지 않는다. 모든 존재자가 속성과 기능으로 파악되고 처분되는 부품이 되고, 그것의 진리가 담긴 존재는 망각되어 어두움에 잠겨 있다.

운정은 "모든 것에는 존재이유가 있다"고 주장한다. 들과 산에 흔하게 자라고 아무렇게나 짓밟히는 보잘것없는 풀에도 이름이 있고 사람으로 태어나면 먹고살 만한 구실은 하게 마련이다. 이는 무책임한 낙천주의자라고 해석될 수도 있고, 자연법사상의 천명이라고 풀이될 수도 있을 것이다. 그러나 운정이 이 명제에 대해 주목하고자 하는 바는, 존재자의 존재이유는 타자에게 있는 것이 아니라 그 자신에게 있다는 점이다. 또한 인간에 대한 참된 규율은 자발적이고 내적인 승복에 기초하는 것이다. 여기서 사고의 전환이 요청된다. 그것은 존재론적 사고의 부활이다. 존재론적 사고란 존재자로 하여금 그 자체의 존재이유를 가지고 존재하도록 하는 것이다.1)

하지만 오늘날의 상황은 어떠한가? 한마디로 그 존재이유가 자기 자신에게 있지 않고 타자에게 있게 되었다. 대상 지배적 인간에게 대상으로 쓸모가 있으면 존재의의와 그 가치가 있게 된다. 인간 사회에 있어서도 활용도가 높으면 유용한 인물로 쓰이고, 설사 훌륭한 인격과 탁월한 지성을 갖추었다 하더라도 지배적 위치에 있는 사람에게 쓸모없이 되는 수가 허다하다. 일체의 존재자는 유용성의 정도에 따라 가치서열을 짓고 인간 앞에 체계적인 대상으로서 정리된다.2)

이렇게 유용성이 존재의미가 되어 버린 기능주의가 현대를 지배한다는 것이 운정의 일관된 시각이다. 기능주의가 강조되면 제일 먼저 뿌리 뽑혀 나가는 것은 인간이나 사물 자체에 속했던 존재의미이고, 인간의 경우 거기에 함께 붙어 있던 인성 존중 사상이다. 인간은 다름 아닌 인간임으로 해서 존중되어야 함에도 불구하고, 쓸모가 적은 인간은 그만큼 생존의 의의를 상실하게 된다. 이것이 인명 경시 풍조이다. 이와 함께 자취를 감추는 것은 윤리 도덕과 정서 등이다.3)

기능주의의 폐해는 인간의 상실, 인간과 기계의 역전 현상을 초래한

---

1) 소광희, 『패러독스로 본 세상』, 지학사, 1985, 104쪽.

2) 소광희, 『무상의 흔적들』, 운주사, 1999, 249쪽.

3) 같은 책, 250쪽.

다. 본디 유능함이란 인간이 가지고 있는 하나의 특성, 그러나 매우 중요한 특성임에는 틀림없다. 그러나 이제 인간은 간 데 없고 기능만이 활개 치고 있다. 어떤 것이 기능하게 되므로 존재하게 된다. 그 기능성의 상징적 산물이 로봇이다. 인간은 컴퓨터와 로봇의 제재를 받게 된 것이다. 인간 자신이 존재를 위해 봉사해야 할 기능이 인간의 존재이유를 규정하고 있다. 개가 주인으로 하여금 집을 지키게 하고, 망치가 인간을 가지고 못을 박는 격이 되었다. 그렇다고 해서 기능이 불필요하다는 얘기는 아니다. 기능은 기능이 소용되는 곳에 국한시켜야 한다는 것이다. 컴퓨터가 등장하면서 가장 큰 위협을 받게 된 것은 진실과 진상이다. 진실이나 진상 따위는 계산적 합리성에 의해 은폐되고 있다.4)

과학은 사유하지 않는다

오늘날 학문은 과학이 이끌어 간다. 학문세계에서 경험론적 통합과학, 자연주의적 환원주의, 실증과학의 방법론이 주도권을 지니고 있다. 특히 근대 이후의 실험 심리학은 인간을 실존하는 '나'로서가 아니라, 동물의 한 종(種)으로서 자연과학적으로 다루고 있다. 현대의 생물학은 질적으로 다른 인간 존재를 빼버린 채 생명을 눈앞에 있는 하나의 존재 사실, 즉 '단지 살아 있기만 하는 것', 다른 것과 얼마든지 대체될 수 있는 것으로 다루고 있다. 이와 같이 실증과학에서는 인간의 존재론적 기초는 그냥 전제되거나 검토되지 않은 채 건너뛰고 말았다.

하이데거도 강조하였듯이, 과학은 탐구하고 발견하지만 사유하지 않는다. 여기서 사유한다 함은 단초, 근거, 원리, 근원을 묻는다는 뜻이다. 과학은 과학 자체의 존재근거와 인식의 원리를 반성하지 않는다.

---

4) 같은 책, 251쪽.

그러나 철학은 언제나 철학 자체에 대한 반성에서 출발한다. 모든 철학자는 철학이란 무엇이냐를 철저하게 묻는 데에서부터 철학적 사유를 시작한다.5) 과학기술이 철학을 배제한 시대에, 역설적으로 더욱 철학적 사유가 필요하다. 왜냐하면 철학을 배제한 정신문명은 표류할 수밖에 없고 부박할 수밖에 없기 때문이다.

그러나 철학은 모든 학문의 조타수이다. 미지의 세계에 대한 지적 탐구와 계산적 합리성, 이것이 과학적 사고의 기초인 것이다. 과학적, 철학적 사유는 그런 현상적 자연의 근원인 '퓌시스(physis)', 즉 사물의 불변하는 성질, 본질, 본성, 원리에 대한 탐구이다. 과학과 철학이 탐구하고자 하는 퓌시스는 단순한 자연현상이 아니라, 그 현상의 배후에 있는 자연, 즉 사물의 근거로서의 퓌시스이다. 플라톤과 아리스토텔레스에 따르면 넓은 의미의 철학적 사유는 경이에서 발단하고, 그 경이의 대상은 퓌시스이다.6)

'퓌시스'로서의 자연은 비유적으로 빛이요, 최고의 시간, 근원적 시간이다. 자연(physis)은 모든 것을 넘어서서 모든 것에 앞서서 '언젠가(wie einst)' 있어 온 것이다. 자연은 모든 이전의 것 중에서 가장 늙은 것이며 모든 이후의 것 중에서 가장 젊은 것이다. 자연의 도래는 항시 가장 젊은 것이므로 결코 늙을 줄 모르는 가장 옛적인 것으로부터 오는 가장 장래적인 것이다. 자연은 최고(最古)의 시간이다.7) 그리고 "이 빛의 공명(空明) 속에서 모든 것이 비로소 현실적 사물로 나타날 수 있기 때문에 자연은 모든 시간보다 더욱더 시간적이다."8) 여기서 자연

---

5) 같은 책, 302쪽 이하.

6) Platon, *Theaitetos*, 155d; Aristoteles, *Metaphysica*, 982b.

7) M. Heidegger, *Erläuterungen zu Hölderlins Dichtung*(1936-1968), Frankfurt a. M., 1981(GA 4), p.63.

8) 같은 책, p.57.

은 '근원시간(Urzeit)'이다.9)

그러나 생명은 독자적 존재양식으로서 본질적으로는 현존재에 있어서만 접근 가능하다. 즉, 현존재의 삶에서 출발해야 비로소 생명의 존재양식에 대한 존재론적 구명이 가능하다. 하지만 존재론이 자명한 것으로 전제되거나 검토되지 않고 있다. 고대 그리스 철학에서는 인간은 '로고스를 가진 동물'이라고 정의되었다. 여기에서 '동물'의 존재양식은 '전재적 존재'로 간주되었고, 로고스는 인간의 고차적 자질(인식능력)이라고 해석되었다. 하지만 정작 인간의 존재양식에 대해서는 애매한 채로 방치되고 있다. 그리스도교 신학의 전통에서도 인간에 대한 이 정의를 수용하면서, 인간은 신을 닮았지만 유한한 존재자(원죄인)로 간주된다. 인간의 본질은 영원하고 무한한 신을 향해 초월하는 데 있다. 그러나 이 인간 존재에 대한 존재론적 천착은 건너뛰고 있다. 근세 이후 인간은 사유하는 존재자(res cogitans), 의식, 주관 등으로 다루어졌으나 사유도 의식도 주관도 존재론적으로 규정되지 않은 채 자명한 것으로 전제되고 있다. 어떤 담론도 그것이 일정 수준 이상의 존재론을 담고 있을 때에야 철학이라고 불릴 수 있다. 존재론은 철학의 핵을 형성한다.10)

존재의 바탕인 무를 만나다

운정의 존재론에서 무(Nichts)에 대한 이해는 하이데거의 입장과 그 맥을 같이한다. 그의 '무상'에 대한 언술은 무에 직면한 체험시간에 해당한다. 그는 무를 체인하면서 그것을 미적으로 승화시키는 '무상의 미학'을 펼친다. 하이데거에 있어서 '현존재'의 '현(Da)'은 존재자로부터

---

9) 같은 책, p.57.

10) 이정우, 『세계철학사』, 길, 2011, 236쪽.

존재에로 초월이 일어나는 근본 터전이다. 이러한 터전에서 이미 존재
와 공속하고 있는 인간은 존재자와 참답게 관계할 수 있고, 또한 자기
자신과도 참다운 관계를 맺을 수 있나. 이런 점에서 무가 근원적으로
드러나는 심연적 바탕은 "그 안에서 인간이 마치 상주하는 고향에 머
무는 듯한 아늑함을 느끼게 되는 장소이자 인간의 본질이 거주하는 근
원적 장소"11)이다. 따라서 이러한 무의 심연적 바탕은, 우리가 저마다
자유롭게 자기 자신으로 존재할 수 있고, 또 그렇게 존재하는 '진정한
나'의 발현 장소이다.

인간만이 무를 대면한다. 무는 존재의 충만한 빛이요, 인간 본질이
거주하는 장소로서 텅 빈 충만이다. 무는 '존재의 비밀'로서 현성하면
서 밝은 빛을 충만하게 선사한다. 그러기에 무는 그 깊이와 근원을 알
수도 없고 헤아릴 수도 없는 존재의 충만한 빛이다. 무는 자기는 없으
면서 다른 모든 것들을 가능케 하는 원천과 터전이다.

'현존재'는 무 속으로 들어가 머물러 있는('무 속의 존재') '무의 자
리를 지키는 자(Platzhalter des Nichts)'12)이다. 따라서 '있는 것을 있
는 그대로' 초연히 맞이하여 소박하게 꾸밈없이 살아가는 인간 존재의
시원적인 삶의 밑바탕은 언제나 이미 스스로 무화하면서 우리에게 말
건네 오는 시원적인 무로부터 유래하는 것이기에, 인간 존재의 근본
바탕은 이렇게 무화하는 무의 심연 속에 자리 잡고 있는 셈이다.

그러나 무를 배제하고 존재를 망각한 서구 형이상학의 역사는 결국
그 최종적 단계에 있어서 존재가 '아무것도 아닌 것'으로서 여겨지는
니힐리즘의 역사인 셈이다. 서구 형이상학의 역사적 전개과정 속에서
철저히 망각된 존재 자체의 역사적 운명을 그 근원에서부터 새롭게 숙
고하는 사유를 통해서만 '무의 사유'가 이루어질 수 있을 것이다.

---

11) M. Heidegger, *Was ist Metaphysik?*, Frankfurt a. M., 1965, p.47.
12) 같은 책, p.35.

무는 존재하는 모든 것에 대한 완전한 부정으로서 존재자와는 단적으로 다른 것이고, 따라서 존재자와의 존재론적 차이에서 비로소 여실히 경험될 수 있는 것이다. 이런 점에서 '차이로서의 무'는 존재와 동일한 것인데, 이러한 것으로서의 본래 시원적인 무의 경험은 지성의 논리적 활동 속에서 이루어지는 것이 아니라, 오히려 깊은 권태감 속에서 혹은 더 나아가 현대인의 삶의 위기를 일깨우는 불안(Angst)이라는 근본 기분 속에서 이루어진다고 하이데거는 보고 있다. 불안이란 근본 기분 속에서는 존재자 전체가 썰물처럼 뒤로 쑥 빠져나감으로써 붙잡아 의지할 것이란 '아무것도 없다'는 유일무이한 사건만이 우리에게 섬뜩하게 엄습해 온다. 그래서 하이데거는 "불안이 무를 드러낸다"13)고 말한다.

존재자 전체와는 단적으로 다른 것으로서 무화하는 무는 존재자 전체를 감싸 안고 있으면서도 각각의 존재자를 그 존재자로서 있는 그대로 여실히 드러내는 열린 장이며, 따라서 각자에게 자신의 고유한 현존을 허용해 주면서도 스스로를 숨기는 존재 자체의 트인 장이다.

우리는 존재자 전체를 전일적으로 앞서 드러나게 하면서도 스스로를 감추면서 물러나는 존재 자체의 역동적 사건으로서의 무의 근원적 본질에 대해서는 전혀 사유하지 못했다. 무의 심연으로부터 시원적으로 존재의 진리를 사유하며 파수하는 가운데 무상한 '존재자와 결별하는' '시원적 사유'는 근원적으로 '존재의 은총에 대한 메아리'14)이다.

"존재와 무는 동일하다."15) 무는 존재 자체의 역동적 사건이다. 무는 존재자가 드러나는 근본 바탕으로서 존재 진리의 열린 장이다. 존

---

13) 같은 책, p.32.

14) 같은 책, pp.49-50.

15) M. Heidegger, *Wegmarken*, Frankfurt a. M., 1978, p.115, c. "Nichts Sein das Selbe".

재와 존재자 사이의 '존재론적 차이'16)에 대한 망각은 현존재로서 인간 존재의 본질에 대한 망각이다.

요약하자면, 운정의 존재론은 "모든 존재자는 그 존재이유가 있다"는 입장으로 귀결된다. 이는 모든 존재자와 세계의 합법칙성과 합목적성을 전제로 한 전통철학의 맥을 이어 가고 있음을 의미한다. 따라서 존재론은 제일철학으로 계속 탐구되어야 하고, 더욱이 존재 상실의 시대에 인간 존재를 다시 회복하기 위해 존재론이 화급하게 요청된다는 지론이다.

2. 존재론의 지형도

운정은 『철학의 제문제』 3부에서 '존재의 탐구'를 다룬다. 존재론은 철학의 핵심이다. 존재론에서 다루는 존재의 계기는 본질과 현존이고, 존재의 양상은 현실과 가능이며, 존재의 형식은 보편과 개체이다. 그리하여 잘 알려져 있듯이, 아리스토텔레스에 있어서도 '우리에 대하여(prod hemas)' 탐구되고 알려지는 순서에 있어서는 '나중의 것', 그러나 '존재의 면에서'는 '먼저 것'인 '존재자로서의 존재자'의 문제가 '제일 철학(philosophia prima, prote philosophia)'의 과제로서 전개되었던 것이다. 제일철학은 "존재자로서의 존재자와 이것에 자체적으로 귀속되는 것에 관한 학이다."17)

특히 '형이상학과 존재론'(10장)에서 두 축은 다음과 같이 설명된다. 형이상학은 자연적 사물의 배후, 즉 경험적 대상을 초월한 초감성적 세계를 다룬다. 이에 반해 존재론에서 궁극적으로 탐구하는 것은 진실

---

16) M. Heidegger, *Identität und Differenz*, Pfullingen, 1982, p.56.

17) Aristoteles, *Metaphysica*, 1003a, 21-22.

존재이다. 이 진실 존재가 현상 안에 들어오지 않는 초경험적 세계라고 할 때, 그것은 곧 형이상학의 연구대상이 되는 것이다. 중세에 있어서와 같이 진실 존재를 초월적 신으로서 파악하고 그 존재를 증명하려고 하는 형이상학은 곧 존재론이자 동시에 신학이다. 형이상학과 존재론을 단적으로 구별하면 진실 존재를 피안적으로 보느냐, 차안적으로 보느냐 하는 것이다. 형이상학은 전자의 입장이고, 존재론은 후자의 입장이다.

잘 알려져 있듯이, 아리스토텔레스의 제일철학은 존재론을 지칭한다. 그는 학문을 세 종류로 분류한다. 즉, 순수이론적인 것, 실천적인 것, 제작적인 것이다. 여기서 순수이론적인 것은 지(知) 자체를 목적으로 하는 것으로서 수학, 자연학, 제일철학 등이다. 이론적인 학문의 연구대상은 물론 존재자의 존재이다. 그는 이 존재자도 세 계열로 구분한다. 첫째는 독립된 실체를 가지나 생성에 종속되는 것(생성적 존재자)이요, 둘째는 생성으로부터는 독립되어 있으나 구체적 실재성이 없는 이념적인 것이요, 셋째는 독립된 실체도 갖고 또 생성으로부터도 독립된 것(존재자 자체)이다. 첫째 것에 대한 학문은 자연학이고, 둘째 것에 대한 학문은 수학이며, 셋째 것에 대한 학문은 제일철학이다.

아리스토텔레스는 존재에 대한 연구를 두 가지로 나누어서 성찰한다. 하나는 신을 최고의 존재자라 하고, 다른 모든 존재자는 이 신을 지향한다는 입장이다. 이것은 모든 존재자가 신을 정점으로 해서 위계를 이룬다는 점에서 위계론이라고도 하고, 신을 최후의 목적으로 지향한다는 점에서 목적론이라고도 한다. 이 측면을 그는 신론(theologia)이라고 불렀다. 그리고 이 목적론과 위계론의 신론은 신앙 시대의 초기 신학에는 아주 잘 받아들여졌다.

다른 또 하나는 '존재자로서의 존재자'에 대한 보편적 탐구, 즉 존재자를 존재자로서 보편적으로 연구하는 것이다. 플라톤과 아리스토텔레스의 존재론은 존재자로서의 존재자를 연구하는 철학자의 학문이었다. 아리스토텔레스가 제일철학이라고 부른 것은 특히 신론과 구별되는 이 존재론을 가리키는 것이었다. 그는 실제로는 형상과 질료, 가능과 현실, 실체와 속성, 4원인 등을 다루었다. 이데아 비판은 존재의 규정 문제에 중요한 몫을 한다. 유럽의 철학, 특히 존재론의 차원에서 다룬 테제는 '존재자란 무엇인가?' 하는 것이다. 이 물음은 존재자의 존재를 묻고 있다. 이때 존재란 존재자를 존재자이게끔 하는 근거를 가리킨다.18)

제일철학은 존재자 자체, 즉 존재자로서의 존재자를 연구하는 학문이라고 한다. 거기에 다시 두 가지 규정을 첨가한다. 하나는 존재를 그 자체에 있어서 다루는 존재론적 규정이며, 다른 하나는 존재를 가장 보편적, 초월적으로 다루는 신학적 규정이다. 그리하여 제일철학은 존재자의 존재를 그 자체에 있어서 또 가장 보편적으로 연구하는 학문이다. 제일철학은 처음부터 존재론과 신학의 두 계기를 내포하고 있다. 존재론이나 신학은 각기 형이상학의 한 분과이다.

철학의 가장 기초라 할 존재론만 보더라도 그리스의 존재론은 기하학을 전형으로 삼고 있다. 기하학은 공간에 기초를 둔다. 여기에서는 시간은 사상되고 만다. 이런 무시간성을 그리스인들은 영원이라고 한다. 영원불변의 모델을 이데아라 하고 형상이라 하거니와, 그들은 거기에서 참된 세계를 찾았고 그에 반하여 현실세계를 그것의 모상이라고 본다. 그러나 독일적 존재론은 일체 세계를 시간의 면에서 본다. 그러기에 그들의 철학에는 역사의식이 승한다. 그것은 존재자를 지속의 측면에서 보기 때문이다.19)

운정은 『자연 존재론』에서 철학적 과제를 위에서 말한 세 분야로 나누어서 정리한다. 그것은 자연 존재론, 사회·역사 존재론 및 자아

---

18) 소광희, 『자연 존재론: 자연과학과 진리의 문제』, 문예출판사, 2008, 563쪽.
19) 소광희, 『시간과 인간의 존재』, 문음사, 1980, 205쪽.

존재론이다. 존재론이란 선악, 미추, 성속의 가치부여 이전의 존재를 대상으로 연구하는 철학의 분야이다. 이렇게 보면 인간이 가장 신경 써서 사유해야 하는 것은 자연과 역사적 사회 및 자기 자신이라는 주체이다. 자연을 연구대상으로 삼는 학문은 자연과학으로 나아가고, 역사성을 가진 사회를 연구하는 학문은 사회, 역사의 제 과학으로 분화되며, 자아를 성찰하는 것으로는 넓은 의미로 종교와 철학을 포함한 인문학이 있다. 이것을 다시 추구하는 측면에서 말하면 자연 존재론은 객관적 진리를 탐구하고, 사회·역사 존재론은 행위의 원리를 모색하며, 자아 존재론은 구원의 문제를 성찰한다. 모든 학문은 이 세 가지를 더 심오하게 고찰하기 위해 분화되고, 연구의 필요에 따라 다른 분야와 연계해서 만들어진 것이다. 거기에 사회의 요구와 연구에 필요한 많은 보조학문이 배치되어 있다. 문명과 문화의 형태에 따라 새로운 학문 분야가 탄생하기도 한다.

대상에 대한 일차적 연구는 개별 학문이 담당한다. 철학은 그 개별 학문이 거둔 성과와 연구방법 등에 대한 이차적, 반성적 사유이다. 그 개별 학문을 크게 자연과학, 사회·역사과학, 인문학으로 구분한다. 존재로서의 존재에 대한 철학적 성찰을 존재론이라고 한다면 이것들은 각기 자연 존재론, 사회·역사 존재론, 자아 존재론이라고 부를 수 있다. 이들 여러 영역은 시대사조와 사회의 구조 및 인간에 대한 성찰 방식의 차이 등에 따라 그 각각이 갖는 철학과의 교섭관계가 더러는 긴밀하고 더러는 느슨하며, 어떤 때는 심히 비판적이기도 하다. 또 어떤 때는 철학적 성찰이 자연과학에 향하기도 하고, 어떤 때는 그런 자연과학의 자리에 사회·역사과학이 들어오기도 한다.

요약하자면 운정의 존재론은 '자연 존재론', '사회 존재론', '자아 존재론'으로 펼쳐지고 '시간의 존재론'으로 포개진다. 다음 장에서는 개별 존재론을 살펴보기로 한다.

3. 자연 존재론

운정은 2008년 『자연 존재론: 자연과학과 진리의 문제』을 상재하였으나, 그 책은 그 이름에 미흡한 것이었다고 자평한다. 존재론을 표방하면서도 결론에서 자연 연구를 존재론적으로 성찰하지 않았기 때문이다. 그때는 자연 연구를 검토할 존재론 개념이 아직 성숙되지 않았다. 그 존재론은 기존의 것에 의존할 수는 없었다. 거기에 그의 깊은 고뇌가 있었다. 5년의 세월을 투입한 끝이라 너무 피곤하여 그 개념이 성숙되는 날을 기다리기로 하고 결론격인 존재론적 검토를 유보한 채 책을 발간하였다. 그러나 불완전한 것을 마냥 두고 볼 수는 없었다. 고민 끝에 그는 종전의 존재론 개념을 정리하고 거기에 이어 하이데거의 일반존재론을 해석해서 존재론적 검토의 기초로 삼았다. 그리고 이듬해인 2009년에 개정판을 출간하여 위의 미비점을 말끔히 보완한다.

그리하여 총 6장의 책이 완성되었다. 1장 '피지스와 고대의 존재사유', 2장 '신앙 시대 자연 존재론의 행방', 3장 '근대의 자연 존재론', 4장 '18 · 19세기의 자연 연구', 5장 '20세기의 자연 연구', 6장 '자연과학적 세계상에 대한 존재론적 검토'이다. 특히 개정판에 덧붙인 6장 1부에서는 '존재론이란 무엇인가', 즉 고전적 존재론 개념, 하르트만의 비판적 존재론, 하이데거의 기초존재론과 일반존재론을 다루고, 2부에서는 자연과학적 세계상에 대한 존재론적 검토를 다루고 있다.

운정은 『자연 존재론』의 부제를 '자연과학과 진리의 문제'라고 붙였다. 모든 학문은 일차적으로 진리 탐구를 표방한다. 그러나 그 진리라는 말 가운데에는 객관적 진리를 가리키기보다는 효율성이나 당위성을 함축하는 부분이 있다. 경영학, 교육학, 윤리학, 행정학, 가정학 등 실천과학이 그런 것들이다. 수학과 자연과학의 연구 결과는 인간으로 하여금 그것을 존중하고 따르지 않을 수 없도록 강요한다. 그러나 실천과학은 그것이 지시하는 바를 따르는 편이 더 효율적이고 유익하다고 가르친다. 더러는 당위성을 내세우기도 한다. 실천과학의 효율성은 원근법적으로 평가된다. 이런 이념상의 차이로 인해 방법론에서도 순수 이론학과 실천학 사이에는 차이가 있다.

운정은 이 책에서 주로 자연 연구와 철학 사이의 상호 관계 또는 상호 영향관계를 검토한다. 철학이 자연 연구에 공헌할 수 있는 것으로 그는 방법론의 제시라는 입장을 취한다. 그런데 이 방법론이라는 말에 대해 한두 가지 덧붙여 두고자 한다. 첫째, 위에서 언급한 진리와 관련해서 언급된 방법론은 모두 학문이 진리 탐구를 위한 방법론, 즉 사유의 규범과 추론 규칙이지 효율성을 따지는 방법(가령 확률이나 통계 등 귀납추론에 속하는 것 또는 당위성에 입각한 이념, 효율성 등)이 아니라는 것이다. 둘째, 자연 연구와 관련해서 방법론을 말하면 흔히 자연의 제일성에 입각한 인과율을 떠올리기 쉬우나 여기서 말하는 방법은 그런 것들을 모두 포괄하는, 다시 말하자면 보편적 사유의 규범과 추론규칙을 가리킨다. 그리하여 실험을 이야기할 때는 자연의 제일성과 거기에 포함되는 인과율 같은 것은 이미 그 안에 포괄되어 있다. 그런데 객관적 진리 — 진리의 객관성도 불변적인 것은 아니지만 — 를 가장 확실하게 보증하는 과학은 자연과학이다. 『자연 존재론』의 부제를 '자연과학과 진리의 문제'라고 한 데는 이런 이유가 있다.

철학은 사태를 보편적 입장에서 근원적으로 사유한다. 바로 이 점에서 철학은 과학 일반의 방법론을 발견할 수 있는 것이다. 자연에 대한 연구는 자연과학이 담당한다. 자연은 경이의 대상으로서 무엇보다도 먼저 인간의 관심의 대상으로 주목되어 학문적 사유가 시작할 무렵에는 자연과학과 철학은 분리되지 않았을 만큼 양자는 한 몸이었다. 학문적 사유가 성숙함에 따라 자연학은 개별 과학으로 발전하고 그래서 자연학과 철학은 갈라서기 시작하였다. 근대의 과학혁명기에도 양자 사이에는 친밀성이 있어서 철학자는 대개 과학자이기도 했다. 과학을 모르고는 철학을 제대로 이해하지 못했고 그 역도 마찬가지였다. 그러다가 철학이 자연보다는 사회와 역사에 더 관심을 두는 경향으로 흐르면서 양자 사이에는 간극이 벌어지기 시작했다. 이때는 과학이 세분화를 거듭해서 전문화로 치닫던 시기와 겹친다. 그것은 18세기의 일이다.

그 이후 자연과학은 더욱 개별화되면서 급속하게 발전하고 있다. 특히 제2의 과학혁명기를 맞이하면서 과학자들 자신도 자기가 연구하는 과학이 학문 전체의 지도에서 보아 어느 위치에 있는지 분간하기 어려울 지경으로 과학은 세분, 심화되어 갔다. 그런가 하면 또 한편으로 과학은 기술과 제휴하여 인간 생활의 모든 면을 하루가 다르게 바꿔 놓고 있다. 현대문명은 한 세대 전 사람이 보면 도저히 이해하지 못할 지경으로 세상과 사람의 삶의 방식을 변혁시켜 놓았다. 운정은 거기에 비하면 철학은 너무 발전하지 못하고 구태의연하다고 개탄한다.

그리하여 오늘날은 자연과학과 철학은 거의 남남인 것처럼 되어 버린 것 같다. 철학자는 자연과학에 대해 무지하고 자연과학자는 철학에 대하여 무관심한 채 자기 영역에만 틀어박혀 있다. 같은 시대, 같은 문화권에 있으면서 지식세계를 함께 창조해야 할 과학과 철학이 이렇게 되었다는 것은 불행한 일이 아닐 수 없다. 과학자도 편협한 전문가의 영역을 벗어나서 지적으로 넓고 깊게 계발되면 철학이 필요하게 마련이고, 철학 또한 공리공담으로 빠지지 않기 위해서는 동시대의 과학적 업적과 방법론에 대해 무관심할 수 없을 것이다. 자연과학과 철학이 서로에 대해 무관심하고 무지한 것은 철학보다는 자연과학 쪽이 더 심한 것 같다. 과학은 자기가 성장해 온 배경과 과정에 대해서조차 반성하지 않기 때문이다. 그것은 과학기술이 현대의 과학문명을 형성하는 데 온갖 정열을 쏟아붓고 있는 나머지 자기를 돌볼 겨를조차 없기 때문일 것이다. 알고 보면 철학은 학문 연구 일반에, 특히 자연 연구에 방법론을 개발해 주고 연구의 방향을 제시함으로써 과학발전에 기여하고 있다. 철학은 보이지 않는 학문의 조타수인 것이다. 그러나 과학기술도 자기의 정체성은 알아야 한다.

과학이 시대적 상황에 제약되는 것과 마찬가지로 철학도 시대의 산물이다. 시대를 앞서가는 천재가 새로운 시대의 학문과 생활양식을 계발할 수는 있지만 자기가 처한 시대를 벗어나서 과제를 발견하고 연구를 수행할 수는 없다. 이런 의미에서 과학도 철학도 시대 제약적이다. 지금 생각하면 매우 유치한 생각도 그것이 태어나고 역할을 하던 시대에는 꽤 위력을 가진 사유였음을 간과해서는 안 된다. 그뿐 아니라 모든 연구는 매우 일상적이고 비근한 데서 출발한다. 학문의 발전을 위해서는 비판은 불가피한 것이지만, 그것이 지나쳐서 유치하다고 비난할 것이 아니라 적어도 그 시대 사람들의 지적 노력은 존중해 주는 아량을 가져야 한다. 그것이 역사를 돌아보는 근본 이유이기도 하다.

'자연 존재론'은 자연 연구의 과제와 성과를 인간적 삶의 전체와의 관련성 속에서 파악해야 한다. 운정은 과학적 연구가 일상적 경험과 그에 대한 소박한 믿음에서 출발한다고 생각하여 거기서부터 서술을 시작했다. 그는 실험실의 실험이 아닌 실험, 즉 사고실험으로 그 연구의 주제와 연구 과정과 연구 결과를 검토하여 이해하도록 하였다. 다시 말하거니와 먼저 그 시대의 고유한 자연과학적 과제와 연구의 진행을 살펴보고, 그것에 대한 철학적 검토를 시도하였다. 이 이차적, 반성적 사유는 특히 자연 존재론에서는 자연에 대한 인식의 올바른 가능성을 위해 인식방법의 개발로 실현되었다. 자연과학을 위한 방법론을 개발하는 것, 그것이 자연 존재론으로서의 철학의 역할이다.[20]

요약하자면, 운정은 이 '자연 존재론'에서 자연과학과 철학이 역사과

---

20) 소광희, 『자연 존재론』, 16-23쪽.

정을 통해 어떻게 서로 영향을 주고받았는가 하는 것을 검토하고자 하였다. 그는 먼저 밀레니엄 또는 세기 단위로 시대상을 조감하고 과학의 과제가 무엇인가를 검토한 뒤에 개별 과학이 담당한 문제와 그것의 해결과정을 서술하였다. 그리고 그런 것들이 철학적으로 어떻게 성찰되는지를 반성하였다. 말하자면 이 책은 자연과학과 철학의 교류를 반성적으로 검토한 것이다. 이렇게 함으로써 그는 소위 시대정신 내지 시대의식 같은 것을 간접적으로 보여주고자 했다.

4. 사회 존재론

운정은 『자연 존재론』(2008; 개정판 2009)을 통해 자연과학과 진리에 대한 철학적이며 존재론적인 성찰을 하였다. 뒤이어 『인간의 사회적 존재의미: 지구촌 시대의 평화와 삶의 방식』(2013)가 출간되었다. 그에 따르면 존재론이란 가치가 부여되기 이전의 존재를 대상으로 연구하는 철학의 분야이다. 그 존재론은 연구대상에 따라 '자연 존재론', '사회·역사 존재론', '자아 존재론'으로 나뉜다. '자연 존재론'이 운정이 기획하는 존재론 연구의 첫 번째 단계라면, 이 저서는 그 두 번째 순서로서 '사회·역사 존재론'을 담고 있다. 여기서는 사회, 역사, 정치, 종교, 전쟁 등의 사회현상을 파헤치며 살펴본 인간의 존재론적 의미와 평화의 가능성을 상론한다.

이 책은 '사회·역사 존재론'이라는 광범위한 연구 분야에 걸맞게 철학, 정치, 종교, 역사, 과학, 전쟁 등 인간이 사회적 존재로서 살아가며 일구어 온 제 분야를 다루고 있다. 공자와 노자 등의 동양사상가들이 꿈꿔 온 이상사회를 비롯해 플라톤의 '국가론', 홉스, 로크, 루소의 '사회계약론'까지 살펴보면서 오늘날 현실화될 수 있는 이상사회의 원형을 고찰한다. 사회주의, 무정부주의, 공산주의 등 그동안 역사의 진행과정 속에서 나타났던 여러 국가 형태와 이념을 두루 비교하며 바람직한 국가 형태를 논하기도 한다. 나아가 그리스도교, 불교, 이슬람교, 힌두교 등의 여러 종교들이 역사 속에서 사회의 평화를 위해 기여한 바와 그렇지 못한 점을 객관적 시각으로 서술함으로써 오늘날의 사회적 인간에게 도움을 줄 수 있는 종교 형태의 가능성을 꾀한다. 다시 말해 운정의 사회사적 사색의 결정체이다.

현재까지도 철학 연구에 몰두하며 현실에 대한 관찰을 멈추지 않는 운정이 바라본 사회상, 그리고 그 속에서 살아가는 사회적 인간의 존재의미는 무엇일까? 6·25 전쟁을 비롯하여 독재 체제를 거쳐 민주화 투쟁의 바람이 불던 한국의 근대사를 몸소 겪고 세계화라는 새로운 변화를 지켜보았던 운정에게는 사회의 존재성이 무엇인지에 대한 날카로운 해답이 묻어 있음에 틀림없다.

'사회·역사 존재론'에 대한 이 같은 심도 있는 연구의 최종적인 목적지는 현대사회의 갈등 요인을 해결하고 오늘날의 지구촌 시대에 걸맞은 삶의 방식과 평화의 가능성을 밝혀내는 것에 있다. 이 책은 한 권의 저서로는 가히 담아내기 힘들 듯한 광범위한 학문 영역을 통찰력 있고 긴장감 있는 시각으로 담은, 운정의 역량이 돋보이는 결과물이라 할 수 있다. 이 책을 통해 오랜 시간을 철학 연구에 몰두해 온 저자의 시각에 비추어 사회적 존재로서 살아가는 인간의 바람직한 삶의 양상을 소묘해 볼 수 있을 것이다. 운정은 이 책의 '머리말'에서 저술의도와 내용의 개요를 다음과 같이 설명한다.

인간은 누구나 부모의 자식으로 태어나 가정이라는 사회 안에서 자란다. 사회를 떠나서 살 수 있는 사람은 아무도 없다. 인간은 사회적 동물이다. 사람은 주위에 아무도 없으면 두려움을 느낀다. 그럴 때 어린이는 울지도 못하고 시퍼렇게 질린다. 이 점이 동물과 다르다. 인간이 사회적 동물임을 실증하는 예는 이것으로 족하다.

사회는 갑자기 하늘에서 떨어지는 것이 아니라 역사를 이루면서 지속해 오는 조직이다. 사회라는 말 속에는 역사성이 함축되어 있다. 이 양자는 떼어서 생각할 수 없는 개념이어서, 정확하게 말하면 사회는 역사적 사회이고 역사는 사회의 역사이다. 그런 사회에 대한 존재론적 성찰을 줄여서 사회 존재론이라고 한다. 이것을 '인간의 사회적 존재의 미'라고 풀어서 책의 제목으로 삼았다. 운정의 사회 존재론은 인간다운 삶이 보장되는 사회에 대한 기본구상이다.

사회 속에 사는 인간은 본질적으로는 서로 협력하고 도와야 한다. 사람은 일상적 삶 속에서 자기 자신에 대해 가장 많이 마음을 쓰지만 동시에 남도 배려한다. 배려에는 사랑과 함께 경쟁도 있다. 사랑하는 사람끼리는 어울리지만 자기가 살기 위해 개인으로든 집단으로든 남과 경쟁하고 더러는 싸우곤 해서 평화로운 날이 드물다. 그리하여 실제 사회는 생존경쟁으로 얼룩져 있다. 그런 공정한 경쟁은 발전을 촉진한다.

사회는 피투적 세인이 사는 세상이며 세인이 형성하는 삶의 영역이다. 세인은 평균적 대중이다. 대중 속의 자아는 익명적으로 산다. 말하자면 그는 자기를 상실한 채 개성 없는 대중의 한 분자로 산다. 대중사회란 자기 상실의 사회인 셈이다. 현대 민주주의는 이 평균적 대중이 지배하는 정치체제이다. 그런 대중은 세상일에 관심도 많고 모르는 것이 거의 없을 정도로 아는 것도 많다. 그 대중의 앎이 얼마나 정확한가 하는 것은 차원이 다른 문제이다. 매일같이 홍수처럼 쏟아지는 정보와 뉴스로 인해 세인은 어쩔 수 없이 세상일에 대해 유식자가 되어 있다. 사회에 관한 서술은 뻔히 알려져 있는, 그런 부정확한 앎에 대한 반성이기도 하다.

그런 사회를 퇴락한 세인의 사회로만 보면 그곳이 인생을 성취시키기도 하고 패배시키기도 하는 터전이라는 사회의 진면목이 드러나지 않는다. 사회를 세인의 사회로만 보면 독단적 유아론에 빠질 위험이 있다고 하더라도 우리는 그곳을 떠나서 살 수 없다는 것을 알아야 한다. 사회가 혼탁하다면 우리는 적극적으로 사회를 정화할 의무를 가져야 한다.

오늘날처럼 하루가 다르게 변하는 시대에 2천 년도 훨씬 더 지난 옛날 사람들이 추구했던 이상사회 이야기를 하고 공산권이 소멸된 마당에 마르크스 이야기를 해서 무엇 하겠느냐고 책망할 수도 있다. 사실 어제 일은 이미 옛날 일이 된 듯한 감이 없지 않을 만큼 세상은 급하게 바뀌어 가고 있다. 오늘의 시공 개념에는 시간의 지속성과 공간의 연장성이 없어지고 말았다. 그 점에서 이 저술은 시대에 뒤떨어진 것이기도 하다. 그러나 철학은 오늘의 문제에만 매달릴 수는 없다. 철학은 어제와 오늘을 총체적으로 성찰함으로써 내일을 위한 어떤 시사를 발견할 수 있겠기 때문이다.

운정은 과거를 정리함에 있어 자질구레한 논의들은 대담하게 생략하고 주제에 맞추어 거시적으로 지난 일들을 성찰하고자 한다. 현대는 지구촌 시대이고 그곳에 사는 사람들을 신유목민이라고도 한다. 젊은 이들이 살아갈 세상은 그곳이다. 여기서 현대의 우리가 사는 모습과 방식을 살펴보고, 지구촌의 풍물도를 그려 보고자 하였다. 이를 위해 이 책에서는 새 시대의 인류 평화를 위해서 무엇을 어떻게 해야 하는지를 모색한다. 먼저 이상적 사회 모델과 비교적 실현 가능한 공동체 형태를 역사 속에서 찾아 구상의 발제 자료로 삼고, 그것을 실현하고자 애쓴 노력들을 소개하며, 또한 그 실현이 불가능한 현실적 원인과 이유를 살펴보고자 한다. 그리고 현실적으로 우리 삶을 질서 있게 운영하기 위해 필요한 행위규범의 철학적 근거도 검토한다.

이어서 현대사회의 갈등요인을 간추려서 그 현상과 이론적 배경을 살펴보고, 동시에 현대문명 자체가 안고 있는 문제에 대해 서술한다.

이렇게 해서 새로운 시대의 문명형태와 우리가 지향하는 사회의 존재 방식을 가능한 한 소상하게 구상하고자 한다. 마지막으로 우리가 구상하는 사회를 건설하기 위해 여러 종교가 기여한 것을 검토하고 있다. 이렇게 함으로써 현대문명의 위기는 무엇이며 이를 극복하기 위해 우리 사유가 지향해야 할 점이 어디인지를 천명하고자 한다.21)

이 책의 목차는 아래와 같다.

---

21) 소광희, 『인간의 사회적 존재의미』, 문예출판사, 2013, 5-7쪽.

이 책은 사회정의의 규범이란 잣대로 쓰여 있다. 운정은 '사회정의'를 어떻게 보고 있는가? 현대의 고도 산업사회를 다스릴 규범을 세우려면 가치의 허무주의에서 깨어나서 사람답게 살 수 있는 사회를 위하여 마땅히 사회정의를 첫째 규범으로서 삼아야 한다. 그리고 그 사회정의의 속성으로서는 옳고 그름과 좋고 나쁨을 정당하게 따질 수 있는 기회를 포함한 모든 기회의 균등한 개방, 공적과 능력에 따른 정당한 부의 배분, 경제질서를 포함한 모든 사회질서를 문란케 한 자에 대한 응분의 규탄과 제재, 기존 인권의 존중 등이 요구된다. 그러나 이것을 구호로만 내세울 것이 아니라 우리의 일상생활 속에 의식화하고 활성화해야 할 것이다. 사회정의를 실현하는 것 말고는 우리의 가치 허무주의를 고칠 수 있는 처방은 어느 곳에도 없다. 사회정의는 우리의 유일한 그리고 최후의 응급처방이다.[22]

이 책에서 운정이 강조하는 핵심적인 내용을 살펴보자. 이 책의 밑뿌리가 되는 2장 '인류의 영원한 비원: 자유와 평등'에서는 왜 이 두 개념이 인간이 살아가는 사회가 시급하게 혹은 가장 중요하게 이루어야 할 개념인지를 소개한다. 먼저 인류사에서 자유를 위해 어떻게 투쟁해 왔는지를 역사적으로 추적해 간다. 다시 말해 자유를 실현하기 위해 어떻게 싸워 왔는지를 보여줌으로써 이 자유가 인류가 실현해야 할 덕목임을 이야기하고 있다. 이어 3장에서는 '평등이념의 구현을 위하여'라는 제목으로 전체 장을 마르크스와 마르크스주의에 대해 할애하고 있다. 핵심은 이것으로 생각되었다.

이제 자본주의의 본질을 수정해야 한다. 그러나 그 수정은 자본주의 체제를 그냥 두고서는 불가능하다. 왜냐하면 그런 수정은 1퍼센트의 부자들에게 맡기는 것인데 그들은 이익의 최대 확보라는 본능을 버리고

22) 같은 책, 87쪽.

뼈를 깎는 자기 수정을 할 수 없기 때문이다. 그런데도 최근에 자본가 자신의 입에서 그 수정의 불가피성이 토로되기도 한다. 그렇다고 사회주의에 맡길 수도 없다. 그들은 무산자 계층에게 재산을 고루 분배하는 데 주력할 텐데 그렇게 되면 생산성이 저하되어 결국 재산 자체가 고갈되겠기 때문이다. 그것은 함께 거지가 되는 길이다. 우리의 수정 목표는 생산성 증가와 균등 분배를 다 같이 보장받는 것이다.[23)]

4장 '세계화와 평화의 문제'에서는 '공정성으로서의 사회정의의 문제'를 다룬다. 즉, 인류 평화의 기본조건은 자유와 평등의 구현이다. 이 두 가지가 구현되면 전쟁도 지양될 수 있다. 자유의 문제는 현재 극빈 저개발국가나 잔존하는 공산주의 독재국가 또는 일부 세습적 전제왕조에서는 여전히 심각한 과제로 남아 있으나, 공산권이 몰락한 이후 상당히 개선되었다. 아프리카와 중동의 여러 독재국가에서 일어난 자유를 위한 투쟁도 거의 마무리 단계에 접어든 것 같다. 이런 추세라면 머지않아 자유와 인권의 문제는 상당한 진전을 보일 것이다. 그럼에도 이들 여러 지역에서 일고 있는 반독재 투쟁이 바로 민주주의의 성취로 가느냐 하는 것은 별개 문제이다. 민주주의가 반드시 최선의 정치형태인지 확신할 수는 없지만 현재로서는 전 구성원의 참여라는 점에서 그 이상은 없는 것 같다. 그런데도 그 길을 커다란 장애요인이 가로막고 있는데 그것은 다름 아닌 종교의 현실정치 개입이다. 그 대표적 예가 정교일치이다.

평등의 문제, 특히 경제적 평등 문제와 관련해서는 공산주의 정권이 등장하여 적극적으로 추진했으나, 그마저 1980년대에 붕괴되었다. 자본주의적 민주주의를 채택하고 있는 나라에서 빈부격차는 태생적 병리 현상이다. 그러한 나라는 경제가 발전하면 할수록 빈부격차가 심화되

---

23) 같은 책, 248쪽.

는 본성과 경향을 안고 있다. 복지를 우선적으로 내세운 사회주의 정권도 종국에는 국가경제의 결손을 가져와서 더 이상 추진하지 못하고 있는 형편이다. 경제적 성장과 균형 있는 배분의 조화가 문제이다.

평화에 이르는 길은 물론 자유와 평등의 구현에서 출발한다. 그러나 특히 경제적 평등문제는 기회균등만으로는 해결되지 않는다. 자연적 차별성을 극복하는 데 한계가 있기 때문이다. 그보다 더 심각한 문제는 사회적 불평등이다. 이를 위해 공정성으로서의 사회정의 문제가 검토된다. 정의 개념의 핵심에는 공정성이 있다. 설사 경제적으로 차별을 당해도 그것이 공정성이 보장된 것이라면 억울하지는 않기 때문이다.24)

운정은 여기서 샌델(Michael J. Sandel)의 정의론을 검토하고 그 한계를 지적한다. 샌델은 특히 자유를 무한히 허용하는 시장경제 원칙에 입각한 미국의 자유지상주의를 비판적으로 검토하면서 이를 지양한 공동선의 구현을 주창한다. 자유지상주의는 개인의 자유와 재산을 무제한적으로 보장해야 한다는 주장으로서 공동체의 존립을 위협할 가능성을 지닌다. 그러나 샌델의『정의란 무엇인가』는 공정성을 정의의 준칙으로 삼기는 하지만 평등의 문제를 근원적으로 제기하는 사회주의에 대한 적극적 배려가 없다. 다시 말해 샌델의 정의론은 자본주의의 한계 안에서의 정의론인 것이다.25)

운정은 롤즈(John Rawls)의 배분 정의론에 동의한다. 즉, 롤즈는 경쟁도 허용하고 기회균등도 보장하는 자유로운 사회 형성을 구상한 것이다. 그리고 자유와 기회균등을 허용하는 한 차등이 생기게 마련인데, 그는 그것을 최소화하는 원칙까지 제시한다. 이런 정의론이면 자유를 보장하면서도 능히 공산주의의 염원인 평등 이념을 수용할 수 있다고

---

24) 같은 책, 226쪽.
25) 같은 책, 227쪽.

믿는다. 롤즈의 이러한 주장은 종래 공리주의가 들고 다니던 '최대다수의 최대행복'의 원칙에는 배치되는 것으로, 칸트의 보편성 원칙 또는 유교의 합리주의에 가깝다고 할 것이다.26)

마지막으로 부록 격인 '세계 평화를 위한 종교의 기여'로 이 책의 거의 절반을 할애해 세계 종교들에 대한 이야기를 풀어 가고 있다. 그리스도교, 이슬람교, 힌두교, 불교 등 마치 세계 종교사를 쓴 것 같은 부분이다. 운정은 이 부분의 결론을 이렇게 맺고 있다. 무엇보다도 종교의 역할을 인간 심성의 정화로 보고 있다.

> 종교가 인간의 가장 깊은 심정과 의지에 뿌리박고 있는 데다 제각기 독자적 교의를 가지고 있기 때문에 그 한계는 쉽게 극복되지 않을 것이다. 종교 간의 소통을 도모하려는 시도는 결코 쉽지 않다. 솔직히 말하면 이 점에서 나는 종교보다는 인간 이성을 믿는 편이다.27)

요약하자면, 운정의 '사회·역사 존재론'에 대한 연구의 궁극적인 목적은 현대사회의 갈등 요인을 해결하고 오늘날의 지구촌 시대에 걸맞은 삶의 방식과 평화의 가능성을 밝혀내는 것에 있다.

5. 자아 존재론

인문학적 질문은 대체로, 나는 누구인가? 나는 왜 여기 있는가? 타인은 나를 무엇이라 하는가? 로 집약된다. 인간에 대한 질문은 '나' 혹은 자아와 타자와의 관계에 대한 물음으로 나타난다.

---

26) 같은 책, 231쪽.
27) 같은 책, 406쪽.

운정은 '자연 존재론', '사회·역사 존재론'의 후속으로 '자아 존재론'을 구상하였다. '자아 존재론'의 핵심은 『철학적 성찰의 길』(2004)[28]에서 주로 다루어지고 있으며, 또한 『인간에 대한 철학적 성찰』(2005)에 게재된 「영원한 수수께끼, 인간의 자기 인식」에 스며 있다.

운정은 먼저 철저한 철학적 반성을 통해 '나'를 찾아보려고 한다. 가령 인간을 연구하는 경우, 평가를 떠나 '있는 그대로의 인간 존재'를 연구한다면 존재론이 될 수 있다. 이것을 흔히 지난 세기에 실존철학이라고 했는데, 정확히 말하면 그것은 실존론적 존재론이다. 인간을 실존론적으로 탐구하는 존재론이다. 그는 자아를 회복하고 정상화하는 것이 우리의 최대의 과제요, 초미의 관심사임을 강조한다.

> 우리의 최대의 과제는 이러한 병들고 일그러진 자아를 정상으로 되돌려 놓는 것이요, 그러기에 그것은 일찍이 있었던 원상에로의 회복이라기보다는 병상으로부터의 회복인 것이다. 정서가 구김살이 지지 않도록, 사유가 마비되지 않도록, 언행이 비굴하지 않도록, 시민생활에 있어 주눅 들지 않도록 자아를 소생시키고 정상화하는 것이 우리의 초미의 과제가 아닐 수 없다. 그리고 이러한 과제를 타결하기 위해 요청되는 것은 바로 사회정의와 자유의 확보라고 생각된다.[29]

자아란 '나'를 가리킨다. 나는 누구인가? 이 물음은 보기에 따라서는 너무 자명한 물음이다. 나는 남이 아니고 나이기 때문이다. 그러면 나와 남을 구별하는 것은 무엇인가? 다시 말하면 내가 남이 아니고 나인

---

28) 소광희, 『철학적 성찰의 길』, 철학과현실사, 2004, 제1부 '나와 남에 대한 성찰'의 제1장 '나는 누구인가: 자아에 대한 현상학적 성찰', 제2장 '나와 남은 어떻게 다른가: 개별화의 원리', 제3장 '남은 누구인가: 타자의 문제에 대한 인식론적, 존재론적 고찰' 참조.

29) 소광희, 『패러독스로 본 세상』, 128쪽.

근거는 무엇인가? 이렇게 묻게 되면 '나'의 문제는 결코 쉬운 문제가 아니다. 그뿐만 아니라 나는 수시로 변한다. 나이 먹어 가면서 모양새도 바뀌고 마음씨도 자주 변한다. 지금의 나의 몸에는 어렸을 때 나를 구성했던 세포는 하나도 없다. 그래도 남들은 나를 한결같이 나라고 한다. 나는 나이기 때문이다. 이름 때문인가? 이름은 얼마든지 바꿀 수 있다. 나의 자기 동일성은 어디 있는가? 이 자기 동일성은 외모에 있지 않을 것이요, 보이지도 않고 수시로 변하는 마음에 있다고 말할 수도 없다.

모든 인간은 본질적으로 자기 자신을 위해 살고 있다. 사람의 삶에는 언제나 '자기'가 중심에 놓여 있다. 그럼에도 이 '자기'가 무엇인지는 자신도 명확하게 모르고 있다. 인간은 자신이 무엇이며 누구인지 확실하게 모르면서 자기중심적으로 자기의 삶을 살고 있는 셈이다. 어떤 학문이든 궁극적으로는 탐구자 자신을 포함한 '인간'에 대한 연구를 목표로 하고 있다.30)

변하지 않는 것으로는 '관계'가 있다. 나는 누구의 '아들'이요, 그는 나의 '아버지'이니, 그 관계를 자기 동일성의 근거라 할 것인가? 그러면 부모를 모르는 고아나 입양아는 자기 동일성도 없는 그림자란 말인가? 아니, 부모를 부정하고 심지어 살해도 하니, 이것은 근거 말살이 아닌가? 근거가 말살되어 아무 근거도 없는 사람은 세상에 없다.

나는 누구인가? 위에서 말한 의미의 에고이스틱한 자아가 아니라 진정한 나, 즉 한결같이 상존하면서 의심할 수 없이 확실한 나는 누구인가? 왜 이렇게 묻느냐 하면, 나는 사실 대개는 나를 잊고 살기 때문이다. 나는 나를 모르는 채 살고 있다. 살면서도 헛살고 있는 셈이다. 나

---

30) 소광희, 『인간에 대한 철학적 성찰』, 문예출판사, 2005, 3쪽.

는 확실히 나의 삶의 주체임에도 불구하고 이렇게 나를 모르고 살고 있는 것이다. 나는 나를 생각하기 이전에 남을 먼저 생각하며, 나의 잘 못과 부족함을 뉘우치기에 앞서 남을 탓하며, 거울을 통해서 비로소 나를 볼 수 있듯이, 대개의 경우 남을 통해 간접적으로 나를 보고 나를 깨닫는다. 우리의 모든 감각과 의식은 본질적으로 밖을 향해 열려 있기 때문에 남을 매개로 해서 나를 안다. 나는 나에게 가장 가까우면서도 사실은 가장 먼 존재이다.

나를 나이게 하는 것은 무엇인가? 자기 정체성, 즉 자기 동일성은 무엇인가? 이 문제는 나를 나라는 개별자로 만드는 궁극적 원리는 무엇인가 하는 데로 귀착된다. 그뿐 아니라 남은 누구이며 나와는 어떻게 관계하는가? 여기서 문제 삼는 자아는 거울에 비치는 겉모양의 나가 아니라, 진정한 자아이다. 그런 자아는 반성의식을 통해 비로소 드러나는, 가장 깊은 데 숨어 있는 내면적 존재이다.

이와 같이 인간의 모든 지적, 심미적, 종교적 사유와 활동의 핵심에는 '자기'가 놓여 있다. 우리는 지금 이 인간으로서의 자기를 알려고 하는 것이다. '자기 인식'은 사실 철학적 성찰의 최고목표이기도 하다. 회의론자인 몽테뉴도 "세상에서 가장 위대한 일은 자기 자신을 찾아서 그 자기 자신으로 있을 줄 아는 것"이라고 갈파한 바 있다.[31]

운정은 먼저 이런 자아를 현상학적으로 성찰하고자 한다. 왜냐하면 현상학은 다름 아닌 반성의 철학이요, 반성을 통해 의식 자체를 문제 삼는 철학이기 때문이다.[32] 현대에 와서 후설은 자아의 내부세계, 즉 의식의 본질과 구조를 철학적으로 성찰하였던 것이다.

---

31) 같은 책, 6쪽.
32) 소광희, 『철학적 성찰의 길』, 19-24쪽.

인간은 늘 자기 자신의 삶에 대해 생각하는 존재자이다. 인간이 가장 많이, 그리고 깊게 신경 쓰고 고민하고 사랑하는 것은 자기 자신의 삶이다. 이는 인간이 주체를 가진 존재자임을 함축한다. 이 주체는 계산하고 고민하고 절망하며 때로는 기쁨에 넘쳐 흥분하기도 하지만, 어떤 때는 사랑에 목말라 삶의 경계선까지 가보기도 한다. 절망에 허덕이다가 종교를 붙잡고 몸부림치기도 한다. 인간은 죽음 이후를 예상해서 이승의 삶을 결정하는 자이기도 하다.33)

'초월론적 자아론'으로서의 후설의 현상학

현상학이 의식의 구성작용과 의식된—의식 내재적—영역을 함께 명증적으로 인식하는 것이라고 한다면, 현상학을 존재론적으로 해석하거나 존재론을 위한 기초로서 활용하는 것은 지극히 당연한 일이다. 그뿐만 아니라 그것은 종래의 존재론보다 훨씬 광활한 시야를 가질 수 있을 것이다. 우리의 시야는 릴케의 말과 같이 무한해질 수 있다. 그리하여 베르거(G. Berger)도 현상학은 존재론을 초월론적으로 초극함으로써 존재론을 버리는 것이 아니라 오히려 존재론을 정초한다고 주장한다. 푹스(W. W. Fuchs)는 현상학을 아예 '현전의 형이상학'으로 해석한다.34)

푹스에 따르면 고대 그리스에서 발단하여 헤겔에 이르러 절정에 달한 서구 형이상학의 근본문제는 '현전성(presence)'인데, 이 현전성은 후설에게서 본질직관을 통해 절대적 현전성으로 포착된다. 그는 현상학적 판단 중지의 효능에 대해, 첫째로 세계가 현상적 존재로서 이해

---

33) 소광희, 『자연 존재론』, 6쪽.

34) W. W. Fuchs, *Phenomenology and the Metaphysics of Presence*, The Hague, 1976.

되고 의식과의 관계에서만 유의미하게 되며, 둘째로 환원 뒤에 남는 의식(현상학적 잔여로서의 의식)은 의식 자신에게 총체적으로 주어지는 절대적 존재영역이라고 한다. 이 절대적 존재가 지향적 의식류에 내재할 때 명증적으로 되거니와, 이 지향적 대상은 지향적 의식에 총체적으로 현전하므로 그 내재는 다름 아닌 현전을 의미한다는 것이다. 주지하는 바와 같이, 현상학의 목표는 '사상 자체'에 육박하여 이를 명증적으로 지각하고 기술하는 것이다. 이때 '사상'이란 '자기 자신에 즉해서 자기를 증시하는 가운데 자기 자신을 드러내는 것'이요, 현상학이란 이를 인간의 '경험의 근원적 명증'에서 밝히는 것이다. 그리고 이 현시의 수행방식이 곧 현상학적 환원인 것이다.

운정에 의하면, 후설 자신이 현상학의 존재론적 해석을 원했든 원하지 않았든, 푹스처럼 현상학을 존재론적으로 해석하는 것은 마땅히 허용되어야 한다. 푹스는 후설의 현상학을 좇아서 반성의식을 통해 초월론적 자아의 존재방식과 존재양식을 살펴보았다. 반성의식은 반성하는 현행의식과 반성되는 의식으로 구별된다. 이 반성에서 보면 인간은 원초적으로 스스로 자기를 분열시키는 존재이다. 그 자기 분열은 첫째로 익명적 자아와 대항적 자아로의 분열이며, 나아가서 둘째로 스스로 자기를 소외시키고 소외되는 분열이다. 그리고 셋째로 이 분열에 근거해서 시간의식이 구성된다.

시간의식에서 보면 인간은 한편으로는 시간을 형성하는 근원이면서, 다른 한편으로는 그 시간에 실려서 흘러가는 존재이다. 그리하여 시간에서 본 자아에는 두 가지가 있다. 하나는 일정한 시위에 실려서 무한하게 침퇴하는 자아이고, 또 다른 하나는 늘 '정지하는 지금(nuns stans)'에 서 있는 자아이다. 전자는 무상한 시간을 구성한다. 그리고 후자를 흔히 '영원'이라 한다. 영원이란 무한히 긴 시간이 아니라 시간이 거기에서 비로소 형성되는 근원으로서 시간 이전적인 것, 시간을 벗어난 것을 가리킨다. 영원은 흐름으로 표상되는 시간을 벗어난 것이므로 불변의 것, 늘 정지상태로 있는 것을 가리킨다.

인간은 이와 같이 한 발은 영원에 담그고, 다른 한 발은 시간 속에 두고 있는, 이중 구조로 되어 있는 존재인 것이다. 시간은 각자의 것이다. 절대적으로 실재하는 시간이 있어서 모든 생물이 거기에 실려서 마치 물 위에 떠내려가는 낙엽처럼 그렇게 살아가다가 어느 날 갑자기 시간을 벗어나서 죽어가는 것이 아니다. 인간은 시간을 창조하면서 동시에 그 창조된 시간에 실려서 흘러가는 자이다. 소위 객관적, 절대적 시간이라고 하는 것은 태양계 안에 사는 모든 생물이 태양의 운행과 삶의 리듬을 함께하기 때문에 생긴 것에 불과하다.

자아의 분열 현상은 초월론적 자아가 익명적 자아와 대항적 자아로 분열되고, 스스로 소외되는 현상까지 초래한다. 인간은 누구나 본질적으로 자기 자신에게조차 알려지지 않는 익명적 존재이며, 동시에 스스로 자기를 객관화해서 대상(대항자)으로 만드는 자이며, 이것을 달리 말하면 자기를 스스로 소외시키면서 동시에 자기로부터 소외되는 존재이다. 내가 나를 모른다는 것은 자아의 본질적 구조에서 연유한 것이지 반성능력의 부족이나 태만에서 연유하는 것은 아니다. 마찬가지로 소외되지 않은 자아란 영원한 자아, 분열 없는 존재일지는 몰라도 살아 있는 자아라고는 말할 수 없다. 왜냐하면 진정으로 살아 있는 인간은 원천적으로 반성능력을 가진 존재라야 비로소 인간일 수 있기 때문이다.

이렇게 보면 일에 열중해서 사는, 진정으로 살아 있는 자아란 자기를 잊어버리고 사는 것이다. 열심히 살다가 어느덧 세월이 지나서 자기를 뒤돌아보며 "아, 그때는 정말 행복했지. 정신없이 일에 열중해 살았으니까"라고 말할 수 있는 사람은 그때 무엇인가를 이룩한 사람일 것이다.

반성능력은 인간에게만 고유한 것이다. 신이야 반성할 필요가 없을 것이고 동물은 본능으로 살기 때문에 반성할 수 없을 것이지만, 오직 인간만은 자기를 되돌아볼 수 있다. 그것은 한편으로는 인간의 불완전성을 보여주기도 하지만, 반면에 반성을 통해 잘못을 뉘우치고 되풀이하지 않는 것도 인간만이 할 수 있는 일이다. 자기 소외는 반성의 산물이지만 그것은 인간이 반성능력을 가진 이성적 존재자임을 증명한다.

그러나 자기를 되돌아보고 또 돌아보고 하는 것은 일에 열중해서 사는 태도가 아니다. 반성을 통해 자기를 수정하는 것은 좋은 일이요 생산적이지만 지나친 반성은 자기를 소모시킬 수 있다. 그래서 지나친 반성은 우리의 삶을 전진시키지 못하는 점이 있다.

개별화의 원리(principium individuationis)

나는 남이 아니고 나이다. 나는 이와 같이 남과 바꿀 수 없는 오직 나이다. 이런 나를 우리는 개체 또는 개별자라고 한다. 개별자는 나만을 일컫는 것은 아니다. 여기 있는 이 돌도 개별자이고 저 개도 개별자이다. 그러나 나의 문제가 다급하므로 개별자의 전형을 나라고 하자. 그러면 나와 남은 어떻게 구분되는가? 무엇을 근거로 해서 나는 남이 아니고 나인가?

인간은 각자가 이미 개별자이다. 지금 우리는 '나'를 '개별자'로서 묻고 있는 것이다. 나는 단독적으로 태어나서 한 번밖에 없는 나의 독자적 삶을 살고 있다. 개별자(individuum)란 반복할 수 없는 일회성과 일종성을 가진 존재자를 가리킨다. 그것은 논리적으로는 최하의 종이요, 존재론적으로는 존재 계기상 현존(existentia)의 출발점이 되며, 인식론적으로는 직접적 지각의 대상인 '이것'을 가리킨다. 그것은 그 자체로는 더 이상 나눠질 수 없는 일자(一者)이기도 하다. 개별자란 일반자로부터 나온 특수자(particular)이다. 그리하여 개별자 개념에는 '교환할 수 없음'과 '더 이상 나눌 수 없음', 즉 '불가 분할성'이 속한다. 그런 존재자로서의 개체를 토마스 아퀴나스는 인간의 관찰이나 신으로부터 떨어져 있는 사물의 현실성(actualitas)이라 하고, 나아가서 현실성으로서의 존재자는 따라서 '원인 밖에 있는 것(causa extra causas constituitur)', 즉 필연적인 원인의 지배권 밖에 있는 것이라고 하였다. 개체는 '원인과 무(無)의 밖에 있는 사물(rei extra causa et nihilum sistentia)', 지극히 우연적인 것이다.35)

정신의 차원에서 개별자의 문제는 존재적으로는 일어날 수 없고, 단지 인식상의 문제로서 제기된다. 왜냐하면 정신의 영역은 그 자체로 보편적이기 때문이다. 인간의 사유가 본디 보편 지향적이므로 이 개별자는 '영원의 상하'에서 본질을 추구하는 개념적 사유에 의해서는 결코 파악될 수 없다는 운명을 짊어지고 있다. 그리하여 전통적 형이상학에서는 개별자의 문제는 '실재적인 것(Reales)'과 관련해서 제기된다. 자연은 개체를 낳고 정신은 보편 속에서 숨 쉰다.36)

비록 개인의 운명이 전체에 의해 좌우되고 전체에서 볼 때 지극히 보잘것없는 우연적인 것이라 하더라도 그 자체로는 지극히 소중한 것이요, 특히 인간의 경우 주체로서의 개체는, 파스칼의 말처럼 전 우주와도 바꿀 수 없는 고귀한 존재인 것이다. 그렇기 때문에 개체는 개체로서 존립할 정당한 권리와 타당성을 부여받아야 한다. 그런 까닭에 철학사의 뒤안길에는 늘 이 문제가 도사리고 있었다.

플라톤은 개체문제를 '말하기 심히 곤란한' 문제, 개념의 빛이 침투하기 어려운 '암흑의 종족'이라고 하면서 그의 사색적 생애의 말년을 이 문제에 경주하였고, 아리스토텔레스는 개별화의 근원을 질료에서

---

35) 소광희, 『철학적 성찰의 길』, 57쪽.
36) 같은 책, 57-58쪽.

찾음으로써 근세 초에 이르기까지의 개체문제의 존재론적 전통을 세웠다. 중세의 보편논쟁은 보기에 따라서는 개체론을 둘러싼 논쟁이었다고 말할 수도 있을 것이다.

라이프니츠는 '창 없는 모나드' 개념으로 개체론을 전개할 기틀을 세웠으나, 한편으로는 근세 특유의 자연과학적 낙관주의와 정신주의에 지배되고, 또 다른 편으로는 역사의식의 결여로 말미암아 목적론적 조화이론으로 전향하고 말았다. 셸링(F. W. Schelling)은 말년에 현실적 '이것(Daß, Dasein)'인 개별적 존재자와 직접적으로 만나는 체험, 특히 현존의 문제와 관련된 종교적 체험을 제시하였으나 아직껏 제대로 이해되지 못하고 있다.

이 문제의식을 독자적으로 계승한 키에르케고르의 고투는 개체문제에 대한 세기적 노력이었다고 할 만한 실존철학의 문을 연 셈이다. 실제로 개체문제는 실존철학을 맞이하여 비로소 해결되었다고 해도 지나치지 않을 것이다. 운정은 실존철학을 빌려서 해결하기 이전에, 다시 말하면 철학적 사유를 개체(실존)로부터 출발함으로써 개체문제를 해소해 버리기 이전에 좀 더 일반적 차원에서 개별자를 개별자로서 성립시키는 근본 원리, 즉 개별화의 원리를 찾아볼 의도를 가지고 자아 존재론을 서술한다.[37]

운정은 인류학, 심리학, 역사학, 민속학 등을 통한 인간에 관한 탐구에서 인간의 자기 인식이 가능함을 보여준다고 믿는다. 무엇보다 철학은 인간의 자기 인식의 노력이라고 본다. 철학자마다 인간의 자기 인식에 접근하는 방법이 다르다. 그중에서 카시러(E. Cassirer)가 인간을 '상징적 동물'이라고 파악한 것을 중요하게 생각한다. 카시러에 의하면 인간은 한갓된 물리적 우주에 살지 않고 상징적 우주에 산다는 것이다.

---

37) 같은 책, 58-59쪽.

현대인은 직접적으로 자연사물을 만나지 않고 언어나 영상을 통해 그것들과 만나면서 살고 있는 것이다. 카시러에 따르면 언어, 신화, 예술 및 종교는 이 우주를 이루고 있는 상징들이다.38) 운정은 이런 상징적 존재로서의 인간의 자기 인식을 노정시킨 카시러의 인간관에 동의함을 엿볼 수 있다.

이것들(언어, 신화, 예술 및 종교)은 상징의 그물을 짜고 있는 가지각색의 실이요, 인간 경험의 엉클어진 거미줄이다. 사고와 경험에 있어서의 인간의 진보는 모두 이 그물을 개량하고 또 강화한다. 인간은 이제 다시는 현실에 직접적으로 부딪칠 수 없으며, 또 마치 얼굴을 맞대는 것처럼 그것을 볼 수 없다. 물리적 현실은 인간이 상징적 활동이 전진하는 데 따라 뒤로 물러가는 것처럼 보인다. 인간은 사물들 자체를 다루는 대신, 어떤 의미에서는 쉴 새 없이 자기 자신과 이야기하고 있다. 인간은 언어 형식, 예술적 심상, 신화적 상징 혹은 종교적 의식에 깊게 둘러싸여 있으므로 이러한 인위적 매개물의 개입에 의하지 않고서는 아무것도 볼 수 없고 또 알 수 없다. 인간의 이러한 형편은 이론의 영역과 실천의 영역이 마찬가지이다. 39)

운정은 철학적 자기 인식은 일면적 인식이란 한계를 지니고 있음을 다음과 같이 밝힌다. 인간의 '자기 인식'은 데카르트 이래 내성적 방법, 즉 반성을 통해 수행되어 왔다. 반성은 자기가 자기를 성찰하는 것이다. 그것은 동일한 자기가 성찰하는 자기와 성찰되는 자기로 분열됨을 전제한다. 후설의 의식현상학에서는 성찰하는 의식을 의식작용(noesis)이라 하고, 성찰되는 의식을 의식내용(noema)이라 한다. 그리하여 반성이란 의식의 작용현행에 의한 의식내용의 포착이다. 그러나 의식활

---

38) 소광희, 『인간에 대한 철학적 성찰』, 9-10쪽.
39) E. 카시러, 최명관 옮김, 『인간이란 무엇인가?』, 49-50쪽.

동에 있어서 작용의 측면은 아무리 반성을 거듭해도 — 거듭하면 할수록 더욱더 — 뒤로 물러서서 드러나지 않는다. 즉, 작용 자체는 절대로 현재(顯在, patent)하지 않고 잠재적(latent)으로 머물러 있다. 그래서 작용하는 자아를 익명적 자아라고 한다. 진정한 자기는 끝까지 숨어 있어서 현전하지 않는다는 것이다. 이와 같이 반성이라는 내성적 방법으로는 '자기 인식'은 자기에 대한 일면적 인식에 그치고 만다. 그 일면적 자기라는 것도 궁극적 주체로서의 자기가 아니라, 대상화된 자기, 타자화된 자기, 명목상의 자기에 불과하다.[40]

요약하자면, 윤정의 자아 존재론에서는 자아를 현상학적으로 성찰하고자 한다. 철저한 철학적 반성을 통해 '나'를 찾아보려고 하는 것이다. 자아는 반성의식을 통해 비로소 드러나는, 가장 깊은 데 숨어 있는 내면적 존재이다. 여기서 '있는 그대로'의 인간 존재를 연구한다면 실존론적 존재론이 될 수 있다고 본다.

---

40) 소광희, 『인간에 대한 철학적 성찰』, 8쪽.

보론 ▐ 『자연 존재론』 서평[41)]

1. 제목의 의미

학문에 대한 반성적 고찰은 역사상 반복되어 왔다. 근대 이후로만
살펴볼 때도 19세기 전반에 오귀스트 콩트가 『실증철학 강의』(1830-
1842)에서, 또 존 스튜어트 밀이 『논리학의 체계: 연역과 귀납』(1843)
에서 학문에 대한 방법론적 반성을 수행하였고, 19세기 후반에는 딜타
이(『정신과학 입문』, 1883)와 리케르트(『문화과학과 자연과학』, 1898)
가 그 뒤를 이었다. 20세기에 들어와서는 베버(『경제와 사회』, 1922)
가 다시금 학문의 방법론적 논쟁에 참여하였고, 최근에는 하버마스가
『인식과 관심』(1968)에서 학문에 대한 반성적 고찰의 작업을 속행하였
다. 특히 하버마스는 학문의 역사 속에서 자연과학들과 정신과학들이
갈라지고, 이후에 비판적 과학이 덧붙여진 사실에 의거해서 인간의 세
가지 인식 관심을 확인해 낸다. 그것들은 대상들을 완전하게 다루려는

---

41) 정은해, 「학제적 연구의 필요성과 철학의 정체성」(『자연 존재론』 서평), 『철학
사상』, vol. 29, 2008, 179-190쪽.

기술적 인식 관심, 삶의 중요한 문제들에 대해 의사소통하려는 실천적 인식 관심, 인간에 대한 지배를 해체하려는 해방적 인식 관심이다. 최근 소광희 전 교수에 의해 출간된 『자연 존재론: 자연과학과 진리의 문제』(2008)도 학문에 대한 반성적 고찰의 맥락에서 집필된 것으로 보인다. 저자는 머리말과 서론에서 인간이 애초부터 생존을 위해 신경 써야 할 것들은 자연과 역사적 사회 및 자기 자신이었다고 지적한다. 이 맥락에서 자연을 연구대상으로 삼는 학문으로서의 자연과학, 역사성을 가진 사회를 연구하는 학문으로서의 사회와 역사의 제 과학, 자아를 성찰하는 것으로서의 인문학이 성립한다고 밝힌다.

이 같은 세 부류의 학문들에 대응하는 철학 영역에 저자는 저마다의 이름을 부여한다. "그 개별 학문을 나는 크게 자연과학, 사회·역사 과학, 인문학으로 구분한다. 존재로서의 존재에 대한 철학적 성찰을 존재론이라고 한다면 이것들에 상응하는 철학은 각기 자연 존재론, 사회·역사 존재론, 자아 존재론이라고 부를 수 있다."(p.9) 이로써 저자는 철학을 영역 존재론으로 세분해 낸 셈이다. 저자는 『자연 존재론』의 부제를 '자연과학과 진리의 문제'로 붙임에 의해, 자연과학은 효율성이나 당위성 등에서 진리를 찾는 실천철학과는 다르게 객관성에서 그 진리를 찾고 있음을 부각시키고자 한다.

사실 영역 존재론이란 말은 일찍이 후설이 『이념들 III-1』(1977)에서 사용한 말로, 그것은 개별 학문들의 고유한 탐구 영역을 규정하는 영역적 본질들 및 범주들을 찾아내고 이들의 연관관계를 해명하여 개별 학문들의 이론적 기초를 제공하는 논의를 일컫는다. 이와는 다른 맥락이지만 루카치의 유고가 『사회적 존재의 존재론』(1971)이라는 이름으로 출간된 바 있고, 이후 사회 존재론이라는 용어도 흔히 접할 수 있는 용어가 되었다. 이런 용어들을 사용함에 있어서는 아리스토텔레스가 형이상학으로 의도했던 바를 상기해 보는 것도 용어들의 이해를 위해 의미가 있을 것이다. 수학은 양을 다루고 물리학은 운동을 다루고 생물학은 생명을 다룬다. 이런 것은 존재의 특정한 방식들을 다루는 일이다. 그것은 '존재 그 자체'가 아니라 '양이나 운동, 생명으로서의 존재'를 다루는 것으로서 아리스토텔레스가 의도한 형이상학과는 다른 것이다. 볼프 형이상학을 계승한 칸트의 용법으로 말한다면, 존재로서의 존재를 다루는 것은 일반 존재론이고, 특정한 방식으로 존재를 다루는 것은 특수 존재론이다. 영역 존재론은 특수 존재론에 상응하는 것이다.

독자들은 『자연 존재론』이라는 제목을 통해 이 책이 자연과학에 대한 존재론적 성찰일 것이라고 기대할 수도 있고, 자연과학의 영역적 본질과 범주들에 대한 영역 존재론적 탐구일 것이라고 기대할 수도 있을 것이다. 하지만 저자에게는 그런 것보다는 "자연과학과 철학이 역사과정을 통해 어떻게 서로 영향을 받았는지"(p.12)를 검토하고, 이를 통해 "자연과학을 위한 방법론을 개발하는 것이 자연 존재론으로서의 철학의 역할"(p.13)이었음을 확인하는 일이다. 이런 검토 작업은 전문화의 길을 걸으면서 점차로 포괄성을 상실하고 편협해진 철학에게 자기를 되돌아볼 기회를 제공해 보리라는 저자의 소망을 반영한 것이기도 하다.

2. 내용의 전개

이 책은 다섯으로 나누어진 역사 시기에 맞추어 모두 다섯 장으로 구성되어 있다. 고대를 다루는 1장은 '피지스와 고대의 존재사유'라는 이름을, 중세를 다루는 2장은 '신앙 시대 자연 존재론의 행방'이라는 이름을, 칸트까지의 근대를 다루는 3장은 '근대의 자연 존재론'이라는 이름을 갖고 있다. 이어지는 4장은 '18 · 19세기의 자연 연구: 자연의 산업화', 5장은 '20세기의 자연 연구: 제2 과학혁명'이라는 이름을 갖고 있다.

(1) 저자는 고대 그리스에서 과학과 철학의 발단이 된 것은 지적 호기심을 불러일으키는 경이였고, 이것이 이들을 신화적 사고와 구분되도록 하였다고 지적한다. 신화적 사고는 "의인적, 물활론적"(p.34) 사유인 반면에, 과학적 사고는 "사물을 기계론적, 인과론적으로 설명하는 것"(p.35)이라 한다. 과학적 사고와 비교되어 철학적 사고는 "하나의 원리 또는 최소한의 원리로 모든 사상[사안]을 설명하려는 시도"(p.36)라고 규정된다. 그런데 저자는 과학적 사고와 철학적 사고의 발생의 순서에 대해서는 확정하지 않는다. 다만 "과학적, 철학적 사유는 그런 현상적 자연의 근원인 퓌지스, 즉 사물의 불변하는 성질, 본질, 본성, 원리에 대한 탐구였다"고만 밝히는데, 이것은 그 둘이 거의 동시 발생적이었다고 암시하는 듯하다. 이 점은 탈레스나 아리스토텔레스 같은 사변철학자들이 동시에 과학자들이었다는 점을 염두에 둔다면 수긍할 수 있는 점이기도 하다. 반면 인간의 지적 발전이 역사적으로 신학적 단계, 형이상학적 단계, 실증적 단계의 3단계로 발전해 왔다는 콩트의 지적을 기억하는 사람들에게는 고개를 갸웃해 볼 수 있는 대목이기도 하다. 따지고 본다면 사실 인간에게는 처음부터 신화적 사유, 형이상학적 사유, 실증적 사유가 혼재해 있었을 것이다. 왜 아니겠는가? 사람이란 사후를 걱정하면서 동시에 생전을 상상하는 존재이고, 아울러 현실 문제의 효과적 해결을 고민하는 존재이기 때문이다.

그래서 현대인의 머릿속에서도 세 유형의 사유들이 혼재해 있는 것이 사실이다. 하지만 역사 시기별로 인간의 사유의 주된 경향성에 주목하여 본다면, 콩트의 지적도 틀린 말은 아닐 것이다. 고대 그리스의 사유는 피타고라스의 수의 철학과 탈레스 등의 자연철학으로부터 시작되었다. 저자는 플라톤이 피타고라스학파에 크게 영향을 받고 경험적 가변성이 배제된 명료한 정의를 중요하게 여기는 수학(기하학)을 "영혼 정화를 위한 불가결한 길잡이"(p.100)이자 "학문 연구의 필수 예비 과정(방법론)"으로 수용하였다고 본다. 수학을 배경으로 플라톤은 이데아론, 정의론, 천체론 등을 전개하였는데, 그의 아카데메이아에서 배출된 수학자들은 이후의 수학의 발전에 크게 기여하였고, 수학이 자연과학의 방법론의 전범이 되도록 했다고 본다. 다른 한편으로 저자는 아리스토텔레스가 주로 자연철학자들의 영향을 받고 자연학, 형이상학, 천체론을 전개하였다고 본다. 특히 아리스토텔레스의 형식논리학 속의 "삼단논법"(p.103)과 "동물학" 분야의 경험 관찰적 연구 방식은 이후 철학과 과학의 방법론으로 수용되었다고 밝힌다.

(2) 중세에는 그리스 철학자 중 주로 아리스토텔레스의 저작이 전승되어 연구되었다. 저자는 아리스토텔레스의 중세적 전승에 있어서 그의 자연학보다 그의 형이상학이 중시되었고, 이를 토대로 중세의 "존재 계층론과 목적론적 우주론"(p.125)이 형성되었다고 본다. 이를 대표하는 것이 "프톨레마이오스의 우주론, 곧 지구중심설"이라는 것이다. 아울러 저자는 아리스토텔레스의 연역추론이 "중세의 학문 방법론"(p.127)이 되었다는 점을 토마스 아퀴나스의 저작을 표본으로 확인한다. 이 시기에 철학 자체가 과학기술에 미친 직접적 영향은 거의 없다. 하지만 그렇다고 중세기의 과학기술로 말해질 것이 없는 것도 아니다. 저자에 의하면 이슬람에 의해 서유럽으로 천문학, 의학이 전해져 교육되었고, 아라비아인에 의해 수학과 연금술이 전해졌다. 연금술이란 통상의 부정적 의미와는 달리 금속을 제련하여 합금을 만드는 일이고, 유리, 도자기, 염료 등을 제조하는 일이고, 수은과 초산 등을 이용해 여러 물질을 화학적으로 변화시키는 기술을 말하는데, 이것이 "화학의

발생적 원조"(p.145)가 되었다고 한다.

(3) 근대의 자연 연구는 헬레니즘의 연구 업적을 부활하는 것에서 출발하였으나 관찰 실험에 의한 연구가 진척되면서 이를 거부하는 것으로 나타난다. 저자는 이를 대표하는 사실이 관찰과 실험에 입각한 코페르니쿠스의 태양중심설에 의해 아리스토텔레스의 천체론을 계승한 프톨레마이오스의 지구중심설이 대체된 것이라고 본다. 아울러 저자는 이러한 시대 경향이 과학적 방법론의 확립의 노력을 불러 왔고, 베이컨과 데카르트를 등장시켰다고 본다. 베이컨은 『신기관론』을 통해 삼단논법 대신 실험 관찰에 토대를 두는 귀납법을 제시하였고, 데카르트는 인식의 확실성을 보증하는 수학적 절차에 의해 자신의 철학을 구축하였다는 것이다. 저자는 베이컨과 데카르트에 대해 "두 철학자의 방법은 고대 플라톤과 아리스토텔레스처럼 상보적으로 작용하여 근대 과학의 유일한 방법론[실험과 수학]이 되었다"(p.193)고 평가한다. 그리고 이런 방법론을 배경으로 출현한 뉴턴은 역학과 수학에 의해 자연에 접근하고, "실험과 수학적 연역의 방법"(p.196)으로 만유인력의 법칙을 발견해 낸 것이라고 한다.

한편 이 당시에 인식론을 통해 방법론을 정초하려고 한 흐름은 경험론과 합리론이다. 합리론자인 스피노자는 『기하학적 질서로 증명된 윤리학』을 저술하였고, 단자론으로 유명한 라이프니츠는 논리학을 수학화하는 '보편기호론'을 제시하여 현대의 기호논리학의 문을 열었다. 저자는 이들이 데카르트와 함께 "근대 자연 연구의 방법이 실험과 수학이라는 전제 아래 그것을 인식론의 차원에서 근거 짓고 체계화한"(p.226) 사람들 중의 한 축인 합리론자들에 해당하고, 로크, 버클리, 흄 등의 경험론자들이 다른 한 축을 이룬다고 본다. 경험론은 합리론이 독단론으로 빠질 가능성을 일깨웠다는 공적을 갖지만, 그 스스로는 회의론에 빠지고 마는 문제에 봉착한다. 이 맥락에서 칸트의 『순수이성비판』이 등장한다. 이 책에서 칸트는 합리론적 요소와 경험론적 요소, 오성의 작용과 감성의 작용을 모두 수용하면서 "선험적 종합판단이 어떻게 가능한가?"를 해명하였는데, 저자는 이 책에 대해 "인식론을 완성함으로써 근대 과학혁명을 이룩한 자연과학의 방법론을 체계적으로 근거 지은"(p.281) 것이라는 해석을 내린다.

(4) 18 · 19세기는 사회개혁과 혁명의 시기였다. 자연 연구의 면에서 저자는 18세기를 화학의 시대, 19세기를 생물학의 시대라고 부를 만하다고 밝힌다. 특히 19세기에 대해 "17세기의 과학이 거시 세계를 보여준 것과는 반대로 새로 등장하는 원자론과 세포학 및 미생물학은 우리를 미시 세계로 인도하였다"(p.289)고 지적한다. 더불어 이 시기는 자연을 에너지원으로 개발하여 산업의 원동력으로 활용한 시대라고도 평가한다. 이 시기에 발명된 것들로는 크로노미터(항해용 측량장치)와 증기기관이 있다. 또한 이 시기에는 플로지스톤 이론(연소설)이 제기되고, 라부아지에에 의해 산소가 발견되며 이를 근거로 플로지스톤 이론이 부정되고, 돌턴에 의해 원자론이 제시되고, 여러 학자들에 의해 화합물의 전기분해가 시도되는 등 이제 화학이 자연과학의 중요한 연구 분야로 등장한다. 화학의 발전은 염소 표백법의 개발, 염료의 제조, 인공비료의 제조, 노벨에 의한 다이너마이트 발명 등을 낳음으로써 화학이 산업에 적극 기여하게 된다. 이와 더불어 새로운 자연 연구 분야로 전기학, 전자학, 열역학 등이 등장한다. 이 외에도 유기화학 분야에서 마이어와 멘델레예프에 의해 주기율표가 정리되고, 발효산업 분야에서 파스퇴르에 의해 유산균과 효모균이 발견되고, 생물학 분야에서는 종래의 생물 종의 자연 분류 체계법 및 인위 분류 체계법이 대두하고, 다윈의 진화론도 등장한다.

저자는 이 시기의 자연 연구에 대한 철학적 반응을 독일의 신비주의에서 찾는다. 독일은 이 시기에 신비주의적 생명관 내지 목적론적 생명관을 발전시켰는데, 저자는 이것이 "프랑스와 영국의 과학 사상에 대한 독일식 응답, 달리 말하면 18·19세기 자연과학 연구에 대한 독일의 철학적 대응"(p.364)이라고 평가한다. 아울러 기계론적 입장에 대립되는 이런 신비주의적 경향은 생기론, 독일의 문학운동인 질풍노도, 셸링의 자연철학을 거쳐 세포학과 유전학, 오늘날의 분자생물학으로 이어졌다고 해설한다.

(5) 저자는 20세기를 16·17세기에 있었던 과학혁명과 비교하여 제2의 과학혁명의 시대라고 부른다. 제2 과학혁명과 제1 과학혁명의 차이는 "과학 연구의 진전이 상상할 수 없을 만큼 급속도록 진행된다는 것, 그 정보의 공유가 범세계적이라는 것"(p.400) 등에서 찾아진다. 저자가 지적하듯이 자연의 두 축을 이루는 것이 무기물과 유기물인 까닭에 자연에 대한 연구는 이제 물리과학(화학, 지구과학, 천체물리학 등)과 생명과학(생화학, 미생물학, 세포학, 유전학, 의약학, 식품공학, 생태학 등)으로 편성되고 있다. 물리과학 영역에서는 상대성 이론이 수용되었고, 원자물리학적 관점에서 원자, 양자, 소립자에 대한 첨단 연구가 진행되고 있다. 생명과학 영역에서는 세포의 구조와 기능에 대한 논의로서의 세포학이 매우 진척되었고, 염색체에 관한 논의를 넘어 DNA의 구성과 RNA의 역할에 대한 논의를 포괄하는 분자생물학이 전개되고 있다. 좀 더 구체적으로 설명하면, 생명론에서는 기계론과 생기론, 전체론의 논의가 전개되고 있다. 생태학에서는 "환경파괴와 자원고갈"이라는 위기의식에 이끌려 무생물과 동식물, 인간의 상호 의존적 관계에 대한 논의들이 전개되고 있다.

이러한 20세기의 자연 연구에 대응하는 철학의 방식들을 저자는 크게 네 가지로 정리한다. 그중 첫째는 독일의 방식으로, 이것은 "생명이라는 큰 주제를 '인간의 삶'과 연관시켜"(p.495) 논하는 철학이론들이다. 여기에는 마르크스-엥겔스의 영도 하에 전개된 평등을 향한 실천운동, 인간의 역사적 삶에 대한 해석학적 성찰, 대상세계에 대한 인식의 명증성이나 인간의 심층 심리의 이해를 위한 내면화(환원) 작업, 인간의 생활세계를 통해 현실을 보려는 실존사상 등이 있다.

둘째는 미국의 방식으로 퍼스와 듀이에 의해 개척된 "실용주의" 내지 "미국의 독자적 생활철학"(p.497)이다. 셋째는 수학과 논리학 분야에서 기호논리학의 구축인데, 이것은 "라이프니츠의 보편기호법에 입각해서 새로운 방법론"(p.498)으로 개발된 것이다. 넷째는 자연이나 자연과학에 대한 성찰로서 넓은 의미의 과학철학인데, 여기에는 과학자가 자기의 주장을 중심으로 현대의 자연 연구를 철학적으로 개진하는 일(하이젠베르크), 철학자가 현대의 과학 연구의 성과를 철학적으로 검토하는 일(라이헨바흐와 카르납), 과학의 발전과 사회혁명을 성찰하는 일(토마스 쿤), 학문 일반의 연구 성과를 토대로 유기체 철학이나 과정철학이라는 "독자적인 형이상학"(p.499)을 건설하는 일(화이트헤드) 등이 해당한다.

저자는 이들 중 첫 번째의 독일 방식은 "다분히 반자연과학적 경향"을 보이고, 두 번째의 미국의 방식은 "상식에도 적합한 종합적 철학사상"이고, 세 번째의 기호논리학 구축 과정은 "신 오르가논의 개발" 노력이며, 네 번째의 과학철학은 현대 방법론에 의해 "새롭게 탄생된 자연철학의 산물"이라고 평가한다. 저자는 라이프니츠, 프레게, 러셀, 화이트헤드 등에 의해 발전된 기호논리학이 "학문 일반의 방법론으로서보다는 현대 과학철학의 방법론으로서 기여하고 있다"(p.516)고 진단한다. 그러면서 기호논리학이 갖는 이 같은 방법론적 제한성이 결점이되지는 않는다고 본다. 왜냐하면 방법론은 탐구의 대상의 성격에 따라 또는 인식 관심에 따라 달라질 수 있다고 보는 까닭이다. 저자는 역사 상으로 "아리스토텔레스가 창안한 형식논리학은 주로 신학과 인문학 분야에서 활용되었으며, 베이컨과 데카르트가 제시한 실험과 수학 정신은 자연과학 연구에 기여"했듯이 "수학을 모델로 한 현대의 기호논리학은 주로 자연과학", 특히 "현대 과학철학 분야에서"(p.517) 기여하고 있다고 밝힌다. 저자는 자연 연구에 대한 철학의 대응을 검토하는 맥락에서 기호논리학과 현대 분석철학, 화이트헤드의 유기체 철학을 차례대로 소개하고 있다. 이 중에서 화이트헤드의 철학은 전통적 의미에서의 자연철학의 현대판이라고 불릴 만한 것이면서도 우리에게 잘 알려져 있지 않다는 점에서, 저자가 심혈을 기울여 소개하려 애쓰는 철학이다. 저자는 화이트헤드의 철학을 특징짓는 말인 유기체 철학, 과정철학이 이미 "이 철학이 생명과 관련되어 있고, 현실성 위주가 아니라 가능성 위주의 철학이고 그래서 기계론적이라기보다 목적론적이라는 것을 암시"(p.533)한다고 지적하면서, 이런 면에서 그가 20세기의 데카르트라는 세간의 평가와 달리 그를 "20세기의 라이프니츠라고 표현하고 싶다"고 밝힌다.

5장의 마지막 절에서 저자는 '20-21세기의 과학기술과 새로운 문명 형태'라는 제목으로 현대문명을 진단한다. 현대에 이르러 "새로운 연구기구의 발명으로부터 과학과 기술은 한 몸이 되기 시작"(p.556)했고, 이로부터 새 문명이 열렸다는 것이다. 이러한 현대문명의 가장 큰 특징은 "시간과 공간이 엄청나게 단축"되어 머지않아 인간이 "지구를 떠나 다른 별로 이주할 수 있을"(p.557) 정도가 되었다는 점이다. 저자는 다른 한편으로 생명체의 자기 복제가 가능해진 현실이 인간 자신의 "영겁회귀"도 가능하게 하고, 기억의 재생을 추가할 경우에는 "자기 부활"도 가능하게 할 것이지만, 이것이 행복한 일인지, 자기 정체성이 여전히 보존될 수 있는지에 대해서는 의문을 표시한다. 저자는 현대문명과 그 속의 인류의 삶에 대한 다음과 같이 진단으로 560여 쪽의 본문 말미를 장식한다. "과학기술은 인류의 운명을 마구 바꿔 놓는다. 앞으로 인류는 어떻게 변형되고 어떤 삶을 사는 존재자가 될는지 아무도 모른다."(p.558) 이 같은 결어에서는 현실에 대한 저자의 조용한 목소리가 울릴 뿐, 『유럽 학문의 위기』나 『근거율』에서 울려 나오는 후설과 하이데거의 비장한 어투는 들리지 않는다. 이미 후설과 하이데거의 사상을 천착한 바 있는 저자로서는 그들의 비장한 목소리에 자신의 목소리까지 덧붙이고 싶지는 않았던 것으로 여겨진다. 다만 침착한 목소리로 지금의 현실을 우리에게 조용히 말해 주는 겸손의 자세를 지키려 한다. 사실 이런 자세는 이 책 전체의 서술에서도 그대로 유지되고 있다. 저자는 자연과학의 전개과정을 살피면서 그 속에 담긴 문제점들을 찾아내 비판하려 하기보다는 객관적 관점에서 그 전개과정을 다만 충실히 소개하는 일에 주력하고 있다.

3. 저작의 의도

『자연 존재론』이라는 제목을 지닌 이 책은 제목이 주는 인상만큼 체계적인 저작은 아니다. 체계라는 말로부터 공리와 정의에 의해 정리가 도출되는 과정과 비슷한 것을 떠올린다면 더욱더 아니다. 사실 거의 600여 쪽에 이르는 대 저작이 하나의 체계로 저술되기는 어려울 것이다. 더욱이 책이 꼭 체계적인 저술이어야만 성공적인 것도 아니다. 딜타이의 『정신과학 입문』(1883)이나 가다머의 『진리와 방법』(1960), 하이데거의 『철학에의 기여』(1989)도 체계적이지는 않다. 그러나 이들은 저자의 의도를 잘 담고 있는 책들이다. 따라서 음미되어야 할 것은 책에 담긴 저자의 의도라 할 것이다.

저자는 이 책을 통해 "자연과학과 철학이 역사과정을 통해 어떻게 서로 영향을 받았는지"를 검토하고, 이를 통해 "자연과학을 위한 방법론을 개발하는 것이 자연 존재론으로서의 철학의 역할"이었음을 밝히려는 의도를 갖고 있다. 이 점에서 보자면 이 책은 저작의 목적을 잘 성취하고 있다고 여겨진다. 왜냐하면 이 책은 자연과학과 철학, 그리고 역사에 관한 자료들을 바탕으로 아리스토텔레스의 철학으로부터 현대의 기호논리학까지 당대의 자연과학과 상호작용하면서 자연과학의 방법론으로 등장한 철학들을 충실히 밝혀 주고 있기 때문이다.

이 책에는 때로 불필요하다고 여겨질 정도로 역사 속의 철학들과 개별적 자연과학들이 상세하게 서술되어 있다. 하지만 이러한 불필요는 독자에 따라 매우 중요한 필요로 여겨질 수도 있을 것이다. 왜냐하면 그러한 서술은 고교 시절 이후로 자연과학에 등을 보인 채 지내는 인문학도들에게 철학과의 관련 속에서 자연과학에 입문하는 길잡이로 기여할 수도 있을 것이고, 거꾸로 자연과학도들에게 자연과학과 철학과의 만남의 영역이 어디에 있는지를 알려주는 안내서가 될 수도 있을 것이기 때문이다.

한때는 문·사·철이라는 용어가 통합적 학문 연구의 지침이 되기도 했으나, 이제는 거의 색 바랜 말이 되었다. 물론 이런 지침이 되살려져야 한다는 목소리가 다시 대두되고 있는 것도 사실이다. 그런데 이 책은 이런 목소리를 무색하게 만들 수도 있는 책이다. 왜냐하면 이 책은 문·사·철의 통합적 사유를 넘어 인문학과 자연과학의 통합적 사유를 시도하고 있기 때문이다. 이런 점에서 이 책은 인문학도와 자연과학도들에게 사유의 지평을 크게 확대해 주는 데 기여할 수 있을 것이다. 이러한 생각과 더불어 독서의 와중에 떠오른 몇 가지의 의문도 있다. 이런 의문들을 언급해 두는 것은 속행될 수 있는 관련 연구들을 위해 의미를 지닐 수도 있을 것이다.

우선적인 의문은 포괄적 학문으로서의 철학으로부터 개별 학문들이 분화되어 나간 지금의 상황에서 철학과 과학의 경계에 대한 것이다. 철학과 과학의 차이는 사변적 작업과 실증적 작업의 차이인가? 연역과 귀납의 차이인가? 전체 탐구와 부분 탐구의 차이인가? 아니면 초경험적 원리와 경험적 원리의 차이인가? 다른 하나는 과학에 대한 철학의 기여 방식에 대한 것이다. 철학은 현대에 이르러 과학철학이 주장하듯이 과학적 연구 내용을 사후적으로 정리하는 작업을 맡아야 하는가? 아니면 후설이 언급했듯이 과학적 연구를 위한 기초 작업으로서의 영역 존재론을 전개해야 하는가? 아니면 하이데거가 실행했듯이 자연과학이 사물에 몰입하여 사물의 사물성(세계 반영)을 망각해 버리는 것을 경계하는 작업을 해야 하는가? 물론 이러한 의문들은 역사상 반복되어 온 것이다. 그리고 그렇게 반복되는 이유는 그때마다의 상황이 철학의 자기 정체성에 대한 물음을 불러일으키기 때문일 것이다. 소광희 전 교수의 역작은 신진 학자들에게 문과, 이과의 경계를 허무는 통합적 사유의 필요성과 더불어 금세기의 철학의 정체성을 물을 필요성을 함께 일깨워 주는 저작이 되리라고 본다.

제 **5** 장

철학교육의 실천

1. 형이상학과 존재론을 가르치다

운정은 1975년부터 서울대학교 철학과에서 '형이상학'과 '존재론' 강의를 전담하였다. 당시에는 이 분야를 맡아서 가르쳐야 했는데, '형이상학 개론' 입문서란 전무하였다. 가령 아리스토텔레스의 형이상학, 칸트의 형이상학 등으로 인물 중심으로 할 수도 없었고, 형이상학이란 이런 사고를 하는 분야라고 일반화해서 가르쳐야 하는데 그것을 독자적으로 찾아내기란 여간 힘들지 않았다. 적어도 한 학기 40시간을 메운다고 할 때 그 일은 참으로 힘든 일이었다. 그럼에도 불구하고 개설적으로 가르쳐야 하기 때문에 뭔가 그 사유의 일반적 특징을 들어주지 않으면 안 되었다.

도대체 형이상학이나 존재론 강의를 위한 일반 개설서, 예컨대 '철학 개론', '법학 개설'과 같은 형이상학 입문서는 별로 없었다. 있는 것은 플라톤 철학, 칸트 철학인데, 형이상학은 데카르트의 말대로 학문이라는 나무의 보이지 않는 뿌리로서 플라톤 철학, 칸트 철학을 떠받치고 있는 땅 속의 근본 구조이자 영양 공급원이다. 그것은 아리스토텔레스 식 연구방법으로 말하면 '우리에게 가장 먼 것'이다. 그것을 일반화해서 개설적으로 강의한다는 것은 거의 불가능에 가까웠다.

운정은 이제 철학자들을 직접 찾아다니면서, 그들의 철학을 떠받치고 있는 근본 뿌리가 무엇이며 그것이 그들의 철학을 어떻게 떠받치고 있는지를 알아보는 수밖에 없었다. 아리스토텔레스, 플로티노스, 토마스 아퀴나스, 라이프니츠, 칸트, 헤겔, 니체 등을 주마간산 격으로 섭렵했다. 이 과정에는 시간론에 대한 관심도 따라다녔다. 그러나 한 번도 같은 텍스트를 가지고 같은 강의를 할 수가 없었다. 강의 준비는 운정에게 참으로 힘든 고역이었다. 왜냐하면 그는 같은 강의를 한 번도 반복해서 하지 않았으므로 결과적으로 축적된 것이 거의 없었기 때문이다.

반형이상학(anti-metaphysics) 시대에 형이상학을 가르치다

운정의 형이상학과 존재론 강의의 어려움은 그것으로 다하지 않았다. 이 강의를 더 어렵게 만든 것은 반형이상학적 시대사조였다. 형이상학은 역사적으로 가장 오래되고 그만큼 정통성을 가졌을 뿐 아니라 한때는 만학의 여왕으로 추앙되었다. 그럼에도 불구하고, 실체론이라든가, 비실증적, 초월론적 사유라든가, 일부의 독단론 등 ─ 그런 것들을 환영하는 시대도 있었다 ─ 비적시성 때문에 형이상학이라는 학문 분야는 현대에 이르러서는 마치 동네북처럼, 온갖 철학 분야로부터 두들겨 맞기가 일쑤였다. 이처럼 1960년대 후반부터 밀어닥친 실증주의적 언어분석철학의 반형이상학적 태도는 집요하고 강렬했다.

특히 미국에서 기세를 올리고 있었던 논리실증주의와 그 계열에 속하는 분석철학이 형이상학 비판의 제일의 전선에 서 있었다. 도대체 형이상학적 명제는 의미가 없으니, 예컨대 니체의 명제 "신은 죽었다"라든가, 하이데거의 명제 "무가 무화한다" 따위가 그렇다는 것이다. 진정한 명제, 즉 진(眞)의 명제는 논리적으로 언제나 진이 되는 항진명제(tautology)이거나 경험적으로 검증 가능한 명제라야 하는데, 위와 같은 명제, 나아가서 모든 신학적 명제와 규범윤리적 명제 등은 모두 그 명제의 진위를 검증할 수 없으므로 '무의미한(nonsense)' 명제일 뿐 아니라, 그런 명제를 포함하고 있는 학문은 학문으로서 성립할 수 없다는 것이다.

이런 주장을 뒷받침하고 있는 것은 엄밀하게 계산적으로 증명해 보여주는 기호(수리)논리학이다. 즉, 기호논리학을 도구로 하는 만큼 저 주장은 기호논리학을 모르는 사람들에게는 엄청난 권위로 나타나고, 대단한 설득력을 과시하고 있었다. 이런 철학 분위기 속에서 형이상학을 강의한다는 것은 참으로 헛된 일을 도맡아 하는 것에 다름 아니다.

그러나 저런 주장에는 속 터지는 편협성이 있음을 부정할 수 없다. 윤리학이라는 것은 명제의 차원을 넘어서 행위를 선하고 정직하게 하도록 행위의 규범을 가르치는 것인데, 그 행위의 타당성은 도외시하고 그 윤리적 명제가 진이냐 위냐, 인식 가능하냐 불가능하냐만 따진다. 그 결과 행위에 대한 윤리적 평가 따위는 고작 정의(emotion)의 표현에 불과한 '사이비 명제(pseudo-proposition)'라고 한다. 말하자면 종래의 모든 규범윤리학을 전면적으로 부정한 것이다. 이것은 규범윤리학에 내재적인 회의주의나 상대주의와는 전혀 다른 윤리학의 파괴요, 나아가서 가치 있는 행위에 대한 무관심의 조장 외에 다른 것이 아니다.

더욱이 신학에 대해서는 더 말할 필요가 없다. 신학뿐만 아니라 신학이 기초하고 있는 성서는 논리적으로도 경험적으로도 검증 불가능한 것이므로 부정되어야 하는데 그것은 "신은 죽었다"는 니체의 선언보다 더 큰 재앙을 가져온다. 신학은 학문이 안 되어도 좋다. 문제는 그것의 학문성이 아니라 그것이 담당하는 역할이다. 아마도 실증주의자들은 신학적 명제가 논리적으로나 현실적으로 검증 불가능하다는 것이지, 결코 신앙 자체를 부정하는 것은 아니라고 말할 것이다. 그러나 그것은 나무를 뿌리째 흔들어 놓고 나무는 베지 않았다고 강변하는 것과 다르지 않다.

명제의 진위는 검증대상이 현실적으로 있어야 하는 것이 아니다. 검증대상이 현실 속에 없고 검증이 불가능한 명제가 얼마나 많으며, 또 우리는 얼마나 많이 그런 명제를 가지고 사는가? 그런데도 진위의 잣대를 검증원리라는 것으로 잰다면 답답한 일이다. 그런 것은 오히려 학문을 비창조적인 것으로 만들고 있는 셈이다.

1980년대 들어서서 이제는 평등주의 이념을 내건 마르크스-레닌주의가 반형이상학적 목청을 높였다. 그들이 말하는 반형이상학은 위에서 말한 것과는 다르다. 유물론에 대립하는 관념론은 모두 형이상학으로 치부되었다. 물론 그들의 이념 속에는 인류가 두고두고 풀어야 할 훌륭한 이념이 있다는 것을 부정하는 것은 아니다. 이 시기에 최고조에 달한 공산주의의 반형이상학적 기치는 비교적 쉽게 극복할 수 있었다. 아니, 극복되기 전에 그 사상을 떠받드는 국가들이 해체되어 버린 것이다.

19세기 학계를 지배한 실증주의는 감각적 확인을 학문의 궁극적 기준으로 내세워 이런 이성의 영역을 포기하고 아울러 인간을 감각으로 확인되는 사실들의 한 조각으로 전락시켜 놓았다고 진단하고 이를 '위기(Krisis)'라 한다. 실증주의가 득세하게 된 배경에는 모든 것을 양화하여 모든 질적인 것을 배제하는 근대 물리학의 성공과 그에 따른 문명사회의 양적인 번영이 있었다. 저러한 실증주의의 아메리카니즘이든 유물론적 소비에티즘이든, 그것은 유물론적 실재론이라는 점에서 일치하였다. 분명 인간의 삶이란 먹고 마시고 입는 것으로 다하는 것도 아니요, 역사적 현실도 그냥 감각적인 것으로 구성되는 것이 아니라 상상과 상징과 신화가 뒤엉켜서 형성되고 작용하는 것이다. 역사적 세계에는 오히려 후자가 더 강하게 작용하고 있다고 할 것이다. 결국 실증주의는 학문의 위기를 불러오고, 그것은 인간성의 위기를 초래하였다.

운정은 저러한 반형이상학적 흐름을 극복하기 위한 노력의 과정에서 프레이저(J. G. Frazer)와 엘리아데(M. Eliade) 등 종교학자들에 대해 관심을 가지게 되었다. 선불교에 대한 관심도 마찬가지였다. 그들이 보여주는 세계는 실증주의자들이 보여주는 '언어에 갇힌' 좁고 삭막하고 진부한 세계가 아니라, 제의와 상징 등으로 표현되는 좀 더 풍부하고 의미 깊은 세계였기 때문이다.

무엇보다도 운정은 1980년대 중반부터 하이데거 철학을 강의하게 되었다. 그러나 아직도 하이데거 철학에 대해 다소의 거리를 두었다. 한편으로는 그의 언어 사용이 너무 현란하여 이해하기 쉽지 않기 때문이요, 다른 한편으로는 우리에게 하이데거 철학이 어떤 의의를 갖는지 확신이 서지 않았기 때문이다. 그러나 그의 방대한 저술과 사상의 심오함은 그의 사유거리가 그만큼 풍부하게 남아 있다는 의미이기도 하였다.

모름지기 형이상학적 명제는 그 진리성을 주어진 것에서만 찾는 것이 아니라, 주어진 것으로 하여금 진이 되도록 하는 것이다. 니체의 명제는 한 시대에 대한 엄청난 진단이고, 하이데거의 명제는 그의 사유 속에 들어가 보아야 비로소 이해할 수 있는 것이다.

'형이상학이란 그 본질에 있어서 무엇인가?'라는 물음은 아직도 존재망각과 고향상실의 어둠 속에 배회하고 있는 우리에게는 새롭게 되물어야 할 숙고의 과제로 남아 있다. 따라서 운정은 반형이상학에 경도되지 않고, 묵묵히 반형이상학의 도도한 사상적 격류를 거슬러 올라가 철학의 본령인 형이상학과 존재론을 연구하며 가르치는 일에 전념해 온 것이다.

존재론을 가르치다

존재론은 1970년대의 우리나라에서는 너무 생소한 분야였다. 운정은 처음에는 하르트만(N. Hartmann)에게서 배울 것이 있을 것 같아 거기에 몰두해서 한두 해 그것을 가르쳤다. 그러나 그것은 형이상학과 존재론에 대한 그의 학설인 데다가 그것을 가지고 존재론 일반을 가르치기에는 너무 안이한 것이었다. 그래서 그는 형이상학의 경우와 마찬가지로 전 철학사를 뒤져서 각각의 철학자들의 존재론적 요소를 가려내는 작업을 시작했다. 옛날에는 존재론이라는 이름으로 이 분야를 연구하지 않았고, 그렇다고 형이상학이냐 하면 반드시 그렇지도 않았다. 각각의 철학자들의 사유의 뿌리 속에서 이 존재론적 계기를 읽어 내는 일은 여간 힘겹지 않았다. 그는 숱한 방황 끝에 그 나름의 초안을 작성하여 이를 소개하는 데 무척 애를 먹었다.

존재론은 어쨌든 존재자가 '있다(이다)', 즉 존재자의 '있음'을 연구하는 학문이다. 여기에는 두 가지 전제가 따른다. 하나는 '있음'의 논리(logos)로서 존재론은 형식적이라는 것이며, 다른 하나는 존재의 '의미'는 무엇이며, 그것은 세계의 근거가 되는가, 인간의 본질은 무엇인가 하는 따위의 문제들— 이런 물음을 묻고 거기에 대해 일정한 해답을 주는 것은 형이상학이다 — 에 대해 중립적이라는 것이다.1) 이런 점에서 하이데거 존재사유의 의의와 맥을 같이한다.

---

1) 소광희, 『시간과 인간의 존재』, 문음사, 1980, 229쪽.

형이상학은 존재자의 본질에 대한 숙고와 진리의 본질에 대한 결단을 수행한다. 형이상학은 존재자에 대한 하나의 특정한 해석과 진리에 대한 하나의 특정한 파악을 통해 하나의 시대에 그의 본질 형태의 근거를 부여함으로써 그 시대를 근거 짓는다. 이러한 근거는 그 시대를 특징짓는 모든 현상들을 철저히 지배한다.[2]

요약하자면, 존재론은 서양철학의 본령인데도 불구하고 국내에서 그것에 대한 교재와 연구가 부족한 상황 속에서, 운정은 이 분야의 개척자로서 그 역할을 자발적으로 짊어졌다. 그는 존재론 강의와 연구를 통해 서구의 지배적인 존재론을 있는 그대로 드러내 주었고 그 출발점을 찾아 '출생증명서'를 발급해 준 셈이다. 그리고 기존의 존재론에서 간과되었던 존재론의 층위, 존재론적 차이를 새롭게 소개하였다.

2. 철학의 제 문제를 밝히다

운정이 주도적으로 집필한 『철학의 제문제』(소광희, 이석윤, 김정선 공저)가 1973년에 출간되었다. 이 책은 1960년대에 들어와서 '철학개론'을 가르치는 일에 봉착하여 '철학개론'을 다시 공부하는 각오로 쓴 것으로, 서양철학사의 중요한 철학자들의 대표적인 저서들을 부분적으로 번역하여 해설과 더불어 싣고 있다. 이 저서는 스테디셀러로서 1970년대 이후 철학의 기초를 배우고자 하는 이들의 필독서가 되었다.

이 책의 '머리말'에서 운정은 저술 의도를 다음과 같이 밝히고 있다. 오늘날 물질문명에 의해 억압된 정신문명의 자기 회복에 대한 갈망이 철학을 요구하고 있다. 철학에 있어서 중요한 것은 철학적 지식이라기

---

2) M. Heidegger, *Holzwege*, Frankfurt a. M., 1980(GA 5), p.73.

보다는 오히려 철학적 정신의 함양과 철학적 사유의 훈련에 있다. 즉, 철학적 에토스, 철학함이 중요하다. 이 저서를 통해 독자의 문제의식을 자극하여 스스로 문제를 제기하고 스스로 사유할 수 있는 방법을 제시했다. 그리고 저자들은 독자들에게 철학적 사유를 소개하는 충실한 안내자의 역할을 하고자 하였다.

저술의 구성은 서양철학에 있어서 가장 크게 문제되어 온 주제를 선정하여 29장으로 배열하고, 독자들로 하여금 그 주제가 안고 있는 이슈와 사유의 방향 등 근본문제를 가지고 여러 철학자들과 직접 토론해 볼 기회를 주기 위하여 각 장마다 참고자료를 첨부하였다. 제1부 '철학이란 무엇인가?', 제2부 '진리와 인식', 제3부 '존재의 탐구', 제4부 '가치의 세계', 제5부 '현실과 역사'로 구성되어 있다.

이 책에서 제시된 참고자료는 무척 중요하다. 그 이유는 제삼자가 요점만 간결하게 정리해 놓은 것을 기계적으로 암기하는 것보다는 위대한 철학자와 직접 대화하는 편이, 철학적 사유를 체득하는 성과는 매우 크기 때문이다.

이 책은 '철학이란 무엇인가?'라는 질문을 통해 철학의 정신과 윤곽을 소개한다. 그 다음 철학의 중요한 분과인 인식론, 존재론, 윤리학, 실천철학(법철학, 정치철학, 사회철학, 역사철학 등)의 기초와 주요내용을 다루고 있다. 그러나 서양철학에 있어서 중요시되는 문제를 가능한 대로 광범위하게 망라하고자 노력하였다. 그럼에도 불구하고 누락된 부분이 있는데, 그것이 바로 신비주의 사상이다.

먼저 제1부 '철학이란 무엇인가?'에서는 철학적 정신을 세 가지로 설명하고 있다.

첫째, 철학적 정신은 지에 대한 사랑이다. 'phiosophia'는 'philos(사랑, 애호)', 'sophia(지혜, 지)'의 합성어이다. 그리하여 철학은 지에 대한 사랑(애지)이다. 여기서 '지'는 개개의 사물이나 사건의 궁극적 원인과 이유에 대한 앎이며, 개별적, 특수한 앎을 넘어선 '보편적인 지'를 의미한다.3) 철학을 지식뿐만 아니라 지혜에 대한 탐구로 규정할 때, 우리는 철학을 과학으로부터 구별 짓는 중요한 경계선의 하나를 확보하게 된다. 과학이 목적하는 것은 사실들 사이에 성립하는 법칙의 발견이며, 이 법칙이라는 것은 결국 사실을 사실로서 '기술'하는 데 불과한 것이므로, 과학적 지식은 그 본성상 '평가적' 요소를 포함하지 않으며 또 할 수도 없는 것이다. 과학적 지식에 선악, 미추, 귀천 등이 있을 수는 없다. 오직 진위만 있을 뿐이다. 과학적 '지식'이 사실에 대한 객관적이며 참된 기술(記述)을 소유한 '상태'임에 반하여, 철학적 '지혜'는 인생과 세계를 그 전체적인 의미 관련에서 이해하고 그 내면의 깊이를 통찰하는 올바른 '판단'의 '활동'이라고 할 것이다. 지혜를 이러한 가치판단의 활동이라고 한다면, 철학이 목표로 하는 'sophia'는 그것과 다른 차원의 것이라고 보아야 할 것이다. 사실에 대한 지식은 사실에 대한 평가를 포함하지 않으니, 사실로부터 가치를 도출할 수는 없기 때문이다.4)

둘째, 철학적 물음은 주체적 물음이다. 철학적 정신은 묻는 데 있다. 묻지 않는 곳에 해답이 있을 수 없고, 물음이 없는 곳에 철학적 고민이 있을 리 없다. 모든 해답은 이미 물음 속에 내재하는 것이다. 무엇을 어떻게 묻느냐가 중요하다. 철학은 근원에 대한 물음을 잉태하고 끝내 그것을 해답으로서 생산하려는 고뇌에 찬 노력이다.5) 우리는 '왜', '무엇', '어떻게'를 묻는다. '왜'는 이유를 묻고, '무엇'은 본질을, 그리고 '어떻게'는 방법을 묻는다. 그 밖에 또 원인을 묻기도 한다. 그러나 이유, 본질, 방법, 원인 등은 물어지고 있는 사상 자체가 아니라, 그것의

---

3) 소광희 외, 『철학의 제문제』, 지학사, 1973, 11쪽.
4) 같은 책, 29-30쪽.
5) 같은 책, 12쪽.

이유, 본질, 방법, 원인 등이다. 어떤 사상이 가지고 있는 문제들을 해결하기 위하여 우리는 일단 그 사상을 떠나지 않으면 안 된다.6)

셋째, 철학적 정신은 비상하고 비적시적인 것이다. 철학은 목전의 이용후생에 봉사하는 기술적 지식이 아니다. 따라서 철학은 반드시 적시적인(zeitgemäß) 것이 아니다. 이런 입장을 하이데거는 다음과 같이 밝힌다.

철학은 본질적으로 비적시적인 것이다. 그것은 철학이 자기의 시대 속에서 직접적 반향을 결코 찾아볼 수 없고, 또 결코 찾아서도 안 된다는 운명을 언제나 짊어지고 있는 저 지극히 드문 일 중의 하나이기 때문이다. 철학이 자기 시대 속에서 반향을 찾는 듯한 징조가 나타나거나, 어떤 철학이 유행하거나 하는 경우에는 진정한 철학이 없거나 아니면 철학이 오해되었거나 또는 철학과는 무연(無緣)한 어떤 목적 하에 일상적 필요를 위하여 남용되었거나 그중의 어떤 것이다.7)

이와 같이 철학적 탐구가 비적시적이고 비현실적인 까닭은 허망한 것처럼 보이는 그 현실과 그 시대를 근원에 있어서 정초하고 변호하기 위함인 것이다.8)

제2부에서는 '진리와 인식'의 문제를 다룬다. 우리는 '안다는 것은 도대체 무엇인가?', '진리란 무엇인가?' 또 '어떻게 알 수 있게 되는가?' 등을 물으면서 '인식'을 인식하려 하는 것이다. 이러한 '인식의 인식'은 인식론(epistemology)이라는 철학의 한 중요한 분과를 형성한다. 인식의 문제는 철학과 그 역사를 같이할 만큼 오래전부터 다루어져 왔으나, 그것이 일종의 선결문제로서 자각적으로 연구된 것은 근세 이후

6) 같은 책, 16쪽.
7) M. Heidegger, *Einführung in die Metaphsik*, Tübingen, 1953, p.6.
8) 소광희 외, 『철학의 제문제』, 16쪽.

의 일이다. 대상에 대한 지식을 논하기 전에 먼저 우리의 인식능력으로부터 음미하여 인식의 기원, 확실성, 범위 등을 밝히는 일이 시급하다고 생각되었기 때문이다.

합리론과 경험론은 근세철학의 2대 조류이다. 합리론자들은 이성을 참다운 인식의 기원으로 보고 연역적 방법으로 보편타당한 지식을 도출하려 한다. 이에 반하여 경험론자들은 감각적인 경험을 인식의 원천이라고 생각하여 선천적인 인식을 부인한다. 그러나 경험을 무시한 합리론은 독단에 흘렀으며, 이성의 필연적 법칙을 외면한 경험론은 회의론에 빠질 수밖에 없었다. 이러한 결과는 이성과 감각의 관계를 올바로 보지 못한 때문이다. 그리하여 칸트는 경험을 다시 해석하여 양자를 종합한 새로운 인식론을 세웠다.

4장 '이성의 연역적 체계', 5장 '경험에서 회의로', 6장 '비판과 종합'에서 전개되는 논의는 전통적인 의미의 인식론이 어떤 것인가를 보여준다. 7장 '직관의 명증성'에서는 종래의 분석적 방법과는 다른 인식이론을 볼 수 있다. 연역이건, 귀납이건, 추리과정을 통해서는 진리가 파악될 수 없고, 오직 직관의 방법만이 유일한 진리의 길이라고 주장하는 후설과 베르그송의 학설이 그것이다. 8장 '실용과 도구', 9장 '논리와 검증'은 현대 영미철학을 대표하는 실용주의와 논리적 실증주의의 진리관을 다룬다. 둘 다 경험론의 전통 위에 서 있는 이론이나, 전자가 지식을 행위 및 실제와의 동적인 관계에서 파악하려 함에 따라 상대주의적인 성격을 띠고 있음에 비하여, 후자는 엄밀한 언어분석에 의하여 논리주의, 과학주의를 지향하고 있음이 다르다고 하겠다.9)

제3부에서는 '존재의 탐구'를 다룬다. 여기서는 존재문제를 둘러싼 몇 가지 중요한 문제가 검토된다. 존재문제는 '존재'라는 개념을 어떻

---

9) 같은 책, 43쪽.

게 파악하느냐에 따라 혹은 형이상학의 문제로, 혹은 존재론의 문제로 전개되어 왔으므로 우선 형이상학과 존재론의 관계가 다루어진다(10장). 그런데 형이상학에 있어서나 존재론에 있어서나 가장 기본이 되는 문제는 존재, 무, 생성의 개념이다. 이들 개념을 어떻게 보고 또 그들 사이의 관계를 어떻게 파악하는가 하는 것이 형이상학이건 존재론이건 그 기본 입장을 좌우한다고 하겠다(11장). 형이상학적 원리의 추구나 전제 없이, 세계와 세계 내의 존재자들의 존재규정을 순수하게 형식적으로 볼 때 우리는 형식적 존재론의 문제에 접하게 된다. 형식적 존재론의 문제는 여러 가지 문제를 포함하겠지만, 문제 자체 및 그 철학사적 의의를 감안하여 존재의 계기(12장), 존재의 양상(13장), 존재의 형식(14장) 등으로 나누어 고찰된다.

그러나 존재를 형식적으로 규정하는 것 못지않게 내용적, 실질적으로 다루는 것도 중요하기 때문에, 15장과 16장에서 실질적 존재론의 문제를 논의한다. 이때 아리스토텔레스 이후 전 존재자의 영역을 계층적으로 다루어 온 전통을 답습하여 물질, 생명, 인간의 영역으로 나누어 이를 개별적으로 다룬다. 그러나 특히 인간은 만물의 영장으로서 한편으로는 물질적 세계나 동식물의 세계에 뿌리를 두고 있으면서, 다른 한편으로는 동시에 신의 세계와도 관계를 맺는 존재자이기 때문에 인간과 초월(16장)을 다루지 않을 수 없다.

제3부 전체를 통해서 형이상학과 존재론의 제 문제와 그 해결을 현대철학과 긴밀히 관련시킴으로써 가능한 한 현대철학의 철학사적 맥락을 더듬고, 나아가서 위에 말한 여러 문제들을 현대철학의 과제로서 생동하도록 하였다. 여기서는 결국 존재로서의 존재를 구명하기 위하여 존재를 그 계기, 양상, 형식, 계층으로 나누어 고찰하였다.10)

---

10) 같은 책, 177쪽 이하.

제4부인 '가치의 세계'에서는 다음과 같은 내용을 다루고 있다. 존재가 자연적인 것이든 또는 정신적인 것이든 간에 우리의 주관과의 관계에 있어서 특히 주관의 일정한 요구를 충족시켜 준다고 볼 때, 존재는 일반으로 가치(value)를 가지는 것으로 평가된다. 그리하여 우리는 선, 미 또는 효용 등을 따지게 되거니와, 이러한 여러 가지 가치에 어떤 공통적 특징이 있다고 하여 그 본질, 타당성, 평가기준, 등급 등을 중심 문제로서 다룰 때 '가치론(theory of value, axiology)'이라고 하는 철학의 특수한 부문이 성립하게 된다.

　가치는 거기에 주관의 평가의식이 개입되어 있다는 점에서 단순한 사실과 다르다. 이것은 객관을 있는 그대로의 사실로서 서술하려는 판단, 즉 사실판단 또는 인식판단(judgment, Urteil)과 객관의 가치관계를 진술하는 가치판단(value-judgment, evaluation, Beurteilung)과의 차이에서 명백히 드러난다. 모든 명제는 사실판단이나 가치판단의 어느 하나에 속한다고 보아 이러한 구별에 따라 철학을 크게 이론철학과 가치철학의 둘로 나누는 일도 있다. 그리고 가치철학에서는 우리의 의지의 요구를 충족시켜 주는 윤리적 가치로서의 선과, 우리의 감정의 요구를 충족시켜 주는 예술적 가치로서의 미가 다루어진다.

　그러나 만일 이론적 인식판단조차도 진리가치와의 관계에 의하여 제약되어 있다고 본다면, 철학은 곧 가치철학이라고 하는 입장도 성립할 수 있을 것이며, 그때에는 우리의 표상의 지적 요구에 대응하는 논리적 가치로서의 진리가 더 추가되어야 할 것이다. 그리고 다시 이러한 모든 가치를 통일하는 최고의 가치로서 종교적 가치, 즉 성(聖)을 그 위에 위치시킬 수 있을 것이다.

　사실과 가치, 인식판단과 가치판단의 관계를 어떻게 보든 가치현상 그 자체가 틀림없이 하나의 사실일진대, 그것 역시 이론적 인식의 대상이 되어야 할 것이요, 따라서 평가라고 해서 넓은 의미의 이론을 떠난 것이 아님을 부정할 수 없을 것이다. 다만 여기에서 철학적 가치론이 다루는 것은 진, 선, 미, 성의 제 가치이므로 그것이 철학에 있어서 실로 광범위한 영역을 차지하고 있다는 사실을 주의해 두면 족할 것이다.

여기서는 가치의 일반적 본질을 명백히 한 다음에 이어서 개별적인 가치의 제 영역을 차례로 고찰한다. 그 가운데서 윤리학은 가치론의 가장 중요한 부분일 뿐만 아니라, 일반 가치론이 19세기 후반 이후부터 비로소 의식적으로 연구되어 온 데 비하여 윤리학은 철학과 더불어 오랜 역사를 가지고 있으며, 특히 실천철학으로서 철학의 전 체계에 있어서 매우 중요한 위치를 차지하는 영역이다. 따라서 이를 네 개의 장으로 구분하여 그 중요한 학설들을 검토한다. 이때 구분은 편의상 무어(G. E. Moore)의 분류방식에 따라 형이상학적 윤리설, 직각론적 윤리설, 자연주의적 윤리설로 나누고, 그 뒤에 현대의 분석철학자들의 윤리설을 추가한다. 그 다음 미적 가치와 그것이 성립하는 예술의 영역, 그리고 종교적 가치와 신앙의 세계를 고찰하고, 제4부의 마지막 장에서는 '가치의 전환'을 천명함으로써 전통적 가치체계에 대한 근본적인 안티테제의 입장에 섰던 니체의 사상을 다룬다.11)

제5부인 '현실과 역사'에서는 사회나 역사에 관한 문제들 가운데에는 사회과학이나 역사학이 다룰 수 있는 문제가 많음에도 불구하고, 동시에 철학적 사유의 대상이 되어야 하는 이유는 그처럼 사회적, 역사적 사실이 마땅히 철학이 해결해야 할 형이상학적, 윤리학적 문제들을 내포하고 있음을 상론하고 있다.

그러한 문제들은 다음과 같은 물음으로 요약될 수 있다. 정치적 지배와 복종의 근거는 무엇인가? 사회질서의 본질은 무엇인가? 사회정의는 무엇이며 또 어떻게 실현되는 것인가? 국가의 성립근거는 무엇인가?

---

11) 같은 책, 301쪽 이하.

정치적 지배는 개인이나 사회의 자유와 복지에 대해서 정당화될 수 있는 것인가? 인간이 추구한 자유의 본질은 무엇인가? 역사는 우리가 인식할 수 있고 예언할 수 있는 법칙 내지 경향을 가지고 있는 것인가?

역사적, 사회적 현실세계에 있어서 특히 국가는 인간이 만든 최대 규모의 집단일 뿐만 아니라 인간의 모든 집단적 활동의 중추가 되는 것이기도 하다. 그뿐 아니라 국가는 권력적 존재로서 종교나 문화까지도 규제하고 고정화하는 역사적 세계의 중심적인 힘이다. 그러므로 주로 국가에 초점을 맞추어서, 우선 이상적인 국가의 형태는 어떤 것이며, 국가 통치에 있어서의 철학적 지혜는 어떤 것인가를 플라톤에 있어서 알아본다. 이어서 국가에 있어서 법질서가 어떻게 유지되며, 또한 그 본질은 무엇인가를 주로 로마의 법사상의 고찰을 통해 알아본다.

다음에 국가권력의 지배의 정당성이 어디에 있으며, 또 그것이 개인의 자유와 어떻게 조화될 수 있는가 하는 문제를 특히 근세의 여러 사회철학자, 정치철학자들의 이론을 통해서 구명하고, 현대의 민주주의를 중심으로 하여 상반되는 이데올로기의 대립이 지니고 있는 문제점을 고찰한다. 그리고 제5부의 마지막 장에서는 헤겔을 비롯한 몇몇 역사철학자들의 역사관을 검토해 가면서 역사적 세계의 본질을 해명하고, 나아가서 격변하는 역사적, 사회적 현실에 대처할 수 있는 우리의 시점을 모색한다.12)

요약하자면, 운정이 주도하여 집필한 『철학의 제문제』는 당시 철학을 전공하려는 철학도들에게는 필독서였다. 철학의 각 분야에 대한 기초적인 안내와 매뉴얼을 제시하고 그 분야의 대표적인 원전들을 번역하여 최초로 소개한 것은 철학교육을 위한 표준적 텍스트로서 손색이 없었다.

---

12) 같은 책, 457쪽 이하.

3. 사고의 논리를 펼치다

1960년대 후반 운정은 '기호논리학(symbolic logic)'을 천착하였다. 그것을 모르고서는 미국에서 마구 밀려들어 오는 언어분석철학을 이해할 수 없었기 때문이었다. 고(故) 김정선 교수와 운정은 할버슈타트(W. H. Halberstadt)의 *An Introduction to Modern Logic* 과 해리슨(F. R. Harrison)의 *Deductive Logic and Descriptive Language* 를 가지고 기초적인 연습을 하고 기타의 책을 참고하여 『기호논리학』(1970)이라는 입문서를 함께 썼다.

이 저서에서 소개하는 기호논리학의 대강(大綱)을 살펴보면 다음과 같다. 기호논리학이란 기하학적 정신인 정확성에 바탕을 두고 있다. 논리학(logic)은 예로부터 사고법칙의 학이라 일컬어져 오고 있다. 그리하여 논리학은 대상에 관계없이 사고의 필연적 규칙, 즉 그 규칙 없이는 사고가 불가능한 그런 규칙을 연구하는 학으로 간주되고 있다. 그 규칙을 '규준(Kanon)'이라 한다. 이것은 논리학의 원리론을 이룬다. 또 다른 한편으로 논리학은 대상 일반에 관해 올바로 사고하는 규칙으로 간주되어 오고 있다. 논리학의 이 측면을 가리켜서 아리스토텔레스는 'Organon(도구, 기관)'이라 하고, 칸트는 학의 '예비학(Propädeutik)'이라 한다. 논리학은 예비학으로서는 학에 앞서서 연구되어야 하나, 실제로는 이미 알고 있는 대상에 관한 지식을 학적 지식으로 정화할 때 요구되는 것이므로, 즉 학의 체계화를 위해 필요한 것이므로 인간의 사고의 진행으로 보면 마지막에 오는 것이기도 하다. 이것은 논리학이 방법론(methodology)임을 의미한다.

이리하여 논리학은 사고의 규준으로서 그리고 학의 도구로서 아득한 옛날부터 연구되어 왔거니와, 현실적으로는 논리학은 일상적 사고의 합리화와 명석화의 훈련을 위해서도 필요불가결한 것이다. 칸트는 논리학의 이러한 역할을 '상식의 정화제(ein Katharikon des gemeinen Verstandes)'라 한다. 특히 현대의 기호논리학은 여기에 기여하는 바 크다.

기호논리학은 아리스토텔레스로부터 19세기에 이르기까지의 전통적 논리학을 대폭 수정, 보완하고 기호적 표현을 통해 비약적으로 발전한 현대의 논리학이다. 비유적으로 말하면, 기호논리학은 아리스토텔레스가 세운 뒤 2천 수백 년 동안 부분적 보수와 증축에 그쳐 거의 그 이상 개선될 전망이 없는 낡은 건물을 허물고, 라이프니츠에 뒤따라 속출한 여러 철학자, 수학자들이 협력해서 옛 기초 위에 새로 현대적 시설을 갖춰 세운 학문의 도장이라 할 것이다.

그럼에도 불구하고 논리학은 본질적으로 사고규칙에 관한 형식적 연구이기 때문에 사고의 내용에 관해서는 발언하지 못한다. 그것에 관한 연구는 다름 아닌 인식론의 소관사이다. 예컨대, '물체가 열을 받으면 더워진다', '모든 변화는 원인을 갖는다' 등의 명제가 도대체 어떤 종류의 명제이며, 이 명제는 무엇을 근거로 해서 성립되고(인식의 근원), 어떻게 타당성을 갖는가? 인식주관과 대상 사이에는 어떤 관계가 있는가? 감성과 오성은 어떻게 다르고 어떻게 관계하는가? 요컨대 인식의 근원과 한계와 타당성 등 내용의 문제는 이미 형식논리의 영역을 벗어난 인식론의 문제인 것이다. 우리는 여기서 형식논리학의 한계를 본다.

사고를 언어로 표현한 것을 언표라 하고, 그 언표가 일정한 진리 값을 가질 때 이것을 명제라 한다. 사고의 연결은 명제의 연결이기도 하다. 명제의 연결을 추론이라 하는데, 추론에는 연역추론과 귀납추론이 있다. 연역추론이 논리적 필연성을 보증하는 데 반하여 귀납추론은 개연성을 보여줄 뿐이요, 현대에 있어서는 귀납추론은 거의 확률론에 수렴되고 있다. 그리하여 형식논리 특히 기호논리는 논리적 필연성을 찾아 연역추론을 주된 연구대상으로 삼고 있다. 이와 같이 기호논리학은 현대에 있어서 사고의 규준과 규칙에 관한 학으로서, 학의 예비학으로서, 그리고 일상적 사고의 합리화와 명석화의 기능적 수행을 위한 도구로서 요청되고 있다.[13]

『기호논리학』에서는 현대 영미의 기호논리학을 다음과 같이 이해한다.

첫째, 모든 복합명제를 원자명제로 환원하고 이를 기호로 표시한다.

둘째, 복합명제는 원자명제의 결합으로 구성되므로 결합기호만 약속하면 모든 복합명제도 기호로 표시될 수 있다. 학파와 개인에 따라 기호의 표기에 약간의 차이가 있으나 일반적인 결합기호는 $\sim$, $\vee$, $(\triangle)$, $\supset$, $(\equiv, \leftrightarrow)$ 등이다.

셋째, 요소(원자)명제의 내적 구조는 주어 개념(S)과 술어 개념(P)으로 분석된다. 술어는 주어의 성질, 양상, 관계 등 넓은 의미의 속성을 나타내므로 이를 함수기호로 표시할 수 있고, 전칭과 특칭은 보편 양화 기호와 존재 양화 기호로 표시할 수 있다. 특히 전칭의 대상은 그 자체로는 경험 가능하지 않으므로 이를 가언명제(X)로 만든다. 그리고 특칭의 대상은 실재하므로 존재명제($\exists x$)로 표시한다.

넷째, 그런 뒤에 추론규칙만 세우면 모든 논리적 추론은 이 추론규칙과 결합기호의 상호 전환을 이용해서 얼마든지 형식적으로 진행시킬 수 있고 진리 값도 쉽게 구할 수 있다.

위와 같이 명제의 기호화로 인해 논리학의 측면에서 다음과 같은 의의가 있다고 본다. 첫째, 논리학에 남아 있던 심리주의의 찌꺼기를 일소할 수 있었다. 둘째, 논리학으로 하여금 학문의 전범으로 간주되어 온 수학의 기초가 되게 하였다. 셋째, 종래의 논리학이 정언명제 중심이었으나, 이와 반대로 비정언명제가 오히려 더 폭넓고 중요하게 다루

---

13) 소광희, 『기호논리학』, 경문사, 1990, 서문.

어질 수 있게 되었다. 나아가서 양상논리(modal logic), 다치논리(many valued logic), 의무논리(deontic logic)에 이르기까지 논리학의 범위를 확대하였다. 넷째, 모든 명제를 진리함수(또는 명제함수)로서 다룰 수 있게 하였다. 이것은 논리학상의 일대의 혁신이자 위대한 진전이 아닐 수 없다. 다섯째, 진리는 철저하게 언어와 세계의 대응관계 속에서 보증되고 있다. 그리하여 논리적 진리는 대응설에 입각해서 보증되고 있다. 그러나 일단 논리적 체계가 형성된 뒤에는 모든 추론은 철저하게 정합론의 진리론을 따르고 있다.14)

또한 명제의 기호화로 인해 언어철학의 측면에서 다음과 같은 의의가 있다고 본다. 러셀은 진리함수의 논리학이 세계의 구조를 밝힐 수 있는 열쇠라고 보고 존재와의 대비 속에서 언어분석을 수행한다. 그 분석의 최후 단계에서 만나는 것은 언어 차원에서는 이름(name)이고 존재 차원에서는 이 이름에 의해 지시되는 개별적 대상이다. 그리고 그는 이름과 개별적 대상 사이에는 일대일의 대응관계가 있다고 본다. 즉, 양자 사이에는 구조적 동일성이 있다는 것이다. 이름과 동일한 구조를 갖는 개별적 대상을 그는 '논리적 원자(logical atom)'라고 부른다.

언어와 세계의 구조적 동형성, 즉 양자 사이의 대응관계에 주목하여 비트겐슈타인(L. Wittgenstein)은 『논리-철학 논고(*Tractatus logico-philosophicus*)』(1921)에서 '그림 이론(picture theory)'을 제시한다. 그에 따르면 언어는 세계를 지시하고 반영한다. 언어는 세계에 대한 그림이다. 따라서 명제가 지시적으로 세계와 일치하면 그 명제(언어)는 참이고 일치하지 않으면 거짓이다. 이런 전제 하에서 그는 명제의 가능한 결합 형식에 진리 값을 배정한 진리표(truth-table)를 고안하였다.

---

14) 소광희, 『철학적 성찰의 길』, 철학과현실사, 2004, 160쪽 이하.

진리표의 의의는 첫째, 명제(언어)가 참과 거짓의 분별이라는 인식론의 차원에서 논의되고 있고, 둘째, 명제(언어)와 세계의 지시적 동형성에 입각해서 명제의 참이 곧 세계의 참을 보증한다는 데 있다. 특히 후자는 언어와 세계가 진리함수적으로 상호 의존하는 관계에 있으므로 언어는 세계에 대해 외연적(extentional)임을 의미한다. 그는 러셀의 이론을 논리적으로 구체화시킨 것이다.[15]

운정은 의식 개혁 운동은 논리적 사고의 훈련을 통해서 가능함을 주장한다. 논리학은 모든 타당한 사고 행위의 기초이자 학문의 기초이다. 논리학은 수학의 기초이다.[16] "적어도 건전한 판단과 구분, 개념적 사고 훈련을 위해서는 중학교 상급반 과정에서부터 논리학이 가르쳐져야 한다고 믿는다. 처음에는 전통적 논리학을, 고교 과정에서는 현대의 기호논리학을 가르쳐야 한다."[17]

결국 운정은 영미의 '언어의 기호화'에 대한 비판적 검토, 즉 그 의의와 문제점을 아래와 같이 정리하고 있다.

첫째, 여기서는 언어를 '약정된 기호'로 보는 것이다. 언어를 함수로 처리할 수 있으려면 개개의 언어가 가지고 있는 질적 측면을 사상해야 한다. 즉, 개개의 언어의 고유성, 독자성, 불변성 등을 제거해야 한다. 그 극단적 조치가 이상 언어를 만드는 것이다. 언어는 기호요, 더욱이 약정된 기호라는 입장을 취하지 않고서는 그것은 불가능하다.

둘째, 언어의 기호화는 철학사적으로 가히 혁명적이라 할 만한 의의를 지닌다. 그것도 지시론적 의미론이라는 인식론으로 완성되었다는 것은 참으로 가상한 일이다.

셋째, 언어를 질적인 차원에서 해방된 기호로 볼 때, 그것을 우리로

15) 같은 책, 162쪽.
16) 소광희, 『패러독스로 본 세상』, 지학사, 1985, 132쪽.
17) 같은 책, 226쪽.

부터 독립한 대상으로서 학문적으로 다룰 수 있게 된다. 그리하여 언어는 '대상언어(object language)'와 '메타언어(meta-language)'로 계층화되고 언어에 대한 소위 학문적 접근이 가능해지는 것이다. 그러나 사실은 연구자가 사용하고 설명하는 언어, 즉 가장 생생하게 살아서 활동하는 언어는 숨어 버리고 만다. 말하자면 이런 접근방식은 학문이라는 이름 아래 언어에 참과 거짓이라는 수의를 입혀 놓고 진정한 사용 언어는 성찰에서 건너뛰고 있는 것이다.

넷째, 러셀이 말하는 '이름과 대상의 동형성'이라는 원자론적 실재론이나 비트겐슈타인의 '그림 이론', 즉 넓은 의미의 언어 환원주의는 매우 위험하다. 왜냐하면 언어는 실재와 반드시 대응하는 것은 아니기 때문이다. 개념은 있으되 그 개념에 대응하는 실재적 대상이 없는 경우는 허다하다.

다섯째, 인식상의 진위를 철저하게 가려내는 것은 좋으나, 우리의 일상 언어는 대부분 진위와 무관함에도 불구하고 진위의 잣대로 재단되면 그것은 마치 프로크루스테스의 침대처럼 작용하여 일상 언어를 죽이고 말 것이다. 실제로 논리적 실증주의의 검증원리는 학문적으로 신학, 형이상학, 윤리학 등을 학문세계에서 추방했을 뿐 아니라 성서를 위시한 모든 경서, 신화와 민담 등 정서적인 명제, 시를 위시한 문학작품 등 우리 생활과 사고에 직접적으로 영향을 미치는 언어를 무의미한 것이라고 선언하고 있다. 이때의 '무의미'가 '소용없다'는 뜻이 아님을 모르는 바는 아니나, 언어를 이렇게 제한하는 것은 언어철학이 언어를 포기하는 것에 다름 아니다. 언필칭, '언어론적 전회'라고 하면서도 특히 지시론적 의미론에서는 기호화된 명제의 진위 계산만 있고, 실제로 주제가 되어야 할 언어는 온 데 간 데 없이 증발하고 말았다.

여섯째, 언어는 명제의 차원에서 연구되고 있는데, 명제화되지는 않았으나 명제화된 것보다 훨씬 유의미한 것, 예컨대 침묵이나 눈짓, 표정, 거동 등은 언어의 범주로부터 배제되고 있다. 말로는 일상 언어를 운위하면서 실제로는 진정한 일상 언어를 추방하고 있지 않은가? 기호화가 가능한 것, 즉 진위를 가리기에 적합한 것만을 일상 언어라는 이름 아래 유의미하다고 하고, 그 밖의 것은 무의미하다고 배제한다면 그 기준은 지나치게 언어를 논리 속에 구속하는 것이 되고 만다. 알아듣지 못할 대사로 가득 찬 연극보다는 몸짓으로 보여주는 무언극이 훨씬 설득력 있다는 것도 알아야 한다.18)

비트겐슈타인에 의하면, "철학의 목표는 사상을 논리적으로 명료하게 함에 있다. 철학은 이론이 아니라 활동이다. 철학의 성과는 '철학적 명제'가 아니라 명제의 명료화이다." 하이데거는 『존재와 시간』에서 진술이 해석과 이해에서 파생됨을 증명함으로써 로고스의 논리학이 '현존재의 분석론'에 뿌리를 두고 있음을 밝히고자 했다.19)

잘 알려져 있듯이, 후설은 계산적 이성에 의한 계산적 방식의 인간성, 즉 위기의 인간성을 낳은 실증주의적 과학관의 출처를 더듬어 추적한다. 그가 이 과학관의 시조로 꼽은 인물은 갈릴레이이다. 그는 자연을 수학화함으로써 물리학을 가능케 하였다. 그가 자연을 수학화했다는 것은 감각에 주어지는 자연의 모든 질적인 차이를 제거하고 자연을 순수 기하학에 적중하는 방식으로 바꾸어 놓은 것을 뜻한다. 한마디로 갈릴레이는 자연을 온갖 형태의 깔끔한 기하학 도형들의 복합으로 바꾼 것이다. 라이프니츠에 와서는 자연은 기하학 도형들의 복합에서 수나 양의 복합으로 바뀐다. 이로써 자연의 양화 가능성이 완결된다. 이 가능성을 현실화하는 학문이 곧 물리학이다. 이제 자연과학적 진리는 객관적 진리의 자리를 차지한다.

후설은 이같이 우리를 둘러싼 세계를 수학화하여 객관화하는 것만이

---

18) 소광희, 『철학적 성찰의 길』, 170-172쪽.

19) M. Heidegger, *Sein und Zeit*, Frankfurt a. M., 1977(GA 2), p.212.

참다운 진리를 획득하는 길이라는 주장을 객관주의 또는 자연과학주의라 일컫는다. 19세기 중반에 이르러 객관주의 심리학이 발달하면서 이제 정신의 영역마저도 수학화하고 객관화해야 한다고 여겨진다. 달리 말해서 객관주의는 우리 인간을 둘러싼 세계뿐만 아니라 우리 인간 자신을 수학화할 수 있는 것으로 여긴다. 여기에다 이 객관주의적 사고 방식은 모든 학문을 일종의 기술로 간주하는 경향을 띠게 된다. 이에 우리 인간을 둘러싼 세계뿐만 아니라 우리 인간도 객관주의적 학문의 기술로써 처리될 수 있는 존재로 전락한다.[20)

요약하자면, 운정이 기획하고 펴낸『기호논리학』은 현대철학의 중요한 트렌드를 형성한 논리실증주의에 기초한 분석철학을 이해하는 데 좋은 참고서가 되었다. 그것은 논리적 사고를 탐구하고 연습하게 함으로써, 개념과 명제를 명료화하는 철학적 훈련을 도모하는 데 도움을 주었다. 그리고 그것은 유럽의 전통철학과 영미의 분석철학 사이의 소통을 통해 철학의 지평을 확장하는 데 이바지하였다.

4. 철학교육의 방향을 제시하다

운정은 여러 경로를 통해 철학교육의 방향을 제시하고 있음을 엿볼 수 있다. 우선 지성인이 되기 위해서는 다음과 같은 조건을 구비해야 한다고 본다. 첫째, 지성이 진실로 부의자가 되기 위해서는 자유로워야 한다. 이때 자유라 함은 이해관계로부터 해방되어 초연한 처지에 있음을 의미한다. 그러기 위해서는 지조가 있어야 하거니와 지조란 반성을 통한 자기 규제를 뜻한다. 둘째, 반성을 통한 자기 규제의 원천으로서

---

20) 조광제, 「유럽 학문의 위기와 선험적 현상학」, 한국철학사상연구소 편, 『철학의 명저』, 새길, 1993, 221쪽 이하.

역사의식이 투철해야 한다. 과거와 미래에 비추어서 사태를 보되, 어떤 것이 변수이어야 하고 어떤 것이 상수이어야 하는가를 정확하게 알아야 한다. 이것이 양식이다. 셋째, 행력자에게는 비판을 감수할 용기가 필요하거니와, 특히 민중을 위해 등불을 밝히는 부의의 사명을 짊어진 지성인에게 있어 용기는 불가결하다. 지성의 외침이 공허해지지는 않았는지 지성인 스스로 되돌아볼 필요가 있지 않을까?21)

운정은 교육이념에 있어서는 무엇보다 역사의식이 중요함을 아래와 같이 밝히고 있다. 즉, 교육이념의 정립에서 고려되어야 할 사항은 예컨대 대학의 경우 대학이 무엇에 공헌할 것인가 하는 것이다. 만일 기술자 양성을 통해 산업에 공헌하겠다고 한다면 지역사회의 산업구조를 보아 거기에 알맞게 특성화해야 할 것이지만, 그 지역사회의 문화 전통 같은 것도 충분히 고려해야 할 것이다. 선교를 위한 대학이라면 그것을 분명히 특성화해야 할 것이다. 대학은 일시적 존재자가 아니며, 적어도 몇 세기를 내다보고 구상되어야 하므로, 교육이념의 정립에는 원대한 역사의식이 요구된다. 역사의식의 결여로 인해 우리가 겪었고 지금도 겪고 있는 시행착오를 생각하면, 교육편제와 그것을 주도할 이념의 정립에 학문관과 역사의식이 얼마나 큰 의의를 갖는가는 강조하지 않아도 알 만한 것이다.22)

다음으로 철학교육에 있어서 논리적 사고의 훈련의 중요성을 강조한다. 사고의 타당성을 가르쳐 주는 것이 논리학이며, 논리적 사고의 훈련을 통해서 의식 개혁 운동이 가능하다. 따라서 철학은 중고등학교에서 미리 가르쳐야 한다는 것이다.

---

21) 소광희, 『패러독스로 본 세상』, 181쪽.
22) 소광희 외, 『현대의 학문 체계: 대학에서 무엇을 배울 것인가』, 민음사, 1994, 331-333쪽.

행위규범이 몸에 배어 있어서 질서를 지킬 줄 알고, 타당한 사고를 함으로써 엉터리 짓을 안 하는 시민은 결코 범죄를 저지르지 않을 것입니다. 그런 시민을 나는 이데올로기를 늘 입에 달고 다니는 소위 사상적 인텔리보다 몇 갑절 존중합니다. 국가와 사회의 발전에 실제로 공헌하는 사람은 바로 이런 시민이라고 나는 믿고 있습니다. 그 위에 사물과 현실을 정확하게 보고 올바로 평가할 혜안을 갖추고 의연하게 자아를 정립한 인물이 된다면 금상첨화지요. 이런 인간상을 빚어내기 위해 꼭 소용되는 학문이 있다면 그것은 말할 나위 없이 철학일 것입니다. 그러나 나는 윤리학은 물론이고 논리학이라도 대학 이전의 각급 학교에서 가르치기를 권해 보는 것입니다.23)

운정은 논리교육의 중요성을 역설하면서, 건전한 판단과 구분, 개념적 사고 훈련을 위해서는 중학교 상급반 과정에서부터 논리학을 가르쳐야 한다고 주장한다. 처음에는 전통적 논리학을, 고교 과정에서는 현대의 기호논리학을 가르쳐야 하며, 그리고 이런 과목은 입학시험에 끼워 넣어야 한다는 것이다. 이렇게만 된다면 구태여 교육과정에서 철학을 가르치지 않아도 사고의 정상을 잃은 국민을 양산하지는 않을 것이다. 만일 중고교 과정의 수업시간 때문에 따로 추가하기가 어렵다면 현행 교과목 및 수업시간 배정이 과연 현재와 미래 사회에 비추어 반드시 타당한지 재검토해야 할 것이다.24)

그리고 '철학'이란 번역어가 갖는 문제점을 제시하면서, 그것의 본래의 의미를 잃지 않도록 환기시킨다. 다시 말해 학문으로서의 '철학'이란 용어에 대한 문제점을 제시한다. 학문으로서의 철학이라 할 때, 과연 철학이라는 개념이 철학이 다루는 학문의 본질과 성격에 적합한가에 대해 반성하는 일이다. 사실 '철학'이라는 학술어는 우리의 먼 문화

---

23) 소광희, 『패러독스로 본 세상』, 132-133쪽.
24) 같은 책, 226쪽.

전통 속에 옛날부터 있어 왔던 것도 아니고, 그 이름 아래 연구되는 학문의 본질이나 성격에 꼭 들어맞는 것도 아니다. 단지 서양의 '필로소피'를 달리 번역할 길이 없으니까 '철학'이라고 한 것을 그대로 써오고 있는 터이다. 학문의 본질적 성격을 고려한다면 '형이상학'이나 '원리학', '본학', '이학', 또는 전래의 것을 살려서 '성리학'이라고 해도 무방할 것이요, 낱말의 뜻을 그대로 전달하려 했다면 '愛智'라 해도 무방할 것이다. '哲' 자는 상태를 가리키는 형용사에 불과하다. '學' 자 앞에 와야 마땅한 것은 그 학의 대상이거나 연구방법이라야 하는데, '철학'의 경우 그렇지 못하다.25)

철학은 지혜에 대한 사랑이다. 지혜의 '획득'이라기보다는 그것을 위한 끝없는 '도정'이요, 끈질긴 비판활동이다. 철학적 지혜는 사실의 현상적인 분석과 기술이라기보다는 그 내면적 근거와 본질 및 전체적 의미연관을 통찰하여 좀 더 근원적으로 사태를 파악하고 판단하는 능력이다. 일상생활에 있어서나 과학에 있어서나 무반성적으로 간과되어 버리는 객관적 사실세계를 다시금 붙잡아, '내 앞에(pro)', '던져진 것(blema)', 즉 '문제(problem)'로 인수하고, 그 속에 파묻혀 예사로이 넘어가서 '잃어버렸던 것(letheia)'을 '되찾아(a-)' 드러내는 '진리(aletheia)' 발견의 끝없는 도정이다. 사실의 객관화된 현상적인 기술을 근원적으로 포괄하는 이러한 진리에 대한 사랑으로서의 철학은 그 본성상 지칠 줄 모르는 비판적 물음의 연속으로서 실증적인 사실이 아니라 그 사실의 근거를 묻는 것이며, 사실의 기술이 아니라 그러한 기술의 방법과 의미를 묻는 것이며, 지식이 아니라 그 전제와 전체적인 관련을 묻는 것, 요컨대 우리가 일상생활과 과학적 탐구에서 교섭하고 있는 것 전체의 근거와 의미를 묻는 것이다. 이 어찌 한갓 개별과학의

---

25) 같은 책, 221쪽 이하.

부분적 대상과 대립되는 의미의 전체적 대상이리오. 철학은 어떠한 가정도 그대로 용인하여 받아들이지 않고 항상 모든 문제의 근거를 근원적으로 탐구하려는 늘 새로운 물음의 제기요, 그 해결의 노력이다.26)

운정은 초심자에게 철학에의 길을 안내하는 철학개론을 강의함에 있어 그 방식에 세 가지가 있을 수 있다고 본다. 철학사 중심의 방식, 철학자 중심의 방식, 그리고 문제 중심의 방식이 그것이다.

첫째, 철학사 중심의 강의 방식

철학사란 인간 사유의 역사적 전개이자, 인간으로서 가능했던 온갖 사유의 전시장이기도 하다. 그리고 제각기의 사유의 배후에는 그렇게 사유하지 않을 수 없는 철학적 동기와 맥락과 계기가 있다. 그것은 역사적, 사회적, 개인적인 모든 특성을 밝힘으로써 올바로 파악될 수 있다. 이런 것들을 깊이 고려하다 보면, 일관된 사유의 역사적 전개가 소홀해지기 쉽고, 전개의 일관성을 염두에 두다 보면, 사유의 생동성을 망각하여 추상적 개념의 나열이 될 위험이 있다. 그뿐 아니라 객관성이라는 것도 문제이다. 가령 서양철학사의 경우만 하더라도, 독일 사람이 쓴 것과 영국 사람이 쓴 것이 다르고, 또 어떤 사상을 바탕으로 해서 썼느냐에 따라 다르다. 슈베글러(A. Schwegler)가 쓴 철학사는 헤겔적이고, 러셀의 철학사에는 경험주의가 강조되어 있다. 객관적이라 해서 위버베크의 철학사를 보면, 이것은 철학사의 백과사전이나 일지(日誌)는 될지 모르나 사유의 생동성은 없다. 생동성이 없으면 사유의 감흥이 없다. 감흥이 없는 데에서는 왕성한 사유가 일어나지 않는다. 산과 동시에 숲을 보듯이, 사유의 전개과정을 일관해서 보되, 그 마디마디의 생생한 구체성도 보아야 한다. 객관적이고 생동적이어야 한다.

---

26) 소광희 외, 『철학의 제문제』, 30쪽.

그러나 이 모든 여건을 충족시킨 철학사란 없다. 각기 자기가 본 산을 그리고 있다 할 것이요, 어찌 보면 그렇게밖에 할 수 없는 것이 아닌가 하는 생각도 든다.

둘째, 철학자 중심의 강의 방식

철학자 중심으로 가르친다는 것은 더 어렵다. 위대한 철학자는 각기 자기 나름의 고유한 문제와 철학을 가지고 있으며, 그 철학으로 일체를 설명한다. 동일한 사태, 예컨대 종교에 대해 각각의 철학자가 견해를 달리하는 것은 이 까닭이다. 그래서 가령 누가 플라톤을 전공한다면 그는 적어도 플라톤적으로 만유를 보는 안목과 능력을 가져야 한다. 나아가서 플라톤이 직접 언급하지 않은 문제에 대해서도 그의 철학적 원리에 입각해서 플라톤을 대신하여 설명할 수 있어야 한다. 솔직히 말해서 한 철학자의 사유 유형을 몸에 지니기도 힘겨운 터에 여러 철학자나 여러 유형의 사유를 비교하면서 가르치기란 결코 쉽지 않다. 그렇다고 해서 수강자들에게 자기의 전공분야나 한 철학자의 사유만을 강의해서도 안 되거니와 개설서나 소개서만을 적당히 읽어 가지고서는 감명을 주는 강의가 될 수 없다.

셋째, 문제 중심의 강의 방식

문제 중심의 강의 방식은 가장 어렵다고 할 것이다. 왜냐하면 어떤 문제든 그것은 인간의 문제요, 인간의 문제인 만큼 반드시 먼 연원과 배경을 가지고 있으며, 또 시대와 사회, 철학자마다의 고유한 사유방식 등에 따라 늘 변형을 겪을 터이므로, 그것을 일일이 추적하기란 심히 곤란하기 때문이다. 그리고 그 문제라는 것이 도대체 한두 가지가 아니고, 무엇이든 철학자의 눈에 띄기만 하면 문제가 되지 않는 것이 없기 때문이다.[27]

무엇보다 철학의 연구방법은 고전을 연구하는 길이라고 한다. 과학에 과학적 연구방법이 있듯이 철학에도 고유한 사유의 길이 있다. 그러나 이 길은 가르쳐지는 것은 아니라고 했다. 사유의 거장과 함께 저 물음을 가지고 직접 대화하는 것이 이 방법을 체득하는 최상의 길이다. 그 좋은 예를 우리는 플라톤의 『대화』와 공자와 제자 간의 대화인 『논어』에서 본다. 오늘날 이 길은 불가능하다. 다음으로 가능한 길은 위대한 철학자들의 정신이 낳은 고전을 연구함으로써 스스로 철학하는 방법을 체득하는 것이다. 여기서 고전 연구라는 말은 훈고학을 의미하지 않는다. 고전 연구란 철학자와 대화하는 것이다. 이 대화를 통해 우리는 철학자의 철학정신에 접하게 된다. 그 정신 속에서 우리는 논리의 엄격성을 배울 수 있고, 우리가 부지불식간에 범한 오류를 지적받을 수도 있다. 올바로 사는 길을 가르침 받을 수 있는가 하면, 미처 몰랐던 일을 깨우치게 되기도 한다. 인류가 살아온 전 역사를 한눈에 볼 수 있는 지혜를 갖게 되기도 하며, 혼란스러워 보이는 세계에 질서를 세워 보는 원리도 모색할 수 있게 된다. 남이 나 못지않은 인격의 주체임을 알게 될뿐더러 작은 곤충을 통해서도 생명에 대한 경외를 느끼게 된다. 무엇이 가치 있고 무엇이 선하고 아름다운지, 그리고 거룩함이란 무엇이며 진리란 어떤 것이어야 하는지를 사유하게 된다.

여기에 또 한 가지 궁금증이 생길 수 있다. 고전을 읽으라고 하지만 어떤 고전을 어떻게 읽느냐 하는 것이다. 먼저 철학사를 읽는 것이 중요하다. 지식이 없는 듯이 보이는 철학자도 철학사에 크게 기록되는 일이 전혀 없는 것은 아니나, 그런 예는 전 철학사를 통하여 한두 사람에 불과할 것이다. 고전을 읽음에 있어서는 먼저 그 저자의 문제의식을 정확하게 이해해야 한다. 그러니 한두 번 적당히 읽어서는 안 된다.

---

27) 같은 책, 237-238쪽.

이때는 전적으로 저자의 입장이 되어야 한다. 개념 하나하나를 확실히 해야 하는 만큼 가장 힘든 고비이기도 하다. 이 단계에서는 전적으로 저자 자신의 입장이 되어야 하므로, 작품 속에 뛰어들어서 몰아적이 되어야 한다. 이것을 독서삼매라고도 하거니와 그렇게 되면 작자와 일심동체가 되어 어깨춤을 추면서 그 사유 속에서 놀 수가 있다. 이렇게 해서 저자의 문제의식과 사유의 길을 충분히 체득한 다음에는 그것을 저자의 입장에서 재구성해 보아야 한다. 따라서 한 철학자의 저술을, 설사 그것이 주저라 하더라도, 한 권만 읽어서는 안 되고, 될 수 있으면 그의 전 저술을 읽어야 한다. 그러기에 빈델반트는 칸트를 이해하는 것은 그를 넘어서는 것이라고 말한다. 한 철학자의 사유세계를 한꺼번에 볼 수 있는 경지에 서야 한다는 뜻이다.

고전을 읽음으로써 그 철학자의 사유 차원에 도달하게 되고, 사물을 철학적으로 보는 혜안이 열리는 것이다. 그러므로 고전을 직접 읽지 않고 개론이나 소개서, 해설서만 읽고 철학을 한다는 것은 뿌리 없는 나무가 자라기를 바라는 것과 조금도 다를 바가 없다. 그것은 마치 사료 없이 역사를 연구하는 것처럼 무의미하다. 다시 말하거니와, 철학에 있어서는 고전을 읽지 않고 철학한다는 것은 전혀 불가능하다고 단언할 수 있다. 모든 학문 분야 중에서 유난히 고전이 절대시되는 분야가 철학 분야라고 해도 결코 과언이 아니다.28)

그리고 철학은 당대의 문제에 대한 사상적 대응임을 운정은 강조한다. 철학사는 사유의 일관된 과정이자, 사유의 전시장이다. 사유의 전개를 통해 그때그때의 문제와 그것이 오늘에까지 이어져 온 맥락을 보아야 한다. 그 속에서 현대의 문제가 무엇인지, 현대의 정위치가 어디인지를 알아야 한다. 위대한 철학자는 당대의 문제를 재빨리 포착해서

---

28) 같은 책, 245-247쪽.

그것을 철학사적 맥락 속에 접합시켜 해결하는 사람이기도 하다. 그러기에 자기의 고유한 관심 내지 현대의 문제를 놓고 함께 대화해 볼 만한 철학자를 발견해야 한다고 운정은 강조한다.

마지막으로 그 철학자의 사유세계로부터 현대의 문제를 해결할 수 있는 메시지는 무엇이며, 현대적 해석에 비추어 어디가 잘못되었는지 등을 비판적으로 음미해야 한다. 그리고 이 단계에서 비로소 제삼자가 쓴 연구서나 비판서 등을 읽어야 한다. 그것은 또 많은 참고가 될 것이다. 이것이 철학에 있어서 고전을 읽는 기본태도인 것이다. 그럼에도 불구하고 개설서나 소개서가 나오는 것은 그 개설서, 소개서의 저자가 자기의 사유를 한번 정리해 본 것에 불과하다. 그래서 운정은 될 수 있는 대로 개설서, 소개서를 읽지 말도록 권유한다. 힘들어도 반드시 고전을 직접 읽으라는 것이다.

요약하자면, 운정은 철학교육을 현장에서 실행해 온 전문가로서 그에 대한 적실하고 유의미한 지침들을 소개한다. 특히 철학 강의와 철학 연구의 방법들에 대한 안내, 당대의 문제에 대한 철학적 대응 등을 소개한다.

제 **6** 장

'나의 삶, 나의 철학'

1. 운정 철학의 고향: 유래는 미래로 머문다

운정은 대전(한밭)과 유성 사이 유천(柳川, 버드내)에서 태어나고 자랐다. 그곳은 동으로는 멀리 계족산이 있고 서로는 그만한 거리에 구봉산이 누워 있으며, 북으로는 유성 너머에 계룡산이 솟아 있고, 남으로는 대전의 진산 보문산이 우뚝하다. 모두 버드내에서 7-8킬로미터의 거리이다. 마을 앞에는 버드내가 흐른다. 대전 한가운데를 흐르는 대전천과 유성의 갑천(甲川), 버드내, 이 세 냇물은 서쪽에서 동쪽으로 흐르다가 합쳐져서 대청호에 흘러든다. 대청호 물은 서쪽으로 공주를 향해 흐르면서 금강을 형성한다.

그의 정신과 몸을 키워 낸 고향은 당시에는 전형적인 한국의 농촌마을이었다. 버드내를 따라 펼쳐진 고향 들녘은 가족들의 삶의 터전이었고, 그 마을의 전통과 풍습은 그의 정신세계의 원천이 되었다. 인간의 자연적이고 정신적인 유래는 그의 미래에도 부단히 영향을 미친다. 인간의 자연적, 문화적인 기원은 그의 삶을 결정한다고 하지 않는가!

운정이 소싯적부터 온몸으로 경험한 고향의 가없이 높고 푸른 하늘과 별이 총총한 밤하늘! 그 아래 펼쳐진 황금빛 들녘과 부드럽고 유장한 산하(山河), 그리고 고요한 들길과 맑은 샘과 숲! 미풍양속을 지키면서 단순하고 소박하게 살아가는 가족들과 이웃 시골 사람들의 성실함과 다정함! 이 모든 것들이 운정의 정신세계의 고향이자 근본 바탕이 된 셈이다.

이런 연유에서 운정이 즐겨 쓰는 사유의 언어에서는 농부, 대지, 들길, 수확, 길, 발자국, 숲 등이 등장하고 있다. 그는 살아오면서 흔적을 남긴 사유의 발자국을 『마흔 개의 발자국』으로 모아 출간하기도 했다. 운정은 경이감으로 가득 차서 바라본 하늘과 땅은 자신에게 '인문학의 고향'임을 아래와 같이 유려한 문장의 수채화로 그려 내고 있다.

하늘은 텅 비어 무한한 자유를 허용한다. 우리의 영혼은 거기를 향해 열려 있다. 거기는 상상력의 고장으로서 종교와 철학, 문학과 예술의 근원이다. 인문학의 고향은 거기다. 이 하늘의 정기를 받아 인간은 만물의 영장이 되는 것이다. 상상력은 자유가 무한하게 보장되어 있는 곳에서 자란다. 일본인들이 하늘을 '空'이라고 하는데 그럴듯하다. 하늘로 올라갈수록 태양에 가까이 갈수록 대기는 차가워진다. 하늘을 향한 머리는 차게 해야 좋은 생각이 떠오른다. 먹장구름이 짓누르는 날씨는 사람의 정신을 흐리게 한다. 땅은 질료와 에너지를 공급한다. 거기서 힘을 받지 못하면 모든 생물은 성장할 수도 건강할 수도 없다. 생존 자체가 불가능하다. 신토불이는 바로 그것을 말한다. 자연과학의 출발지는 거기다. 머리는 차게 하고 발은 따뜻하게 하라는 것은 이런 천지의 원리에 맞게 하라는 가르침이다. 사람이 죽으면 몸과 영혼은 각기 제 고장으로 돌아간다. 몸의 고장은 땅이고 영혼의 고향은 하늘이다. 몸은 죽으면 땅으로 가서 그 구성요소인 지수풍화로 해체되고, 영혼은 하늘나라로 돌아간다고 한다. 몸에 갇혔던 영혼이 훨훨 날아가는 것이다.

그래서 죽음을 영혼의 해방이라고 찬양하기도 한다. 하늘은 무한히 열려 있는 영혼의 고향이므로 거기에서 영혼은 얼마든지 자유롭게 비상할 수 있다. 영혼은 아무런 책임도 지지 않을뿐더러 무슨 생각을 하든 실증될 필요도 없다. 실증은 땅의 것이지 하늘의 것이 아니다. 종교인들은 거기에다 얼마든지 이상향을 건설할 수 있다. 그것들은 지상에서 보면 전부 허위일 수 있지만 더러는 진실일 수 있을 것이다.[1]

자연 가까이에 살고 자연에 기대어 사는 사람은 자연의 소리, 숨결과 맥박을 누구보다도 잘 감지할 수 있다. 그런 자연인은 뭇 존재자의 탄생의 신비와 성장 그리고 무상한 쇠락과 사멸, 그리고 철마다 회귀하는 자연의 재생과 리듬을 온몸으로 느낄 수 있다. 운정은 어린 시절부터 이런 자연세계의 경이를 온몸으로 느끼며, 모든 존재자가 시간의 법칙과 운행 앞에 순응하는 '시간의 수수께끼'를 자연과 세월의 변화와 교차 속에서, 말하자면 자연이란 텍스트 속에서 체득한 것이다. 이런 원초적 경험이야말로 시간의 흐름 속에서 존재의 실상과 진리를 읽어 내고자 하는 운정 철학의 시원적 고향으로 여겨진다.

세월이 흘러가는지 달려가는지는 모르나 가는 것만은 사실입니다. 나는 일찍이 세월이 가고 인생은 마치 강물 위의 낙엽처럼 세월에 실려 흘러가는 것으로 생각하여, 늙는 탓을 세월의 무상함에 돌리고 그 무정함을 원망하곤 했습니다. 거울에 비추어서 비로소 제 모습을 볼 수 있듯이 나 자신의 삶의 변화도 계절의 변화에 비추어서 알 수 있었다는 것입니다. 그것은 아마 우리의 모든 감각기관이 대상을 향해 밖으로 열려 있기 때문인지도 모르지요. 그러나 알고 보니 세월이 가는 게 아니라 인생이 가는 것, 살아가는 것입니다. 철따라 세월이 가든, 세월 따라

---

1) 소광희, 「하늘과 땅 사이에서」, 『철학과 현실』, 제91호, 철학문화연구소, 2011 겨울호, 196쪽 이하.

인생이 가든, 간다는 것은 길 위에 있다는 것이요, 그래서 천체도 천도 위에서 운행하고 인생도 인도(人道) 위에서 살아가는 것입니다. 인생이란 한마디로 죽음에로의 도상(途上)을 방랑하는 나그네, 인도란 그 방랑의 길인 듯싶습니다.[2]

운정은 시간의 지평 위에서 또한 사유의 도상에서 위와 같이 인생이 가는 것, 즉 살아가는 것임을 엄숙하게 받아들인다. 그에게 자연의 텍스트와 삶의 텍스트는 서로를 비추며 엮어진다. 그의 인생은 고향의 들길에서 시작되었다. 그 들길에서 확 트인 하늘을 바라보면서 거기에 펼쳐지는 별들의 운행, 작열하는 태양의 광휘와 진동하는 천둥과 번개의 섬광, 높푸른 가을 하늘의 청명함, 새벽의 여명과 아침 햇살의 눈부신 청량함, 아름답고 아련한 붉은 저녁노을! 그 모든 하늘의 운무, 향연 그리고 숭고(崇高)를 가슴 깊이 만난다. 그 길 위에서 하늘 너머의 에테르 및 초월적인 영기마저 감지하며, 그 이상을 상상한다.

그가 성장하면서 거닐었던 들길 위에는 가난한 농부들의 소박한 이야기가 깃들어 있다. 더구나 그들의 희로애락의 발자국 소리도 짙게 스며 있다. 들판의 곡식은 농부의 기침 소리와 발자국 소리를 듣고 자란다고 하지 않는가! 그 길 위에는 가족의 생존을 짊어지고 땀 흘리며 노동하는 촌부들의 고단한 일상의 근면함과 강인함과 함께 자녀들의 미래에 대한 희망과 수확을 기다리는 기쁨과 감사도 서려 있다. 마치 밀레의 '만종'의 은은하고 경건한 풍경처럼, '이삭줍기'의 자연 속에 정직하게 살아가는 농부들의 삶의 모습처럼, 그리고 고흐의 '농부 아낙네의 구두'의 실팍하고 강인한 자태처럼! 운정은 또한 그 들길 위에서 애써 수확한 농작물을 내다 팔기 위해 달구지를 끌고 다니셨던 조부를 만나기도 했다. 아직 십 대의 청소년이었던 운정은 학교를 파하고 돌

---

2) 소광희, 『무상의 흔적들』, 운주사, 1999, 91쪽.

아오자마자 들녘에 나가 어머님의 농사일을 도와드리고 함께 어둑어둑한 들길을 따라 호롱불 깜박이는 집으로 돌아오는 가난하지만 행복한 추억을 가슴 깊이 아로새기고 있다.

내 인생은 이 들길에서 시작되었습니다. 빈농의 아들로서 타고난 것이라곤 논두렁 정기밖에 없습니다. 우람한 산의 정기를 받지 못했으니 강한 의지를 기르지 못했고, 저잣거리에서 자라지 않은지라 돈과도 인연이 없으며, 주변에 출세한 사람이 없어 벼슬이 무엇인지도 모릅니다. 농부의 밑천은 참을성과 근검절약밖에 더 있겠어요. 약삭빠르지 못해 늘 손해를 보면서 거북이처럼 참을성 있게 외딴길을 걸어온 것 같군요. 서리가 하얗게 내린 새벽길을 맨발로 달리다가 돌부리에 채여 넘어지기도 했고, 동행인도 없이 방황하다가 길을 잃어 갈팡질팡하기도 했으며, 망연히 길 위에 서 있기도 했습니다. 가던 길이 다시 원점으로 돌아오는 일도 한두 번이 아니었습니다. 그렇건만 고집스럽게도 한길만 걸어왔습니다.[3)]

운정의 사유의 세계는 슈바르츠발트(Schwarzwald)에 속한 독일 남서부 지역의 슈바벤(Schwaben) 시골 출신인 하이데거의 그것과 태생적으로 닮아 있는 듯하다. 하이데거는 자신의 전집 작품들을 그가 걸어온 '사유의 길들'이라고 하지 않았던가! 그의 사유를 '길 사유(Wegdenken)', '사유길(Denkweg)'이라 칭하고, 또한 그의 작품에는 『숲길』, 『들길』, 『사유의 길 위에서』 등도 있다. 그도 평생 자신이 걸어온 사유의 길에 대해서 아래와 같이 술회하고 있다.

나는 언제나 단지 불분명한 길의 흔적만을 따랐을 뿐이다. 그러나 나는 어떻든 그 길의 흔적을 따랐다. 그 흔적은 거의 알아들을 수 없는

---

3) 같은 책, 92쪽.

약속과 같은 것으로서 자유로운 장(das Freie)으로의 해방을 고지하고 있었다. 그러나 그것은 어떤 때는 어둡고 혼란스럽게 나타났다가 어떤 때는 번갯불처럼 갑작스럽게 자신을 드러내었다. 그러고는 그것을 말하려는 모든 시도에 대해서 오랫동안 다시 자신을 감추고는 했다.4)

하이데거는 고향 집에서 출발하여 하늘과 땅과 연결된 들길을 거닐면서 자신의 사유를 길러 왔노라고 술회한다. 그의 사유의 고향 역시 '들길(Feldweg)'임에 틀림없다.

들길은 호프가르텐 성문에서 시작하여 엔리트 쪽으로 뻗어 있다. 성의 정원에는 고령의 보리수가 서 있다. 들길은, 부활절 즈음에는 피어나는 싹들과 깨어나는 목장 사이에서 밝게 빛나고, 성탄절 즈음에는 눈보라 속에서 가장 가까운 언덕 뒤로 사라진다. 그러나 보리수는 언제나 성벽 너머로 들길을 바라본다. 들길에는 십자가가 서 있고, 들길은 이 십자가에서 숲 쪽으로 구부러진다. 들길은 숲 자락을 지나면서 거기에 서 있는 키 큰 떡갈나무에게 인사를 한다. 떡갈나무 밑에는 거칠게 만든 의자가 있다. 그 의자 위에는 가끔 위대한 사상가들의 이런 혹은 저런 글이 놓여 있었고, 젊은 시절 나는 곤혹스러워하면서 그 글들에 담긴 수수께끼를 풀려고 애썼다. 수수께끼들이 몰려들어 어떠한 출구도 보이지 않을 때 들길이 도와주었다. 들길이 넓게 펼쳐진 거친 들판을 통과하는 구불구불한 좁은 길 위에서 조용히 발길을 인도했기 때문이다. 글을 읽든 홀로 사색을 하든 사유하는 자는 항상 들판을 통과하면서 이어지는 좁은 길 위를 걸었다. 아침 일찍 풀을 베러 가는 농부의 발걸음에 가까이 있었던 것처럼, 들길은 사유하는 자의 발걸음에 항상 가까이 있었다.5)

---

4) M. Heidegger, *Unterwegs zur Sprache*, Frankfurt a. M., 1985(GA 12), p.130.
5) M. Heidegger, *Aus der Erfahrung des Denkens*, Frankfurt a. M., 1983(GA 13), p.37.

하이데거도 고향의 숲길과 들길을 자주 거닐며 그리고 평생 숲 근처에 살았다. 이런 자연환경 속에서 그는 이웃의 농부들과 친밀하게 지내면서 자신의 창조적 사유의 세계를 일구어 나갔다. 특히 하늘, 대지, 숲, 들, 길 등의 메타포는 그의 사유의 기표들로 등장한다.

운정도 무척 숲을 좋아한다. 시간 나는 대로 그는 숲을 찾는다. 숲은 생명과 생존의 모태이다. 목숨이 있는 자에게 숨 쉴 수 있는 신선한 공기와 마실 수 있는 물을 보내 주고, 집 지을 재목을 제공하고, 온갖 동식물이 살아가도록 먹거리와 놀이터를 선사하며, 뭇 생명체들이 살 수 있는 삶의 터전을 선사한다. 숲은 항상 고단하고 지친 마음에 평안과 고요를 선물한다. 숲의 풀벌레 소리와 새들의 노래는 우리의 정신과 영혼을 한 차원 높은 세계로 이끌어 간다. 거기서 동식물과 암석, 밭과 초지 그리고 숲속의 빈터, 하늘의 밝은 빛과 구름, 바람과 향기, 계곡의 샘과 실개천 그리고 알 수 없는 숲의 정기(精氣)를 느낀다. 흔히 숲을 소우주인 동시에 작은 지구라고 부르지 않는가! 숲속의 거주자들은 자신들에게 걸맞은 연합과 융합을 통해 상생하는 제휴관계를 맺는다. 때로는 그들 사이에 생존경쟁의 치열한 갈등과 대립도 상존한다.

이른바 '숲길로의 산책'은 철학적이고 예술적인 영감과 부질없고 하찮은 몽상도 생겨나게 한다. 운정은 「산으로 들로」라는 에세이에서 숲길의 산책은 철학적 아이디어의 산실임을 이렇게 밝히고 있다.

연구실은 과학자에게는 실험실이고 인문학자에게는 서재다. 철학자나 종교인의 사색은 반드시 연구실에서만 나오는 것이 아니다. 실지로 괜찮은 생각은 서재에서 나오기보다 산책로에서 나온다는 것을 나는 경험을 통해 안다. 아리스토텔레스가 산책로 위에서 제자들과 담론하면서 가르쳤다고 해서 그의 학파를 페리파토스(Peripatos, 소요) 학파라고 부른다는 것, 루소가 만년에 산책로 위에서 한 사색을 모아 『고독한 산책

자의 꿈』으로 묶어 냈다는 것 따위를 일일이 들추지 않더라도 웬만한
아이디어는 대개 길 위에서 나온다. 나는 4, 5일에 한 번 꼴로 마을 앞
에 있는 광교산 자락에 오른다.6)

하이데거는 사방세계(das Gevierte)에서 땅을 하나의 방역(Gegend)
으로 보고, 땅에 속한 숲을 존재의 토포스(topos, 장소)로 경험하며,
'숲속의 빈터(Lichtung)'를 언급한다. 존재 개시 속에서 존재자의 드러
남을 말할 때 '리히퉁(Lichtung, clairiere)'이란 말을 사용한다. 빽빽한
나무들로 뒤덮인 어두운 숲속에 환한 빛이 들어와 있는 빈터는 숲의
존재자들을 드러내게 하는 배경이요 본바탕이다.

잘 알려진 프로스트(Robert Frost)의 시, 「눈 오는 밤 숲에 머물러
(Stopping By Woods on A Snowy Evening)」는 그지없이 아름답다.

이게 누구의 숲인지 나는 알 것도 같다.
하기야 그의 집은 마을에 있지만
눈 덮인 그의 숲을 보느라고
내가 여기 멈춰 서 있는 걸 그는 모를 것이다.

내 조랑말은 농가 하나 안 보이는 곳에
일 년 중 가장 어두운 밤
숲과 얼어붙은 호수 사이에
이렇게 멈춰 서 있는 걸 이상히 여길 것이다.

무슨 착오라도 일으킨 게 아니냐는 듯
말은 목방울을 흔들어 본다.

---

6) 소광희, 「산으로 들로」, 『철학과 현실』, 제82호, 철학문화연구소, 2009 가을호,
176쪽.

방울 소리 외에는 솔솔 부는 바람과
솜처럼 부드럽게 눈 내리는 소리뿐

숲은 어둡고 깊고 아름답다.
그러나 나는 지켜야 할 약속이 있다.
잠자기 전에 몇 십 리를 더 가야 한다.
잠자기 전에 몇 십 리를 더 가야 한다.

시의 화자(話者)는 동짓달 그믐밤 말을 몰아 눈 내리는 숲을 지나다가 문득 발길을 멈춘다. 눈발 속의 숲이 너무 아름다워 그냥 지나칠 수 없었기 때문이다. 삶의 가장 신성한 순간처럼 숲은 아름답고 어둡고 깊다. 그러나 "산성비와 산성눈이 내리는 시대의 독자가 그간 아무 일도 없었다는 듯이 예전처럼 행복하게, 딸꾹질 한 번 하지 않고, 이를테면 프로스트의 시 「눈 오는 밤 숲에 머물러」를 읽으며 즐거워할 수 있을까?" 시인은 비와 눈을 아름답게 묘사하고 계절의 순환을 노래한다. 하지만 오염 때문에 비와 눈을 마음 놓고 즐길 수 없다. 도시의 삶은 계절의 변화에 갈수록 둔감해진다. '시인은 숲으로 가지 못한다'라는 이런 현실에 대한 도정일 시인의 자조(自嘲)이자 한탄이다. 시와 현실의 거리, 시인과 도시민의 괴리. 그래서 "눈 내리는 숲으로 달려가지 않는다. 산성눈 내리는 지금 이 세계의 어느 숲이 아름다울 것이며, 누가 그 숲에 취해 발길을 멈추겠는가?" 시인은, 그리고 도시민은 숲으로 가지 못하지만 숲은 여전히 그곳에 있다. 생명을 키우고 생명과 호흡하며 하나의 생명이 된다.[7]

요약하자면, 운정은 공식적으로 책과 스승을 통해 철학하기 이전에

---

7) 도정일, 『시인은 숲으로 가지 못한다』, 문학동네, 2016. http://goo.gl/Cg3vEi 참조.

고향의 산하에 펼쳐진 들길과 숲길에서 자연과 삶의 텍스트를 통해 철학함의 사유의 길을 시작했음을 확인할 수 있다. 운정의 철학함의 묘판은 고향의 하늘, 들길과 산길이며, 이 길에서 펼쳐진 소박하고 근면하신 조부와 어머니와 이웃들과 함께 겪었던 어린 시절의 질박한 삶의 추억들이다. 그 이후에도 인생 길(人道) 위에서 사색의 여정을 이어 간 것이다. 따라서 그의 철학적 사유의 고향은 자연적인 텍스트로서의 한 밭 변의 버드내와 그가 속한 고향에서의 삶의 공동체의 문화적 텍스트인 셈이다. 거기에는 식민지 시대의 조국에서 어렴풋이 느끼게 되었던 한민족의 비운의 역사의식도 깃들어 있다. 이런 사유의 유래는 미래의 그의 사색의 여정 속에 산종(散種)되고 여일하게 흔적으로 살아 있다. 오늘도 숲과 들로 나아가 사유의 여정을 이어 가는 운정의 모습을 어떻게 규정할 수 있을까? 그것은 바로 하이데거의 "유래는 항상 미래로 남는다"는 변함없는 소박한 진리를 확증해 주는 셈이다.

2. 올곧은 철학함의 길: 의로운 삶과 고귀한 단순함

윤리와 종교에서 최고의 덕목은 사랑이다. 그러나 사랑도 올곧은 의로움(정의)이 수반되지 않으면 방향을 잃어 왜곡될 수 있다. 따라서 사랑 없는 정의도 공허하고, 정의 없는 사랑도 맹목적이다. 운정은 '의로운 삶'을 인생 신조로 삼고, 후대에 정신적 유산으로 남기고자 한다. 의로움이란 개인, 가정, 공동체 모두가 지향해야 할 보편적 덕목이다. 의로움이 삶의 중심에 있고, 의로움이 인간들 사이에 존재해야만 의로운 사회가 이루어질 것이다. 모름지기 의로운 사람이 되고, 의로운 공명정대한 사회가 되어야만 최고의 덕목인 사랑도 구현될 수 있다. 따라서 올곧은 의로움은 건전한 사랑 실천의 전제가 된다. 이런 점에서

의로움이 존재할 때 인간적 사랑도 완성될 수 있는 것이다. 따라서 의로움은 인격의 정수이다.

이는 조선 유학의 거장인 남명(南冥) 조식(曺植)의 학문의 실천지표인 경(敬)과 의(義)의 정신과 통한다. "군자는 경으로써 안을 곧게 하고, 의로써 바깥을 바르게 한다"(『주역』)는 것을 거울삼아 그는 경과 의의 선비정신을 실천하였다. 이 의로움이 운정의 철학적 삶의 중심에 자리하고 있음을 발견할 수 있다.

> 벌거숭이로 태어나서 세상에 있는 것을 잠시 빌려 쓰다가 죽는 게 인생이다. 세상에 있는 것이 어디 재물뿐이랴. 명예도 있고 지식도 있을 것이다. 그러나 '인생 그 자체'로 보면 이것들이 가장 중요한 것이 아니리라. 가장 중요한 것은 뭐니 뭐니 해도 '의롭게' 살다가 죽는 것이라고 나는 생각한다. 이것이 나의 좌우명이고 나의 인생신조이다.8)

앞서도 언급하였듯이, 운정은 현대의 고도 산업사회를 다스릴 규범을 세우려면 가치의 허무주의에서 깨어나서 사람답게 살 수 있는 사회를 위하여 마땅히 사회정의를 첫째 규범으로서 삼아야 한다고 본다. 그리고 그 사회정의의 속성으로는 옳고 그름과 좋고 나쁨을 정당하게 따질 수 있는 기회를 포함한 모든 기회의 균등한 개방, 공적과 능력에 따른 정당한 부의 배분, 경제질서를 포함한 모든 사회질서를 문란케 한 자에 대한 응분의 규탄과 제재, 기존 인권의 존중 등이 요구된다. 사회정의를 실현하는 것 말고는 우리의 가치 허무주의를 고칠 수 있는 처방은 어느 곳에도 없다. 사회정의는 우리의 유일한 그리고 최후의 응급처방이다.9)

---

8) 소광희, 「유산은 스스로 쌓아간다」, 『월간 샘터』, 26(01), 샘터사, 1995, 44쪽.
9) 소광희, 『인간의 사회적 존재의미』, 문예출판사, 2013, 87쪽.

운정은 의로움을 다룬 철학사상 중 가장 완벽한 정의론, 즉 '배분 정의론'을 롤즈에게서 발견한다. 그 이유는 롤즈가 공리주의, 직관주의, 마르크시즘을 뛰어넘어 자연 상태에서 출발하고, 또한 그가 원초 상태를 가정하여 그 보편적 이상 상태 하에서 사고실험을 통해 보편적이고 합리적인 정의 원리, 즉 공정(公正)으로서의 정의를 이끌어 낸다고 보기 때문이다. 롤즈의 정의론은 전체주의에 대해서는 개인주의, 마르크스주의의 목적론에 대해서는 의무론이라고 본다. 그리고 그의 정의 개념을 떠받치고 있는 두 축을 인격의 존엄성과 평등주의10)로 해석한다. 운정은 롤즈가 제시한 두 원칙을 소개하고 그것을 아래와 같이 요해(了解)한다.

롤즈는 다음의 두 원칙을 제시한다. 제1원칙: 각자는 모든 타인에 대해 유사한 자유의 체계와 양립 가능한 가장 기본적 자유의 세계를 향유할 평등한 권리를 가져야 한다. 제2원칙: 사회적 및 경제적 불평등은 다음의 두 조건을 만족시키도록 조정되어야 한다. (a) 모든 사람에게 이익이 된다는 것이 합리적으로 기대되고, (b) 이것은 모든 사람에게 개방된 직책에 결부되어야 한다. 제1원칙은 '평등한 기본적 자유 향유의 만민평등의 권리'를 주장하는 기본원칙으로서 제2원칙에 대해 우선순위를 갖는다. 이 원칙에 의해 정치적 자유, 언론·집회의 자유, 사상·양심의 자유, 사유재산 보전의 자유, 구금·강제로부터의 자유, 재판받을 권리 등이 평등하게 보장되어야 한다는 것이다. 이 원칙은 절대적인 것이므로 어떤 구실로도 침해받지 않아야 한다. 제2원칙은 사회적, 경제적 불평등 제한의 원리로서 사회적, 경제적 불평등이 용인되는 필요조건이다. (a)는 최소수혜자에게 최대의 이익을 보장해야 한다는 것이고, (b)는 기회가 균등하게 주어져야 한다는 것이다.11)

---

10) 소광희, 「평등이념에 관하여」, 『철학과 현실』, 제84호, 철학문화연구소, 2010 봄호, 204-210쪽.

앞서 언급하였듯이, 롤즈는 경쟁도 허용하고 기회균등도 보장하는 자유로운 사회 형성을 구상한 것이다. 그리고 자유와 기회균등을 허용하는 한 차등이 생기게 마련인데, 그는 그것을 최소화하는 원칙까지 제시한다. 이런 정의론이면 자유를 보장하면서도 능히 공산주의의 염원인 평등 이념을 수용할 수 있다고 믿는다. 롤즈의 이러한 주장은 종래 공리주의가 들고 다니던 '최대다수의 최대행복'의 원칙에는 배치되는 것으로, 칸트의 보편성 원칙 또는 유교의 합리주의에 가깝다고 할 것이다.

무엇보다 운정은, 철학이란 시간의 지평에서 현상하는 존재의 진리와 삶의 진실을 찾는 올곧은 학문임을 강조한다. 철학 탐구는 이성적, 논리적 지식 추구를 넘어서서 마음을 다하여 진실을 찾고 그것을 온몸으로 체험할 수 있어야 한다고 본다. 그것은 논리적 완전성과 명료성의 텔로스(telos)를 향하기보다 오히려 진실의 근원에 다가서기 위한 갈급하고 치열한 진리 탐구의 과정인 것이다.

철학은 지성의 활동이지만 지식체계는 아니라는 것 — 그러면서 시(詩)냐 하면 그것도 아니다. 철학은 진실을 보고 듣고 체험하기 위해 묻고 사유하고 꿈꾸는 지적 노력의 과정 자체라는 것이다. 그 물음은 그러나 존재자를 이유와 귀결, 원인과 결과라는 논리적 규범에 넣어서 묻는 것이 아니라, 존재자의 존재에 대한 초월론적 물음이어야 한다.12)

철학은 인간은 누구이고 어디서 어떻게 살며 어떻게 살아야 하는가를 최고의 긴장감을 가지고 사유하는 학문이다.13)

---

11) 소광희, 「배분 정의론을 위한 발제」, 『철학』, 제33집, 한국철학회, 1990, 4쪽.
12) 소광희, 「철학적 인생론: 나와 철학교수」, 『철학과 현실』, 제45호, 철학문화연구소, 2000 여름호, 211쪽.
13) 소광희, 『자연 존재론: 자연과학과 진리의 문제』, 문예출판사, 2008, 5쪽.

운정의 올곧은 철학함의 길은 '고귀한 단순함'에 있다. 그것은 횔덜린의 사유에 맞닿아 있음을 알 수 있다. 잘 알려져 있듯이, 횔덜린은 한결같이 흐르는 라인 강의 메타포를 통해 근원에 이르고자 하는 귀향의 노래를 부르면서 '고귀한 단순함'에 관한 시작(詩作)을 수행해 오지 않았던가! 횔덜린의 「고향(Die Heimat)」(1803)이란 시를 살펴보자.

기쁨에 겨운 어부는 고기잡이 일을 마치고 먼 섬에서
고향의 잔잔한 강으로 돌아가
나도 고향에 돌아가고 싶어라, 그러나
나는 번민 말고는 낚은 것이 없어라.

지난날 나를 반기던 아늑한 해안은
사랑의 고뇌를 달래 줄 것인가, 아아
어릴 때 나의 벗이었던 숲은 다시금 내게
평화로운 쉼을 돌려주려나.

지난날 내가 거닐던 서늘한 강변에
지난날 떠가는 배를 보던 그 강변에
나는 곧 다시 서게 되리니, 예전에 나를
지켜 주던 그리운 산과 산이여, 내 고향의

아늑한 울타리에 에워싸인 어머니의 집이여
그리운 동포의 포옹이여, 이제 곧 인사하리니
너희들은 나를 따뜻하게 품에 안고서
내 마음의 상처를 고쳐 주리라.

내게 위로를 주는 이들이여, 사랑의 슬픔은
쉽게 낫지 않는다는 것을 나는 알고 있나니

위로하기 위하여 부르는 요람의 자장가는
내 마음의 슬픔을 고치지 못하리라.

우리에게 하늘의 불을 주신 신들은 또한
우리에게 성스러운 슬픔도 보내 주셨으니
슬픔이여 머물러라, 땅의 아들인 나는 사랑하려고
또한 슬퍼하려고 이 세상에 태어났노라.

운정에 있어서 철학함에 앞서 마음이 진실에 대한 목마름으로 텅 비어 있는 정신적 가난함과 갈급함이 있어야 한다는 것이다. 마치 마음이 가난해야 하늘나라를 볼 수 있는 것과도 같은 이치이다. 무상한 지상의 것에 대한 집착과 욕망으로 가득 차 있으면 어떻게 초월의 세계가 열릴 수 있겠는가! 천박한 복잡함의 어두움과 그로 인한 산만한 정신으로 지상에 얽매임의 검은 구름 속에는 빛이 들어갈 자리가 없다. 거기에서 초탈하여 가난하고 청정한 마음 바탕이 있어야 그 장소에 참된 존재와 진실의 빛이 들어갈 수 있을 것이다. 마치 '숲속의 빈터'가 있기에 어둠 속에 있었던 사물들이 드러나는 것과 마찬가지로. 운정은 이러한 사태, 즉 '고귀한 단순함'을 철학함의 전제조건으로 간주한다.

고귀한 단순성, 이게 무슨 말인가? 나는 이 말을 횔덜린에게서 배웠다. 한 모델을 그려 보자. 가령 어느 농부가 하루 종일 논밭에서 생명을 기르느라고 수고하고 해질녘에 긴 그림자를 뒤에 늘이며 돌아와서 저녁에 세상 걱정 없이 식솔들과 오순도순 즐거운 시간을 보내는 삶을 산다면 그는 단순한 사람이라고 말할 수 있다. 부자가 아닌 자는 잃을 것을 걱정할 필요도 없고 더 가지려고 욕심 부리지 않으니 고민이 없다. 건강하면 그것으로 족하다. 단순한 사람은 남이나 사회에 대해 원망하지도 않고 지나치게 신경 쓰지도 않는다. 주어진 삶의 길을 뚜벅뚜

벽 말없이 걸어갈 뿐이다. 중요한 것은 남과 세상에 대해 원망하지 않고 의심하지 않는 것이다. 회의와 원망의 눈초리는 단순할 수도 없고, 자기의 마음도 남의 마음도 황폐하게 한다. 자족하는 사람의 마음은 언제나 평화롭고 풍요롭다. 부자의 고귀한 행위를 '노블리스 오블리제'라고도 한다. 그러나 부자는 단순할 수가 없을 것이다. 가난해 보지 않고 위인이 되는 사례는 매우 드물다. 가난한 자의 마음은 풍요로울 수 있다. 그 마음을 나는 고귀한 단순성이라고 하는 것이다.14)

운정은 '고귀한 단순함'을 '서민적인 것'으로 이해한다. 이것은 소박함을 의미한다. 소박함이란 허식과 위선이 없고, 남에게 보이기 위한 꾸밈이 없는 '있는 그대로 순수한 것'을 의미한다. 서민의 의식은 소박함으로 해서 순수한 의식이다. 예로부터 '민심은 천심'이라 하거니와, 이는 서민의 의식에서는 모든 것이 허위 없이 있는 그대로 반영된다는 뜻이다. 서민의 의식에는 좋은 것을 나쁘다고 헐뜯고, 나쁜 것을 좋다고 우겨대는 의도, 즉 위선과 고의성이 없다. 따라서 진실의 반영체, 그것이 서민의 마음이라고 운정은 말한다.

나는 이러한 서민의 의식, 즉 소박하고 순수하고 진실을 반영하는 의식을 '고귀한 단순성'이라고 부르고 싶다. 그리고 바로 이 고귀한 단순성에 미풍양속이 자리할 수 있다고 믿는다. 왜냐하면 미풍양속이란 일확천금의 도박의식, 수단방법을 가리지 않고 욕심을 채우려는 심사, 남이야 어찌 되건 자기만 잘 살아 보겠다는 놀부 심통, 거룩한 척 위세를 떠는 거만한 마음에서는 결코 지켜질 수 없고, 오직 고귀한 단순성에서만 자랄 수 있는 것이기 때문이다. 미풍양속을 지킨다고 해서 그것이 경제적 부를 가져다주는 것도 아니고 출세시켜 주는 것도 아니지만, 그

---

14) 소광희, 「가난하게 살아본 자라야 자족할 줄 안다」, 『철학과 현실』, 제75호, 철학문화연구소, 2007 겨울호, 210쪽 이하.

것이 지켜지지 않을 때 서민의 마음은 황폐해지고 세상은 가치 혼란의 도가니가 될 것이다. 미풍양속은 말하자면 공해를 정화해 주는 거대한 숲과 같은 것이다. 미풍양속은 또한 문화의 전승 형태이기도 하다. 서민 생활의 숨결이 거기 있다.15)

운정에게 '고귀한 단순함'은 더욱이 개별 존재자의 본질에 충실하고, 인간에게는 본연의 삶을 사는 것을 의미한다.

　　고귀하고 단순한 심정의 소유자에게 있어서는 자기희생의 용기는 그렇게 어려운 것도 아니다. 스스로 발가벗고 하늘 아래 서서 인간으로서 한 점의 부끄러움 없이 산 인물에게 있어 그것은 단순한 것이요, 조만간 죽어야 할 유한한 인간임을 자각한 사람에게 있어 그것은 고귀한 것이다. 고귀하고 단순하고 진실의 천명에 용감한 인물은 진실로 조국의 심장이 될 수 있다.16)

하이데거도 '철학적 질문의 단순성'을 언급한다. 홀로 눈 오는 겨울밤에 인문학적 질문을 던지는 풍경이야말로 '인간적이고 너무나 인간적인 것'으로 보인다. 폭설로 모든 것이 하얗게 뒤덮여 그지없이 단순한 순백의 시간과 공간! 거기에서 나는 누구인가? 어떻게 살아야 하는가? 왜 존재자만 있고, 오히려 무는 아닌가? 라는 철학적 질문들이 탄생한다. 사방이 고요한 적요(寂寥) 속에서 들려오는 존재의 말 건넴과 부름에 인간은 응답(entsprechen)하지 않을 수 없다. 그 부름과 응답의 대화가 바로 철학함이다. 이것이 바로 '고귀한 단순성'이다. 이것은 이론이성으로 개념의 탑을 높이 쌓아 아무나 오를 수 없는 사변적 관념의 빙벽을 만들지 않고, 단적으로 존재 자체의 울림에 정직하게 응대

---

15) 소광희, 『무상의 흔적들』, 139쪽.
16) 같은 책, 257쪽 이하.

하는 사유의 진실된 몸짓이다. 이는 대지의 부름에 온몸으로 응대하면서 사는 농부의 단순한 삶의 모습과 폭풍우의 광포를 묵묵히 버텨 내는 전나무의 단순한 견인(堅忍)에 비견된다.

깊은 겨울밤에 사나운 폭설이 오두막을 강하게 때리며 맹렬하게 퍼부어 모든 것이 뒤덮여 감추어질 때, 바로 그때가 철학할 가장 좋은 시간입니다. 그럴 때 철학의 질문함은 단순하고 본질적으로 되지 않을 수 없습니다. 이때 모든 생각의 침잠(沈潛)은 견고하고 예리해질 수 있습니다. 저 언어적 창조를 위한 진력은 폭풍우에 버텨 내는 높이 솟은 전나무의 견뎌 냄으로 비유될 수 있습니다.17)

하이데거는 '단순 소박한 것(das Einfache)'의 힘은 원자력의 거대한 힘을 능가한다고 확언한다. 이것은 인공적인 것이 아니고, 소박하게 자연적으로 존재하는 사물들의 세계이다. 하늘, 땅, 이웃, 거룩한 것에 속한 뭇 생명체와 존재자들이 어우러진 유정(有情)한 세계, 본지풍광(本地風光)의 세계야말로 '단순 소박한 것'이다. 저렇게 늘 우리 가까이 조용히 있기에, 저들은 아무것도 아닌 미미하고 눈에 띄지 않는 소박하고 유약한 것으로 치부해 버린다. 그러나 그것은 인간다운 삶의 터전이자 동반자인 진기한 보물들이다. 인간이 그들과 관계를 맺지 않는다면 물에서 떠난 물고기와 같이 되고, 숲과 창공을 떠난 새와 같은 처지로 전락할 것이다. 이런 상황이야말로 오늘날 인류가 당면한 '존재망각'과 '존재상실'로 언명되는 최대의 존재론적 위기요 비극인 셈이다. 하이데거는 우리 가까이에서 부르는 단순 소박한 '존재의 소리'를 경청하기를 호소한다.

---

17) M. Heidegger, GA 13, p.10.

항상 그리고 모든 곳에서 숲의 길 주위에는 '동일한 것(das Selbe)'이 부르는 소리가 들려온다. 이 소리는 이렇게 말한다. '단순 소박한 것'이야말로 영속하고 위대한 것의 수수께끼를 보존한다. 그것은 인간에게 직접 찾아오지만 오랜 성숙을 필요로 한다. '항상 동일한 것'은 사람들의 눈에 뜨이지 않지만 그렇게 보이지 않는 중에 자신의 축복을 감추고 있다. 숲의 길 주위에 머무는 모든 자라난 사물들의 광활함이 세계를 선사한다. 말하면서도 말하지 않는 세계의 말 안에서 저 오래전의 사유와 삶의 거장 마이스터 에크하르트가 말하고 있는 것처럼 신이 비로소 신으로서 존재한다. […] 단순 소박한 것이야말로 진정한 보배라는 사실을 아는 사람들의 수가 갈수록 줄어들고 있다. 그러나 이 소수는 도처에서 영속할 사람들이다. 그들이야말로 들길의 부드러운 힘에 의해 언젠가는 원자력의 거대한 힘을 넘어서 존속할 것이다. 이 원자력은 인간의 계산이 교묘하게 만들어 냈지만 자신의 행위를 속박하는 것이 되었다.18)

하이데거는 현대인들이 호기심, 빈말, 애매성에 의해 마음이 분산되어 진실을 말하고 그것에 근거하여 살아가는 본래적인 존재방식에서 퇴락해 있다고 진단한다. 호기심과 빈말은 타인과 사태에 대한 진정한 이해나 관심이 없다. 그것들에는 타인과 사태에 대한 애매하고 무책임한 추측만 있을 뿐, 애정 어린 관심과 이해, 그리고 함께 책임지려는 자세는 없다. 이렇게 분산된 마음에서는 사물들과의 진정 어린 소통과 교섭이 가능하지 않다. 오히려 그것들을 마음대로 조작하고 변형시켜 처분하고자 한다. 오늘날 자본주의적 소유와 기술적 지배의 의지가 사물과 관계하는 유일한 방식이 되었다. 그래서 사물과의 친근한 이웃관계가 파열되어 세계의 상실을 가져왔다. 그러나 무엇보다 인간이 존재자 전체의 소박하면서도 충만한 존재를 경험하는 것이 중요하다. 이것

---

18) 같은 책, p.39.

을 통해 존재자 전체 내에서 고향을 느끼고 자신의 소박한 삶에서 충만을 느끼는 것을 말한다.

사람들의 관심은 자신들이 태어나서 죽어가는 이 시종여일한 대자연을 향해 있는 것이 아니라 인간들이 만들어 내는 다양한 물건들을 향해 있다. 사람들의 마음은 끊임없이 생겨나는 새로운 물건들을 향해 있으며 그 어디에도 정착하지 못하고 부유한다. 이렇게 마음이 분산된 자들에게 시종여일하게 단순 소박한 것은 단조롭고 권태로운 것으로 나타날 뿐이다. 이와 함께 단순 소박한 것은 달아나 버렸고 그것이 사람들에게 주던 조용한 힘은 고갈되었다.19)

하이데거에 의하면, 철학의 본래적 사명에 이르는 길은 무엇보다 먼저 존재자로서의 존재자 전체가 드러나는 근원적인 존재의 밑바탕 속으로 들어가 보는 것이며, 아울러 그 깊이를 잴 수 없는 존재 자체의 성스러운 심연적 밑바탕 속에 우리들 각자가 이미 머물러 있다는 것을 자각하여 우주 만물과 개방적으로 초연히 관계하는 것이야말로 인간 본질의 회복에 이르는 길임을 깨닫도록 인도하는 데에 있다. 이는 만물을 지배하기 위해 존재자의 근거나 조건을 탐구하는 것이 아니라, 자신을 열어 보이면서 우리에게 다가오는 존재자를 시적으로 경험하는 것이다.

운정과 하이데거는 '단순 소박한 것'에 대한 경이로움을 잃지 않고, 그 사태를 철학함의 지평 위에 올려놓는다. 하이데거는 존재자를 시적으로 경험하기 위해 청정한 마음의 눈으로 사물을 바라보고자 한다.

숲은 가로누워 쉬고 있고

---

19) 박찬국, 『들길의 사상가 하이데거』, 동녘, 2004, 265쪽.

개울물은 급히 흐른다.
바위는 묵묵히 그렇게 서 있고
비가 촉촉이 내린다.

들녘의 논밭은 기다리고
샘물이 솟는다.
바람은 잔잔히 불고
축복이 은은하게 가득하다.[20]

숲, 개울물, 들녘은 늘 우리 가까이에 있는 그저 그런 것이지만, 그 사물들에 존재의 광채가 비치면 저렇게 이름답고 신비하게 새로운 얼굴과 표정으로 다가온다. 사물들은 스스로 일어나서 우리에게 다가와 현존(Anwesen)하며, 그 사태를 시인은 청명한 마음의 눈으로 그들을 바라보며 시어(詩語)로 데려온다. 우리에게 친근한 나태주 시인의 「풀꽃」이란 시도 이런 사태를 탁월하게 드러낸다.[21]

자세히 보아야 예쁘다.
오래 보아야 사랑스럽다.
너도 그렇다.

시인은 「풀꽃 2」에서는 이렇게 이야기한다.

이름을 알고 나면 이웃이 되고
색깔을 알고 나면 친구가 되고
모양까지 알고 나면 연인이 된다.

---

20) M. Heidegger, GA 13, p.27.
21) 나태주, 『멀리서 빈다』, 시인생각, 2013.

아, 이것은 비밀.

풀꽃이야말로 그지없이 단순하고 소박한 사물이다. 그것은 그냥 지나치며, 눈길을 끌지 않는 미미한 존재에 불과하다. 그러나 시인이 지닌 마음의 눈으로 풀꽃을 보면 예쁘고 사랑스럽기 그지없다. 운정에게 있어서 이러한 존재자의 '고귀한 단순함'을 경험하고 의로운 삶을 살고자 하는 것은 사물의 본질을 성찰하고 자신의 본분에 충실함을 의미한다. 여기에 진정성 있는 '올곧은 철학함'이 출발한다. 이런 바탕 위에서 본분을 지키는 사회가 도래한다.

송백의 상청(常靑)은 송백의 본질에 속한다. 오동나무에는 오동나무의 본질이 있고 매화에는 매화의 본질이 있다. 그 본질을 가장 잘 실현할 때 제격이라 하고 멋지다 한다. 제격이라 함은 제 본질에의 절대적 충실 이외에 다름이 아니다. 모든 존재자는 제 나름대로 본질과 제격을 가지고 있다. 송백이 송백으로서의 격이 있듯이 가장에게는 가장으로서의 본분과 격이 있고 주부에게는 주부로서의 그것이 있다.22)

운정에 의하면, 이성은 한의 감정과 직접적으로 관계 맺는 게 아니라, 오히려 한의 근원이나 본질에 대한 탐구와 관계 맺으며, 망각이 아니라 기억의 보편화를 사명으로 삼는다. 사회와 문화가 감정에 의해 지배된다는 것은 그만큼 사회와 문화가 내밀적으로 분파화됨을 함축한다. 그것은 보편적이고 객관적인 원칙이 무력해지고 개별화된 배타의식을 수반한 내적 결속이 강화됨을 의미한다. 그런 사회와 문화는 필연적으로 타락하게 마련이다. 타락과 멸망은 같은 숨통으로 호흡한다. 사회가 진보하려면, 시민의 생활에 활기가 있으려면, 그 사회와 시민생

---

22) 소광희, 『패러독스로 본 세상』, 지학사, 1985, 66쪽.

활에 이성이 살아서 숨 쉬어야 한다.

이성이 살아 숨 쉬려면 모든 시민이 이성적으로 되어야 한다. 동시에 모든 시민이 이성적 존재로서 그 개체성에 있어서 존중되어야 하며, 공명성이 지배해야 한다. 이것을 베르그송은 '열린 혼'이라 한다. 열린 사회는 열린 혼이 지배하는 사회이다. 사회와 시민이 이성적으로 된다는 것은 먼저 공덕심이 살아 있음을 전제한다. 공덕심이 살아 있을 때 자제도 가능한 것이다. 이런 터전 위에서 남의 불평에 대해 그 불평이 정당하게 주장될 수 있도록 배려해야 한다. 이것이 정의의 첫발이다.23)

요약하자면, 운정에게서 '의로운 삶'은 후대에 남기고자 하는 가문의 정신적 유산이며 동시에 생활신조이다. 이것이 철학함의 최고 덕목인 셈이다. 그리고 '고귀한 단순성'은 서민의식, 순수한 마음, 시적 감응을 통해 발견되는 존재경험이다. 그것은 세계의 진실과 삶의 진실의 차원에서 빛난다. 그러한 진실을 갈급한 마음으로 찾아가는 과정 자체가 철학함이다. 따라서 운정에게 '올곧은 철학함'의 길은 의로운 삶과 고귀한 단순함에 놓여 있음을 확연히 볼 수 있다.

3. '사유의 농부'로 살다: 자족적인 청정한 마음과 수행적 삶

농부의 마음: 자족적인 청정한 마음

운정은 일찍부터 농사일을 해보면서 땅에 기대어 사는 사람들의 마음을 조금씩 알게 된다. 하늘의 햇빛과 우로를 통해 성장하는 푸성귀와 곡식들을 키우고 돌보면서 하늘과 땅 사이에 있는 농부의 마음의

---

23) 같은 책, 111쪽.

실상을 조금이나마 경험하게 되었다. '경험하다(erfahren)'의 본래적 의미는 '길을 가면서 어떤 것을 얻는다', '길을 감으로써 어떤 것에 도달한다'24)는 것이며 그리고 길을 따라가는 것이다. 그가 어렴풋이 느꼈던 농부의 마음이란 무엇인가? 그것은 바로 대지에 충실하여 일하면서 얻은 수확에 감사하는 자족적인 청정한 마음이다.

모름지기 농사일이란 일손을 많이 필요로 하는 봄철을 지나 열매가 열어 여물어 가는 여름철엔 그것을 돌보고 가꾸는 일을 게을리할 수 없는 것이다. 특히 운정은 여름의 끝자락과 가을의 문지방에서 펼쳐지는 팔월의 풍경과 그 고요한 풍경 속에 비치는 인간의 청정한 마음의 속내를 읽어 간다. 그 청정한 마음이란 사색인의 근원에 대한 회상하는 마음이며, 멀리 지나간 것에 대한 그리움이기도 하다. 이렇게 자연의 청명함과 마음의 청정함은 서로 투사되는 거울 놀이인 셈이다.

여름이 머뭇거리고 가을이 주춤거리는 팔월! 팔월은 정적의 호수다. 팔월의 정적은 청명을 분비한다. 봄이 유화라면 가을은 수채화다. 봄이 접시 물에 번지는 분홍 물감이라면 가을은 연잎 위에 구르는 이슬방울이다. 먼 하늘가에 선명하게 접경선을 그은 산색은 청명하다. 하늘이 청명하니 하늘을 담은 강심(江心)은 또한 청명하다. 그 청명한 하늘과 땅 사이에 사람의 마음도 청정하다. 청정한 마음은 감정을 순화한다. 칠월 해변의 원색 풍경으로 뭉게구름처럼 부풀어 오르던 격정과 환상이 회상 속에 가라앉는다. 청정한 마음은 회상하는 마음이다. 회상은 먼 것과 만난다. 멀리 떨어져 있어 만나지 못할 사람을 회상 속에서 그리워하고 먼 옛일을 회상 속에서 반성한다.25)

계속해서 운정은 팔월의 청명함 속에서 우수가 깃든 농부의 마음,

---

24) M. Heidegger, GA 12, p.159.
25) 소광희, 『무상의 흔적들』, 86쪽 이하.

시인의 마음, 철인의 마음을 읽어 낸다. 그에게 회상은 바로 사색의 어머니인 것이다. 식물과 곡물의 열매 열음과 같은 내실화처럼 인간의 청정한 마음도 내실화를 통해 회상과 우수를 잉태하게 한다고 본다.

팔월의 정적은 내실화를 재촉한다. 담 너머 대추가 메추리알 빛깔로 익어 가고 벼이삭을 채우느라 소리 없이 부산하다. 봄에 꽃 필 초목들은 태양의 정(精)을 꽃망울 속에 갈무리하기에 바쁘다. 여름이 열매 열음의 계절이고 가을이 열매 맺음의 계절이라면 팔월은 그 과도기로서 내실화의 시기인 것이다.26)

운정은 청정한 회상과 내실화는 삶의 유한성에 대한 우수에서 만난다고 한다. 릴케가 찬미하고 갈구한 위대한 여름 햇빛은 바로 팔월의 햇빛이요 그 정(精)이다. 내실화란 알고 보면 개체의 한해살이의 종말에 대한 대비인 것이다. 빨갛게 영근 고추잠자리 떼가 저녁노을 한때를 현란하게 무리 지어 춤춘다. 그것은 한해살이의 마지막 마무리를 위한 축제이기도 하다. 운정의 팔월에 대한 사색은 릴케의 「가을날(Herbstag)」(1902)과 맞닿아 있다.

주여, 때가 되었습니다. 여름은 참으로 위대했습니다.
당신의 그림자를 해시계 위에 던져 주시고,
들판에 바람을 풀어놓아 주소서.

마지막 열매들이 살이 찌도록 마련해 주시고,
그들에게 이틀만 더 따뜻한 날을 베풀어 주소서.
열매들이 무르익도록 해주시고,
무거운 포도송이에 마지막 단맛을 돋우어 주소서.

---

26) 같은 책, 87쪽.

지금 집이 없는 사람은 앞으로도 집을 짓지 못할 것입니다.
지금 홀로 있는 사람은 오랫동안 외롭게 그러합니다.
잠이 깨어, 책을 읽고, 길고 긴 편지를 쓸 것입니다.
나뭇잎이 떨어질 때면, 불안스레
가로수 사이를 이리저리 헤맬 것입니다.

하이데거도 말하였듯이, 시인과 사상가는 두 봉우리에서 서로를 바라본다. 시인은 존재를 노래하고, 사상가는 존재를 사유한다. 시인은 존재의 눈짓을 예감하여 백성들에게 전달하고, 사상가는 존재의 소리를 회상하며 그 흔적을 드러낸다. 자연을 통한 존재의 전령들의 메시지에 시인과 사상가는 민감하게 응답한다. 계절의 시간을 통해 현상하는 존재의 음색들은 근원적 시간 속에 거주하는 인간의 깊은 마음속에 우수를 심는다.

귀뚜라미의 애절한 울음은 우리의 심정에 우수를 심는다. 하늘에 별이 총총하고 뜨락에 귀뚜라미 소리 높아 가는 밤에 시인은 삶의 슬픈 사연으로 전전긍긍하고, 사색인은 우수의 근원을 찾아 길 없는 길을 더듬는다. 시인은 다가올 미래의 운명을 현전하는 듯이 노래하고 사색인은 먼 전생의 소식에 귀 기울이며 사유에 잠긴다. 시인은 예감하고 사색인은 회상한다. 예감과 회상 속에서 팔월의 밤은 깊어 가고 가을은 삶에 대한 우수와 함께 다가오고 있다.[27]

우리는 계절의 오고 감 속에서 존재 자체의 말 걸어옴에 따라 응답하는 가운데 다른 시원적 사유의 역사를 열어 밝혀 나가기 위한 소박한 사유의 새로운 도약을 감행한다. 청명한 자연의 소리와 청정한 마음의 소리는 그 근원에 있어서 조우한다.

27) 같은 책, 87쪽 이하.

수행적 삶

앞서 언급하였듯이, 운정은 청소년 시기에 방과 후와 휴일에 조부와 어머니의 농사일을 돕는 것을 마다하지 않았다. 그 자신 일찍이 안 해 본 농사일이 없다고 술회한다. 그는 생활하는 서민을 좋아한다. 생활은 생존과 다르다. 생존이 생명의 유지라면 생활은 삶의 향유인 것이다.[28] 경작은 논밭에서 땀을 흘리는 힘든 육체노동이지만, 나름 기쁨과 보람을 선사한다. "땅은 거짓말하지 않는다"는 격언처럼, 대지와 자연은 인간의 노역에 대한 정직한 대가를 대체로 되돌려 주기 때문이다. 그는 도시 근로자를 좋아하고 구수하고 친절한 상인을 좋아하며, 특히 여름날 이마에 구슬땀을 흘리며 일에 열중하는 농민을 좋아한다.

사유의 거장 비트겐슈타인도 육체노동을 도덕적이고 고결한 삶의 필수조건으로 여겼기 때문에, 자신의 제자들이 직업적인 철학자가 되기를 바라지 않았고, 의사가 되거나 육체노동자가 되기를 바랐다고 한다. 그도 자발적으로 정원사와 건축 일을 하였다.

특히 하이데거의 사유에는 세계 안에서 다른 존재자들과 관계를 맺으면서 사는 일상의 구체적이고 역사적인 삶의 지평이 존재한다. 우리가 존재자들을 '눈앞의 대상'으로 지각하기 이전에 그것들을 사용하고 향유하는 구체적인 삶의 행위에서 그것이 이미 드러나 있다. 즉, 존재자에 대한 객관적인 지각이나 이론적인 인식을 통해서 비로소 존재자가 일차적으로 우리에게 드러나는 것이 아니다.

하이데거는 우리 현존재가 다른 존재자들과 관계하는 것을 '고려(Besorgen)'라고 하는 반면에, 타인들과 관계하는 것을 '배려(Fürsorge)'라고 한다. 이렇게 존재자들과 온몸으로 관계하면서 우리는

---

28) 같은 책, 127쪽.

존재자들이 무엇인지를 이미 이해하고 있다. 우리는 망치로 못을 박으면서 망치가 무엇인지를 온몸으로 이해하고, 타인들과 함께 노동하고 미워하고 사랑하면서 하나의 인간으로 그들이 존재한다는 것을 체득한다. 어떤 것 — 그것이 신이든 사물이든 인간이든 — 을 경험한다는 것은 "그 어떤 것이 우리에게 일어난다, 우리와 만난다, 우리에게 닥쳐온다, 우리를 뒤흔들어 변화시킨다"[29)는 뜻이다. 여기서 경험을 통해 얻는 것은 무엇을 제조하는 것이 아니라, '겪는다', '감수한다', '하게 한다'는 뜻이다.

이런 점에서 하이데거는 자신의 고향에서 농부와 수공업자의 삶의 방식, 즉 그들이 손과 발을 통해 노동하면서 타자들과 만나고 교섭하는 삶의 방식을 본래적인 것으로 제시한다. 여기서 도구를 개발하면서 자연에 능동적으로 관여하고 있던 '공작인(homo faber)'의 모습이 부각된다. 베르그송도 '호모 파베르'의 부산물을 '호모 사피엔스'라고 하지 않았던가! 그러나 오늘날 이런 삶의 방식은 사라지고 있다.

농부들이 이전에 경작하던 밭은 그렇지 않았다. 그때의 경작은 키우고 돌보는 것이었다. 농부의 일이란 토지를 닦달하는 것이 아니라, 씨앗을 자신의 생장력에 맡기고 그것들이 잘 자라도록 보호하는 것이었다. 그러나 오늘날의 토지경작은 자연에게 강요하는, 이전과는 다른 종류의 경작방법 속으로 흡수되어 버렸다. 그것은 자연을 닦달한다는 의미에서 강요한다. 경작은 이제 기계화된 식품공업일 뿐이다. 공기는 이제 질소를 내놓도록 강요당하고, 대지는 광석을, 광석은 예컨대 우라늄을, 우라늄은 — 파괴를 위해서든 평화적 이용을 위해서든 — 원자력을 내놓도록 강요당한다.[30)

29) M. Heidegger, GA 12, p.149.
30) M. Heidegger, *Die Technik und die Kehre*, Pfullingen, 1985, p.14.

하이데거에 있어서 수행적 삶의 자세는 전기에서는 '죽음에로의 선구', '고려', '배려', '염려', '기투', '결단'으로 나타나고, 후기에서는 '초연한 내맡김', '사물들 가까이 거주함', '존재의 소리를 경청함' 등으로 나타난다. 그는 숲속에서 일하는 나무꾼과 산지기의 예를 통해 수행적 삶의 중요성과 의미를 밝히고자 한다.

수풀(Holz)은 숲(Wald)을 지칭하던 옛 이름이다. 숲에는 대개 풀이 무성히 자라나 더 이상 걸어갈 수 없는 곳에서 갑자기 끝나 버리는 길들이 있다. 그런 길들을 숲길(Holzwege)이라고 부른다. 길들은 저마다 뿔뿔이 흩어져 있지만 같은 숲속에 있다. 종종 하나의 길은 다른 길과 같은 것처럼 보인다. 그러나 그렇게 보일 뿐이다. 나무꾼과 산지기는 그 길들을 잘 알고 있다. 그들은 숲길을 걷는다는 것이 무엇을 뜻하는지 알고 있다.31)

여기서 나무꾼과 산지기들은 어떻게 숲길을 걷는 것에 대해서 잘 알 수 있을까? 지리학자나 산림학자들이 이론적으로 숲을 아는 것과 숲에 기대어 자신들의 삶을 영위하는 그들이 숲을 아는 것의 차이는 무엇일까? 전자는 숲 밖에서 관찰과 측정을 통해 아는 것이고, 후자는 숲 안에서 삶으로, 온몸으로 겪어 냄으로 아는 것이다. 전자는 정교하고 명석한 계산적 이성이 매개되고, 후자는 숙고적 정신과 대지에 충실하게 살아가려는 정직한 삶에의 의지, 그리고 숲과의 심정을 통한 교감과 만남이 매개된다. 철학적 사유의 방식도 마찬가지로 여겨진다. 전통철학의 '표상적 사유'는 엄밀한 이성적 논리와 추론 및 논증으로 이루어져 있는 반면, 이른바 하이데거의 '존재사유'는 이성보다는 삶과 연관된 마음과 몸의 시원적 존재경험에서 유래한다. 그래서 그는 삶과 분

---

31) M. Heidegger, *Holzwege*, Frankfurt a. M., 1980(GA 5), Vorwort.

리된 합리주의적 철학의 무력함[32]을 지적한다.

　운정의 철학함은 사변적 강단철학을 넘어 수행적 삶, 즉 실존적, 역사적 삶과 연계된 철학을 지향한다. 그는 '사유의 이론가'가 아니라 '사유의 농부'로서 살고자 함을 엿볼 수 있다. 자연의 이치를 좇아 운정은 사색의 밭을 땀 흘리며 갈고, 씨를 뿌리고, 온갖 정성으로 키우고 돌보며, 정직하게 수확하여 그 결실을 거두고자 한다.

자연과 사유의 밭에서 거두어들임

　「가을의 의미」에서 운정은 자신의 '사유의 밭'에서의 결실과 수확을 예견하듯이 그러한 풍경을 다음과 같이 묘사하고 있다.

　　결실은 열매 맺음이다. 꽃이 지고 나면 그 자리에 이미 열매가 맺는다. 그러나 이것은 아직 열매라 할 수 없다. 우리가 열매라 할 때는, 꽃이 진 자리에서 맺어진 어린 열매가 영글고 여물어서 저절로 모목(母木)으로부터 떨어질 단계에 이른 것을 가리킨다. '여문다', '영근다'는 말은 아마도 옷깃을 '여민다'와 통하는 것이 아닌지 모르겠다. 옷깃을 '여민다'는 말은 흐트러진 것을 제대로 모아서 온전하게 함을 의미한다. 열매의 유래는 어떤가? 애당초 대지 속에 뻗어 내린 뿌리가 빨아올린 수분 ― 그 물은 언젠가는 파아란 하늘을 깊은 수심(水心)에 담그기도 했을 것이고, 인간의 마을과 마을을 흐르면서 인간과 애환을 함께하기도 했을 것이며, 얼음과 수증기로 변형하면서 온갖 조화를 부리기도 했을 유서 있는 물이다. 그것이 이제 뿌리에 흡수되어 사과나무를 키우면서 사과나무로 하여금 꽃피고 열매 맺게 한 것이다. 열매는 땅의 것에다가 하늘의 것 ― 그 따스함과 뜨거움과 차가움, 푸르름과 드높음, 인

---

32) M. Heidegger, *Frühe Schriften*(1912-1916), Frankfurt a. M., 1978(GA 1), p.410.

234

자와 냉혹, 영원과 질서를 그 속에 여미면서 익어 가는 것이다. 열매는 말하자면 하늘과 땅이 입 맞춘 자리인 것이다. 어머니인 대지와 아버지인 하늘이 상회(相會)한 곳, 그곳이 바로 열매인 것이다. 열매는 하늘과 땅을 자기 속에 여미어 가진 것이다.

여기서 '열매는 하늘과 땅을 자기 속에 여미어 가진 것'이라는 운정의 심미적 통찰은 만물이 자애롭게 상호 연결되어 시혜를 베푸는 사태를 묘사한 것이다. 이런 시선은 자연 속에서 몸소 일하며 체득하지 않으면 결코 쉽게 깨달을 수 없는 통찰력이다. 앞서 언급하였듯이 운정의 사색에는 자연의 텍스트와 사유의 텍스트가 자연스럽게 만난다. 이는 수행적 삶을 동반한 철학함에서만 비롯될 수 있다.

그러나 한 알의 열매의 의미는 거기에 청명한 가을 하늘의 에테르와 땅의 어두운 그림자가 엉기고 여미어져서 머무는 것으로 다하지 않는다. 하늘과 대지가 입 맞춘 자리로서 하늘과 땅을 여민 열매 — 그것을 우리는 신에게 바치는 과일로 쓰고, 술을 빚어서는 제주로서 헌작한다. 언젠가 죽어야 할 운명이 신과 만남에 있어, 그 열매는 매개 역할을 하는 것이다. 열매는 인간과 신, 운명과 영원, 하늘과 땅을 여미면서 있는 것이다. 그렇게 해서 열매는 스스로 거두는 것이다. 열매가 자신을 스스로 거둠에 있어 인간이 조력하는 것을 수확이라 한다. 우리는 '목숨을 거둔다', '숨을 거둔다' 하거니와 거둠은 완결, 종결을 의미한다. 열매는 열매를 거두고 생물은 제각기 제 몫을 거두는 것이다. 열매를 통해서 사실은 자기를 거두는 것이다. 즉, 자기 열매를 거둠으로써 동시에 자기를 거두는 것이다. 우리가 자식을 거두어 먹이는 것은 곧 자기를 거두기 위한 준비인 것이다. 가을은 이리하여 자기를 거두는 계절이요, 가을의 제전은 따라서 거룩함을 제일의로 삼는다. 이 경건한 가을, 거둠의 계절은 우리에게 인생을 생각하게 한다.[33]

파스칼(B. Pascal)에 의하면 심정은 이성과 다른 논리를 가지고 있다. 사람은 같은 물건을 볼 때 감각 차원에서 보기도 하고 이성 차원 등에서 이해하며, 심정 차원에서 바라보기도 한다. 심정은 이성이 결코 알 수 없는 다른 논리를 가지고 있다. 이처럼 심정의 차원인 자족적인 청정한 마음은 이성을 배제하지는 않지만 이성의 한계를 넘어서 사태의 본령과 근원까지 통찰할 수 있는 철학함의 모태이다. 이와 같이 운정은 이러한 자족적인 청정한 마음으로 수행적 삶을 통한 철학을 모색함을 엿볼 수 있다.

4. 일상세계에 거주함의 철학

일상의 긍정과 일상인으로서의 인간 존재

운정은 스승인 청송을 이어받아 일상의 현실세계를 절대 긍정한다. "땅에 넘어진 자는 땅을 짚고 일어선다." 이 말은 불가(佛家)에서 흔히 쓰는 현세 긍정의 말이다. 우리가 절망하고 인생살이에 비관하는 것도 이 현실세계에서의 일이며, 도를 얻어 득의충천(得意衝天)하는 것도 이 세상에서의 일이다. 미혹에 빠지는 것은 세상을 대하는 태도가 어리석기 때문에 생기는 것이다. 더욱이 의상과 원효 이래 한국 불교는 화엄사상이 지배적인지라 '사사무애(事事無碍)'의 인드라(indra)의 세계가 바로 이 현실세계임을 주장한다. 이런 전통 하에서 현실적 세계에서는 취하고 버릴 것이 없다고 하는 것은 당연하다. 그리고 그것은 우리 민중의 현세 긍정의 심성과 일치한다. 깨닫고 나서 돌아선 세상

---

33) 소광희, 『무상의 흔적들』, 89쪽 이하.

이 이 현실세계 밖에 있는 별도의 세계가 아니라, 바로 이 현실세계라는 것이다.34)

청송에 의하면, 평상심(무심)이 바로 그런 사유의 바탕인 것이다. 도를 깨친 사람은 이 평상심으로 돌아오는 것이다. 평상심으로 사는 이 세상은 얼마나 아름다운가! 평상심을 버린 세상살이가 모든 어려움의 근원이다. 그러나 이 세상은 우수사려로 가득 차 있다. 그 우수사려의 세상을 청송은 '티끌 하나 버릴 것 없는 세상'이라고 절대적으로 긍정한다. 그가 찾아가는 세상은 바로 이 평상심으로 사는 우수사려로 가득 찬 세상이다.35)

그리고 청송에게는 인간의 마음 작용과 독립적으로 '현전하는 현실세계'가 따로 존재한다. 일체 평등의 여여(如如)한 자연세계를 마음 바깥의 실재 자체로 상정하고 있는 것이다. 따라서 일상적 미혹의 세계는 현상적 자연세계를 그 자체로 인식하지 못하고, 그 사물들에 대한 주관적 마음의 상을 만들어 인식하는 것이다. 그것의 부정으로서의 참된 적멸(寂滅)의 세계는, 그러한 심연상이 세계 자체가 아니라, 주관적 허구이며 공(空)이라는 것을 깨달아 아는 경지를 말한다. 그리고 다시 되돌아오는 궁극적 실재로서의 적조의 세계는 세계를 바로 있는 모습 그대로 여여하게 아는 것을 뜻하는 것이다.36)

운정도 스승의 저러한 실재관을 계승하여 생동하는 우리의 현실적 세계를 그대로 받아들인다. 세계는 그 자체로 현전(現前)하며 현행(現行)한다. 현실세계를 그 자체 자명한 실재세계로 인정한다. 성숙된 사람일수록 허황되게 생각하지 않는 법이며, 먼 장래를 꿈꾸기보다는 현재 우리 주변에서 벌어지고 있는 잘못된 요인부터 하나씩 고쳐 나가는

---

34) 소광희, 『청송의 생애와 선철학』, 운주사, 2014, 174쪽 이하.
35) 같은 책, 148쪽.
36) 고형곤, 『선의 세계』, 동국대학교 출판부, 2005, 55쪽.

게 현명하다고 생각한다. 가정 경제를 위해서는 절약해야 하고, 타락 선거에 대해서는 표로써 훈계하고, 비리에 대해서는 저항하고, 부정은 고발하여야 한다. 운정은 그렇게 해서 선과 정직을 현창(顯彰)하여 우리 사회를 윤리적으로 정화해 나간다면 그것이 곧 도의가 살아 숨 쉬고 외채 없는 나라를 만드는 안전한 길이라고 여긴다.37)

한국인은 대개 미래의 새로운 성취보다는 오늘의 안전을 더 선호한다. 운정에 의하면, 우리가 미래를 쟁취하려면 과거와 현재의 강력한 부정이 있어야 하는데, 한국인은 그런 무리를 하지 않는다. 말하자면 억척스럽게 과거를 붙잡고 늘어지거나 미래를 쟁취하고 싶지도 않으니 가장 안전한 현재에 안주하면서 미래를 현재 속으로 끌어들이는 것이다. 그러기에 언제나 '오늘'에 있고 싶어 한다. '오늘'은 한국인에게는 '온 늘', 즉 편상(遍常)이기도 하다. '올 날'로서의 내일이 어느덧 오늘 속에 들어와 있다는 것은 한국인의 의식 속에 오늘과 내일 사이의 단절에 대한 의식이 희박하다는 증거가 된다.38)

하이데거의 표현처럼 구체적 일상의 주체는 일정한 역사적 상황 속에 살고 있는 '세계-내-존재(In-der Welt-sein)'이다. 이러한 인간관에 동의하면서 운정은 이런 주체야말로 주객 대립의 근저에 살고 있다고 본다.

이 인식관계는 주체의 존재구조에 환원 내지 의존하게 된다. 실존사상은 존재론, 그것은 자각된 주체적 존재에 정위한 존재론에 기초를 둔다. 이러한 문제의식과 함께 의식의 지향성 분석을 본무로 삼던 현상학이 생을 역사적 세계라는 근원으로 환원시킴으로써 소위 현상학적 존재론으로 변모하는 것도 불가피한 추세라 할 것이다. 현상학적 존재론

---

37) 소광희, 『패러독스로 본 세상』, 22쪽.
38) 소광희, 『시간과 영원 사이』, 조양문화사, 1975, 229쪽 이하.

의 각도에서 인간 존재를 볼 때 그는 먼저 그 사실성에 있어서 일상인
으로 나타난다.39)

운정의 철학은 하이데거의 전기 사유에 나타난 현사실적 삶의 강조
와 일상성 분석과 후기 사유에서 전개된 일상세계에서 거주함과 일맥
상통한다. 모름지기 현사실적 삶은 모든 철학함의 근본 바탕이다.

사람들이 이 (철학함의) 문제를 철저하게 파악한다면, 그는 철학이
현사실적 삶의 경험에서 발원되어 나온다는 사실을 발견한다. 그리고
그 다음에 철학은 현사실적 삶의 경험 안에서 이러한 경험 자체 속으
로 되돌아간다. 현사실적 삶의 경험이 기초적이다.40)

일상성은 현존재가 우선, 대개 살아가는 존재양식을 뜻한다. 다시 말
하면 자신에게 주어진 나날들 속에 '우선, 대개'의 방식으로 '실존하는
양식'을 말한다. 현존재는 자기 자신으로 있기보다는 자신이 마음 쏟고
있는 일들과 자신과 교제하는 다른 사람들에게 더욱 친숙하게 살면서
'공공의 세계' 속에 살아간다. 그리고 현존재는 보통 다른 사람들이 생
각하고 말하고 행동하는 바대로 대개 살아간다. 대중의 일원으로서 우
선, 대개 타인과의 거리감, 평균성, 평준화라는 공공성 안에서 살아간
다. 세인은 자기 자신의 존재 가능성에서 도피하며 살아간다. 특히 하
이데거의 '현존재의 실존론적 분석론'에 있어서 일상성이 주제화된다.

분석의 출발점에 있어서는, 현존재는 특정한 실존의 차별성에 주목해
서 해석되어서는 결코 안 되고, 무차별적인 '우선', '대개'에 입각해서

---

39) 소광희, 『시간과 인간의 존재』, 문음사, 1980, 27쪽.
40) M. Heidegger, *Phänomenologie des religiösen Lebens*, Frankfurt a. M.,
    1995(GA 60), p.8.

밝혀져야 한다. 현존재의 이러한 일상성의 무차별성은 아무것도 아닌 것이 아니라, 이 존재자의 한 적극적 현상적 성격이다. 이러한 존재양식[즉, 일상성]으로부터 나오고 다시 그 속으로 돌아가는 것이 모든 실존이 있는 그대로의 실상이다. 우리는 현존재의 이 일상적 무차별성을 평균성이라 부른다.[41)]

하이데거는 휠덜린을 따라서 인간은 '지상에서' 시적인 감수성을 가지고 사물들과 타인들과 함께 살아가는 것이 인간다운 거주방식이라고 본다. 이 지상은 우리의 현사실적 삶이 진행되는 일상의 삶의 세계 이외에 다른 곳이 아니다. 특히 휠덜린의 만년 시의 한 구절, 즉 "많은 공적, 그러나 인간은 이 땅 위에서 시적으로 거주한다."[42)] 여기서 시작(詩作)은 땅을 떠나거나 혹은 땅을 떠돌기 위해, 땅을 넘어 날아오르거나 넘어서지 않는다. 오히려 시작은 인간을 비로소 땅을 향해, 땅에게로 가져오며, 이로써 인간을 거주함 안으로 가져온다. 인간의 거주함은 시적인 것 안에 바탕을 두고 있다. 인간은 하늘 아래 땅 위에 살면서 타자들에 대한 시적 감응력을 지니고 살 때, 인간다워진다는 것이다. 시작은 인간의 거주함을 비로소 그것의 본질 안에 들어서게 한다. 시작은 근원적으로 거주하게 함이다. 휠덜린의 「전망」[43)]이라는 마지막 시에서 '인간적 삶'은 '거주하는 삶'이 된다.

　　인간이 거주하는 삶,
　　그곳에선 포도의 계절이 저 멀리까지 찬란히 빛나건만,

41) M. 하이데거, 소광희 옮김, 『존재와 시간』, 경문사, 1995, 66쪽.

42) F. Hölderlin, *Sämtliche Werke*, Bd. 1. *Gedichte* bis 1800. 2. *Hälfte: Lesarten und Erläuterungen*, Hrsg. von Friedrich Beissner(Stuttgarter Hölderlin-Ausgabe), Stuttgart, 1947, p.372.

43) 같은 책, p.312.

이러한 삶이 저 멀리까지 가버리면,
그땐 여름의 들녘도 쓸쓸히 비워져,
산은 어두운 모습으로 나타난다.

자연은 숱한 계절들의 모습을 채워 가면서
머물러 있되, 계절은 급히 미끄러져 지나가는데,
이런 완전함으로부터 높은 하늘은
꽃이 만발한 나무들처럼 인간을 에워싼 채 광채를 발한다.

우리가 사물을 사물로서 소중히 보살피고 있는 한, 우리는 가까움 안에 거주하는 것이다. 땅과 하늘, 신적인 것들과 죽을 자들은 포개지고 펼쳐지며 거울 놀이를 한다. 세계의 '거울 놀이(Spiegel-Spiel)'의 어우러짐에서부터 사물이 비로소 사물이 된다.

단지와 통나무 의자, 오솔길과 쟁기가 그렇다. 그러나 사물은 또한 나름의 방식에 따라 나무와 연못, 실개천과 산이기도 하다. 사물들은 각기 그때마다 나름의 방식으로 사물화하면서 수오리와 산노루, 말과 황소이기도 하다. 사물들은 각기 그때마다 나름의 방식에 따라 사물화하면서 거울과 죔쇠, 책과 그림, 화환과 십자가이기도 하다.44)

하이데거가 일상성에 주목한 이래, 일상성은 여러 가지 입장에서 학문적으로 조명되었고, 문예사조에서도 모더니즘과 포스트모더니즘에 속한 작품들이 각각의 관점에서 인간의 일상성을 분석하였다.

무엇보다도 현대세계의 일상성을 분석한 철학자는 르페브르(Henri Lefèbvre)이다. 사회학적으로 '일상성(quotodiennete)'이 개념화된 것은

---

44) M. Heidegger, *Vorträge und Aufsätze*(1936-1953), Frankfurt a. M., 2000(GA 7), p.175.

그가 쓴 『일상성의 사회학의 기초』, 『현대세계의 일상성』이다. 여기서 그는 자본주의 사회 속에서 살아가는 현대인들의 일상성을 냉철하게 해석하고 있다. 그의 일상성 분석 이후에 인류학, 역사학에서 일상성에 대한 학문적 관심이 제고되었다. 또한 '일상성의 혁명'이 미래의 중요한 작업으로 간주되었다. 그에 의하면, 각 개인이 능동적으로 일상과 비판적 거리를 가져야만 그 의미를 포착할 수 있다고 한다. 그가 내세웠던 두 가지 명제는 '부정할 수 없는 삶의 터전으로서의 일상'과 '일상성에 매몰되지 않는 의미 있는 삶을 위한 노력의 필요'이다. 일상은 각 개인이 능동적으로 '비판적 거리'를 가져야만 그 의미를 포착할 수 있다. 삶의 의미는 보이는 일상에서 찾아지는 것이 아니라 일상의 보이지 않는 면, 감추어진 면에 있다.

'우선, 대개'의 일상은 보잘것없고, 비천한 인생의 반복이다. 이것이 일상성의 비참함이다. 일상은 의미 있는 일상과 그렇지 못한 일상으로 구분된다. 일상은 대개 지루함, 무미건조함, 반복성, 단순성, 수동성 등으로 대변되어 있다. 후자의 일상성에 매몰되지 않기 위해 일상성을 성찰할 수 있어야 한다. 이것은 '지금, 여기'의 철학의 과제이기도 하다.

앞으로의 시대에서 각 개인은 일상성에 매몰되지 않기 위해 정신을 가다듬고 새로운 상황에서 인간을 위한 새로운 권리를 계속적으로 주장할 수 있어야 한다, 이것이 미래의 휴머니즘적 자세일 것이다. 앞으로의 사회에서 특별히 부각될 수 있는 인본적 권리들은 단순한 물질적 복지를 넘어서 보다 의미 있게 살 수 있는 존재의 권리, 전통적 평등권이 아니라 누구나 평등하게 차이를 주장할 수 있는 권리, 타인과 함께 공동체적 환경을 이루고자 하는 욕구가 개인의 자유와 책임을 바탕으로 보호받을 수 있는 권리 등이 될 것이다.45)

---

45) 김용석, 『문화적인 것과 인간적인 것』, 푸른숲, 2010, 151쪽.

비트겐슈타인의 후기 작품인 『철학적 탐구』에서는, 전통적인 철학의 문제는 다의적인 언어를 삶의 맥락을 떠나서 일의적으로 정의하려는 데서 생긴다고 본다.[46] 이제 그는 일상 언어를 근본적인 것으로 본다. 일상 언어에서 드러난 세계야말로 가장 근원적인 현실이며 우리는 그 안에서 생활한다. 인간은 일상 언어 속에서 생활하기 때문에 철학도 일상 언어에 의존할 수밖에 없다. 따라서 우리는 철학적인 문제를 해결하기 위해서는 낱말들을 형이상학적인 사용으로부터 일상적인 쓰임으로 되돌려 보내야 한다. 예를 들어 '시간이란 무엇인가?'라는 철학적인 문제는 시간이라는 단어가 삶의 맥락에서 그때그때 어떻게 사용되는지를 밝힘으로써 해결할 수 있다고 본다.[47]

또한 비트겐슈타인에 있어서 한 단어의 의미는 일상생활로부터 고립된 정신의 영역이 아니라, 그 개념들이 사용되는 '삶의 형식(forms of life)'에 뿌리를 내리고 있다는 것이다. 각각의 삶의 양식은 그것에 상응하는 언어의 사용을 요구하며, 또한 각각의 삶에 상응하는 언어의 사용방식을 '언어 게임(language game)'이라 부른다.[48]

앞서 언급한 것처럼 운정은 일상 속에서 나날의 삶을 영위하는, 정직하고 성실하게 살아가며 인정이 훈훈한 '서민'을 좋아한다. '서민'이라는 낱말의 앵글은 아무래도 애환이 잔잔하게 안으로 물결치는 '소박한 생활인'에 와서 머무른다.

운정에 의하면, 일상생활에는 몇 가지 조건이 있다는 것이다. 첫째, 생활에는 '내면성'이 있어야 한다. 내면성은 정감과 통한다. 정감 있는 삶이야말로 진정한 생활이다. 즉, 사랑의 교감이 있어야 한다는 것이다. 둘째로, 생활에는 '즐거움'이 따라야 한다. 즐거움이 없는 삶을 우리는

---

46) L. 비트겐슈타인, 이승종 옮김, 『철학적 탐구』, 아카넷, 2016, 44쪽.

47) 박찬국, 『들길의 사상가 하이데거』, 290쪽.

48) L. 비트겐슈타인, 이승종 옮김, 『철학적 탐구』, 37쪽.

생존이라고는 말할 수 있어도 생활이라고는 하지 않는다. 정감과 즐거움에 선행되어야 할 것은 '여유'이다. 그러나 이 여유가 반드시 경제적 여유만을 의미하지는 않는다. 그보다는 마음의 여유가 더 중요하다.49)

조상 전래의 미풍양속을 존중하고 부모 자식과 형제 이웃 간에 화목한 서민에게는 가식과 허위와 부정이 없어서 좋다. 그들은 자신들의 생활을 자립적이고 창조적으로 이룩해 나가는 사람이기 때문이다. 서민들은 작은 것에도 감사할 줄 안다. 감사는 겸손을 함축하고 친절과 통한다. 감사와 겸손과 친절은 신앙을 통해 배우지 않더라도 소박한 마음가짐만 지니면 갖출 수 있는 덕목이다. 서민이야말로 이 나라의 진정한 주인이며 나라의 발전도 궁극적으로는 그들에 힘입어서 비로소 가능하다. 운정은 좋은 정치란 이런 소박한 서민들이 마음 놓고 생활할 수 있게 하는 것이라고 믿는다.50)

생활의 예술인으로서의 서민

운정은 서민을 '생활의 예술인' 내지 '일상의 예술인'으로 본다. 정감은 부모 형제와 아내와 자식, 친구와 연인을 부르고, 즐거움은 놀이를 동반하며, 여유는 그 향유를 보증한다. 그러기에 생활하는 서민은 휴일이면 가정에 봉사하고 연인이나 친구를 불러서 산과 들, 공연장과 전시장을 찾는다. 활동이 부와 지위를 가져다준다면 정감 있는 생활은 인생의 향기요 한 폭의 풍경화요, 시라 할 것이다. 서민은 '생활의 예술인'이다. 생활 예술인으로서의 서민은 고유한 생활문화를 창조하고 전승한다. 이 생활문화는 서민문화 또는 기층문화라 불린다. 기층문화는 우리에게 고유하고 불변적인 것으로서 서민의 본질이 되고 있다.

---

49) 소광희, 『무상의 흔적들』, 135쪽 이하.
50) 같은 책, 127-130쪽.

이 문화는 우리와 남을 구별 짓는 징표이기도 하다. 이러한 고유한 기층문화를 통해 우리는 비로소 '민족'을 느끼는 것이다. 민족이 있어서 거기에 문화가 있는 것이 아니라, 문화가 비로소 민족을 확인하는 것이다.[51]

헬러(A. Heller)도 "일상의 색깔을 보고, 일상의 소리를 들으며, 일상의 접촉을 느끼는 것, 다시 말해 일상의 시인이 되는 것"[52]을 강조한다. 어떠한 형편에 놓여 있든지, 자신이 처한 일상을 나름대로 축제로 만드는 삶이 중요하다. 비록 가난한 서민들일지라도, 그들은 가난하다고 모르지 않는 외로움, 두려움, 그리움을 지니고 그리고 가난하기에 이 모든 것을 버려야 한다는 것까지 아는 이들이다. 그러므로 빈자들도 '일상의 시인'이 될 수 있다. 시인 신경림은 「가난한 사랑 노래」에서 다음과 같이 읊조린다.

> 가난하다고 해서 외로움을 모르겠는가
> 너와 헤어져 돌아오는
> 눈 쌓인 골목길에 새파랗게 달빛이 쏟아지는데.
>
> 가난하다고 해서 두려움이 없겠는가
> 두 점을 치는 소리
> 방범대원의 호각소리 메밀묵 사려 소리에
> 눈을 뜨면 멀리 육중한 기계 굴러가는 소리.
>
> 가난하다고 해서 그리움을 버렸겠는가
> 어머님 보고 싶소 수없이 뇌어보지만
> 집 뒤 감나무에 까치밥으로 하나 남았을

---

51) 같은 책, 137쪽 이하.

52) A. Heller, *Everyday Life*, London, 1984, 제1장 5항 참조.

새빨간 감 바람소리도 그려보지만.

내 볼에 와 닿던 네 입술의 뜨거움
사랑한다고 사랑한다고 속삭이던 네 숨결
돌아서는 내 등 뒤에 터지던 네 울음.

가난하다고 해서 왜 모르겠는가
가난하기 때문에 이것들을
이 모든 것들을 버려야 한다는 것을.

요약하자면, 운정의 철학에는 서민적인 일상적 삶을 소중히 여기는 삶의 태도가 배어 있다. 이런 점에서 횔덜린의 '인간의 지상에서의 시적 거주', 하이데거의 현사실적 삶, 일상성 분석, 실존, 존재 가까이에 거주함 등이 그의 삶과 학문에 스며 있음을 확인할 수 있다. 이로써 그는 스승인 청송의 현실세계의 절대긍정의 사상을 창조적으로 계승하고 있는 셈이다. 이를테면 현실은 우리의 살아 있는 텍스트이다. 그러므로 이 현실에 이론을 조회하고 현실을 다시 이론으로 수렴해 가면서 잘못된 현실에 대해서는 냉엄하게 비판할 줄 알아야 한다는 것이다. 이것이 바로 운정의 철학함의 본령에 속한다.

5. 지성인의 역사적 책무를 짊어지다

지성의 조건

운정은 일제 식민지, 미군정, 분단, 전쟁, 독재의 시대, 민주화 투쟁의 시대의 격랑 속에 살아왔다. 지성인의 한 사람으로서 시대와 대결해 가면서 남다른 깊은 고뇌와 좌절 그리고 분노를 느끼게 된다. 그는 철학이 '근거의 학'으로서 개별 과학에 대하여 그 학적 근거를 주는 것도 중요하지만, 그것 못지않게 철학자 자신의 생을 결정하고, 민족의 역사적 운명에 대한 책임을 인수하는 것도 중요한 일이라고 여긴다.[53] 그리하여 그는 살아 있는 '지성의 조건'을 다음과 같이 제시한다.

지성은 당장은 힘이 아니지만 인류 역사를 변혁시키는 위대한 역량을 가지고 있다. 진실에 대해 대중이 호응할 때 지성의 비판은 더욱더 날카로워지고 힘차게 된다. 참된 힘은 진실로부터 온다. 지성은 이 진실을 꿰뚫어 밝히는 눈을 말한다. 지성은 바로 이 진실성을 바탕으로 해서 비판하는 것이다. 운정은 지성인이 되기 위해서는 다음과 같은 조건을 구비해야 한다고 본다.

첫째, 지성은 자유로워야 한다. 자유롭다 함은 어떤 외적 강제가 없다는 것이다. 권력이나 돈이 작용해서 입을 막으면 지성은 숨을 쉴 수가 없다. 또 학문 연구에 있어 도그마에 사로잡히면 안 되듯이, 사회생활에 있어서도 이해관계로 인한 얽매임에서 벗어나야 자유로울 수 있다. 지위와 돈을 바라면 절대로 자유로울 수가 없다. 이런 것들을 뛰어넘은 위치에 있을 때 지성의 눈은 진실을 볼 수 있도록 맑아진다.

둘째, 지조가 있어야 한다. 지조란 자기의 욕망을 자제하고 그것이 습관화된 자세를 가리킨다. 단 한 번 부정을 물리쳤다고 해서 정직하다고 할 수 없듯이, 한두 번 이해관계에서 벗어났다고 하여 지조 있다고 할 수 없다. 부정과 타협하지 않는 자세가 변함없이 지속될 때 지조 있다고 할 수 있다. 지조 없이 이리 붙었다 저리 붙었다 하는 것을 우리는 변절이라고 하고, '초상집의 개'라 한다.

셋째, 사태를 전체적으로 조망하기 위해서는 투철한 역사의식이 있

---

53) 소광희 외, 『철학의 제문제』, 지학사, 1973, 14쪽.

어야 한다. 역사의식이란 낡은 과거 집착이 아니라, 오늘의 상황이 내일이면 달라진다는 변화의식이자, 한 사태를 단순히 현재에 국한해서만 보지 않고 과거와 현재, 미래에 비추어서 보는 확대된 의식이다. 오늘을 오늘로서만 보는 것은 좁은 생각이다. 그러나 역사의식이라고 해서 늘 변화의 측면에서만 본다면 찰나주의, 기회주의가 되고 만다. 역사 속에는 변하지 않는 것도 있다는 것을 알아야 한다. 즉, 변수와 상수를 동시에 보아야 하고, 상수 속에서 변수를 보며, 변수 속에서 상수를 읽어 내야 한다. 그 상수란 다름 아닌 진실성이라고 생각한다.

넷째, 용기가 있어야 한다. 부정을 보고도 고개를 돌리는 것은 부정을 키우는 것이다. 이제까지의 학설이 틀린 것을 확실히 알면서도 이를 모른 체하는 것은 공범이다. 그러기에 옛말에 인생으로서 최대의 범죄는 거짓을 가르치는 것이라 했다. 진실을 알면서도 이를 모른 체하는 것은 관용이 아니라 비겁이다. 진실이 진실로서 밝혀질 때 비로소 그 진실은 생명을 갖게 된다. 용기는 실천을 전제한다.54)

운정에 의하면 지성은 실천을 동반한 판단력, 즉 책임 있는 반성능력이다. 이러한 지성이 역사세계에서 발휘될 때, 비로소 그러한 지성을 소유한 자는 인간다운 인간으로 책임을 다할 수 있다고 확신한다는 것이다. 지성은 이해를 수반한다. 이해는 문제가 되는 사물이나 사태를 그 자체에 즉해서, 즉 그 자체의 입장에 서서 파악하는 것을 말한다. 한마디로 말해서 지성은 인간이 역사세계를 여는 힘이요, 이 역사세계 속에서 만유에 대해 새로운 질서를 부여하는 능력, 즉 문화 창조의 힘인 동시에 자연을 변형, 가공해서 문명을 열어 주는 개척적인 힘인 것이다. 특히 인간의 역사세계가 문화세계요, 정신세계라고 할 때, 지성은 대상화적 파악 능력의 차원을 훨씬 넘어서, 반성능력이라야 하고

---

54) 소광희, 『패러독스로 본 세상』, 185쪽 이하.

실천을 동반하는 판단력이라야 한다. 여기서 반성능력이란 지성이 인간으로 하여금 자기의 행위에 대해 스스로 책임질 것을 요구해야 한다는 것이다. 그리고 실천을 동반하는 판단력이란 지성이 명상의 역(域)에만 머물러 있어서는 안 되고 반드시 실천으로 매개되어야 한다는 것이다. 이러한 지성을 통해서 비로소 인간은 인간다워질 수 있는 것이다.[55]

반파시스트 철학자로 알려진 크로체(B. Croce)는 자신의 철학을 '정신의 철학'이라고 불렀다. 그에게 있어서 철학은 역사와 현실과 직결된다. 그는 모든 현실에 내재하는 정신에는 예술과 논리라는 이론적 활동과, 경제와 윤리라는 실천적 활동이 있다고 보고, 이들 네 가지 활동은 서로 밀접한 연관성을 갖는다고 생각하였다. 보편적인 것과 개별적인 것, 관념적인 것과 구체적인 것, 이론적인 것과 실천적인 것이 바탕에 결합되어 있다는 생각에서, 역사는 현실에 대한 철학적 인식 이외의 아무것도 아니며, 철학은 역사 속에서 생겨나 조건 지어지고 가꾸어진다고 본다. 이 역사를 움직이는 것으로서 윤리와 자유가 강조됨으로써 그의 철학은 강한 실천적 색채를 띠게 된다.[56]

'역사적 삶'의 길

운정은 사회적, 역사적 삶은 인간만이 영위한다고 본다. 역사성을 가졌는가, 안 가졌는가 하는 점에서 인간과 동물이 나누어진다는 것이다. 역사적 삶을 산다는 것은 과거를 현재 속에 지니고 있다는 것, 즉 현재의 상황을 과거에 조회해서 파악한다는 것이다. 동시에 역사적 삶은 미래를 향해서도 과거와 현재를 감안하여 예견하고 대비할 뿐 아니라,

---

55) 같은 책, 193쪽.
56) http://terms.naver.com/entry.nhn?docId=1151128&cid=40942&categoryId=33475

미래를 고려하여 현재의 자기를 선택한다. 말하자면 그것은 사태를 시간성에서 이해하는 것이다. 객관적으로는 과거와 현재 및 미래는 서로 단절되어 있다. 그러나 인간의 삶에서 보면 이 세 시간 양상은 단절되지 않고 상호 침투되어 있다. 현재 속에 과거와 미래가 이미 들어와 있고, 미래 속에도 과거와 현재가 개입되어 있는 것이다. 내일의 약속 때문에 오늘 일을 취소해야 하는 것이 인간의 삶이다. 이를 위해서는 기억(기록)과 예견이 필요하다. 이 점에서 인간은 동물의 본능을 넘어선다. 역사적 삶이란 총체적으로 긴장된 삶이다. 그런 삶은 정교하게 발달한 언어로 표현된다. 여기서 말하는 언어는 동물들도 가지고 있으리라고 예상되는 언어와는 차원이 다른 인간만의 고유한, 문자까지 포함한 표현수단이다. 그런 언어를 하이데거는 '존재의 집'이라고 하였다. 언어는 문명화와 문화가 살아서 숨 쉬는 곳이다.[57]

역사철학자 비코(G. Vico)는 "인간이 가장 확실하게 인식할 수 있는 것은 신이 만든 것(자연)이 아니라 인간이 스스로 만든 것(역사)"이라는 모토 아래 데카르트 비판의 기치를 들었고, 이런 사상은 루소와 독일 낭만파 사상가들에게 커다란 반향을 일으켰을 뿐 아니라 계몽사조와 더불어 인문학 연구에 크게 공헌했다. 독일 낭만파와 관념론에 의해 비로소 역사는 연구대상이 되었고, 그 이후 역사학은 민족정신의 고취에 크게 활용되었다.

운정에 의하면, 역사의식이란 과거와 미래에 비추어 본 현재의식이다. 이 현재가 영원한 것도 절대적인 것도 아니라는 의식이기도 하다. 역사는 냉엄한 것이다. 적어도 역사의식에는 오늘이 그대로 내일로 연장되지는 않는다는 것에 대한 인식이 내포되어야 한다. 즉, 변항(變項)에 대한 인식이다. 그러나 역사 속에는 불변의 상황이 있다는 것도 알

---

57) 소광희, 『자연 존재론』, 5쪽 이하.

아야 한다. 그것은 생명에 대한 존중이기도 하고 진실에 대한 열망이기도 하다.58)

인류 역사의 진행에 어떤 목적이 있는지 없는지는 신만이 안다. 그럼에도 유사 이래 지금까지 약 3천 년 동안 진행되어 온 역정을 보면 인류 역사는 분명히 진보의 과정을 걸어왔다. 그 과정은 때로는 급격하게, 때로는 매우 완만하게 진행되었다. 개별적, 특수적인 데서부터 일반적, 보편적인 방향으로, 억압에서 해방과 자유로, 일면적, 편파적인 데서 전면적 균형으로, 자기중심적, 민족적인 데서 유토피아가 공존하는 인류의 차원으로, 독선에서 타협으로, 악에서 선으로, 무지에서 지성으로, 독재정, 전제정에서 민주정으로, 적대적 관계에서 타협과 상호 이해로, 독존에서 공존으로, 미신에서 과학으로, 증오에서 사랑으로, 불평등에서 평등으로. 이렇게 인류사는 발전되어 오는 것이 사실이다.59)

요약하자면, 이런 인류사의 발전에는 역사의식을 가지고 역사를 변혁시키려는 살아 있는 지성의 책임이 요청된다는 것이 운정의 지론이다. 그리하여 그는 엄혹한 시대의 글쓰기를 통한 현실참여와 분단의 현실을 넘어설 수 있는 미래지향적 철학을 제시하고자 한다.

엄혹한 시대의 글쓰기를 통한 현실참여

운정은 분단의 현실에 직면하여 '정의의 철학'을 논하는 이유를 다음과 같이 설명한다.

정의의 문제를 철학적으로 논의하는 데는 또 하나의 숨은 이유가 있

---

58) 소광희, 『패러독스로 본 세상』, 154쪽.
59) 같은 책, 211쪽.

다. 본디 통일체였던 국토가 양분된 것도 유사 이래 처음 있는 일이지만, 그 위에 남과 북은 대립을 첨예화시켜 민족과 국가의 존립을 위협하고 있을뿐더러 국내외의 제반 정세도 반드시 낙관적인 것만은 아니어서 우리는 심각한 위기에 처해 있다. 이러한 한국적 현실에 살고 있는 오늘날의 철학도들에게 뒷날 '그 시대에 살고 있던 철학자들은 과연 무엇을 어떻게 사유했었느냐? 그런 상황에 처해서 과연 정의의 문제를 심각하게 논의해 본 적이 있느냐?'고 묻는다면 거기에 대해 우리는 뭐라고 대답해야 할 것인가 하는 역사에 대한 자의식이 이 논의를 벌이게 한 것이다.[60]

운정은 현실을 중시하지만 특수한 상황, 개별 민족을 우선 고려하는 역사주의를 옹호하기보다는 이성과 양심에 기반을 둔 보편주의를 중시한다. 이를테면, 상황 우위론적 입장은 이성과 양심이라는 보편주의의 입장과 비교해서 지적한다면 역사적 상대주의적이라 할 수 있다. 19세기에서 20세기에 걸쳐 독일에서 주창된 역사주의는 '진리와 가치는 시대의 딸'이라는 슬로건 아래 문화, 정치, 사상 등 모든 이념이 특정한 민족의 본능이나 국민들의 무의식적 활동에서 산출된다는 이론을 전개함으로써 한때 독일 민족주의 운동의 사상적 기저를 이루기도 하였으나 결국 상대주의로 떨어지고 말았다.[61]

그러나 유엔의 인권선언 및 그 밖의 여러 선언과 장전이 이성과 양심에 기초를 둔 보편 규범적 선언이요 장전이라고 한다면, 역사적 상대주의나 법실증주의는 특정한 시기의 특정한 민족의 상황을 강조한 것이라 할 수 있다. 인류의 영원한 이념인바 자유와 인권은 또한 영원한 규범이지, 결코 상황에 따라서 좌우되는 것이 아니다. 자유와 인권은 영원한 우리의 목적이지, 결코 편리하게 이용될 수 있는 수단이 아

---

60) 소광희, 『시간과 인간의 존재』, 62쪽.
61) 같은 책, 50쪽.

니다.62)

이런 맥락에서 당대의 유신헌법은 운정에 의하면, 현대 윤리 사조의
흐름에서 본다면 역사적 상대주의의 노선 위에 서 있음이 분명하다는
것이다. 상황윤리의 강조는 필연적으로 역사 상대론과 직결되는 것이
다.63) 우리를 구속하는 것은 자연이 아니라 인위적인 제도나 금기라고
말할 수 있다. 인간에 의한 인간의 소외, 여기가 바로 자유의 사각지대
이다. 그러나 현실적으로 인간의 부자유는 A에 의한 B의 자유박탈이
요 인권유린이다. 특정한 개인에 의해 강제된 제도이든, 어쩔 수 없는
추세의 흐름에 의한 제도이든, 제도라는 일반자에 의한 개별자의 자유
박탈이 인권유린이며 부자유의 실상이다.64)

언필칭 민주주의를 표방하는 국가에서 무력에 의해 국가가 강점되고
무력집단에 의해 국가운영이 전횡된다면, 그 권력을 적법하다고 말할
수 없다. 그런 권력에게는 정통성을 인정할 수 없다. 정통성이 없는 권
력이 국민을 위협할 때 국민은 숨을 죽이고 지시에 맹종할 게 아니라
저항해야 한다. 왜냐하면 민주주의의 기본원리가 보장하고 있는 국민의
기본권을 유린당했기 때문이다.

운정은 신의(信義) 사회는 국민 스스로 건설해야 한다고 본다. 건국
이래 우리나라에서는 이상적인 정당이 뿌리 내리지 못했다고 진단한
다. 더러 이념적인 정당이 있다 하더라도 역사적이지 못했다는 것이다.
운정은 당대의 박 정권에 대해서도 날선 비판을 가한다.

쿠데타로 탈권한 박 정권은 '힘만 가지면 못하는 일이 없음'을 보여

---

62) 같은 책, 50쪽 이하.
63) 같은 책, 50쪽.
64) 같은 책, 54쪽.

주어 정치 도의를 말살시킨 교훈을 남겼고, 유신은 정상적인 정치문화
를 파괴하였다. 여러 가지 경제 부정 사건이 꼬리를 물고 이어지면서
국민들을 경악시켰다. 그 비리 속에 자신들의 연계성을 의식한 정치인
들은 공직자의 청렴이나 정치의 도덕성을 강조했다. 그러나 그 몇 마디
의 구호와 자성론에서 의미를 발견할 국민은 많지 않을 것이다. 역사에
는 비약이 없기 때문이다. 정치의 숙연이 너무 뿌리 깊었음을 우리는
알고 있는 것이다.[65]

운정은 국민으로부터, 즉 아래로부터 나온 '정당정치'가 실현되어야
한다고 본다. 즉, 정당이 갖추어야 할 최소한의 요건은 그것이 이념적
집합체이면서 동시에 역사적 존재라야 한다는 것이다. 이념적 집합체
라 함은 현재와 먼 장래에 비추어 한 국가와 국민의 운명에 대한 분명
한 비전을 제시하여 국가와 국민이 나아갈 지표를 제시하고 현실의 여
러 갈등 요인을 해소할 제반 정책을 바탕으로 한 인간 집단이라는 것
이고, 역사적 존재라 함은 시세에 따라 있다 없어졌다 하지 않고, 이념
구현을 위해 역사 속에서 살아 활동하는 자생력을 가진 존재라는 것이
다. 이것은 정당의 주체성을 의미한다. 그래서 정당정치가 제대로 되려
면 정당원들이 주체적으로 자기네 이념과 정책을 가장 잘 실현할 수
있는 대표를 뽑아 그를 국민들 앞에 내세워 지지해 줄 것을 호소해야
한다. 대표가 위에서 지명되지 않고 밑에서부터 성장해야 한다는 것이
다.[66]

---

65) 소광희, 『패러독스로 본 세상』, 60쪽.
66) 같은 책, 58쪽 이하.

한민족 철학의 고취: '한민족철학자대회'를 열다

(1) 개최 이유와 준비 작업

우리 민족의 오늘과 내일에 대해 철학자들이 한자리에 모여 토의하고 민족이 나아갈 방향을 제시할 채무가 철학자들에게 있고, 이를 이행하지 않으면 후손으로부터 직무 유기를 했다는 지탄을 받아 마땅하다는 생각으로 '한민족철학자대회'는 구상되었다.

운정은 1990년 한국철학회 차기 회장 시부터 1991년 '한민족철학자대회'를 기획하고 준비하였다. 1990년 말 한국철학회 안에 '한민족철학자대회'를 위한 준비위원회로서 운영위원회를 조직하여 대회 취지와 시기, 주제와 발표자 선정 등 기초 작업을 맡게 하고, 별도로 집행위원회를 설치하여 섭외, 초청장 발부, 숙소 문제, 책자 발간, 회의 진행, 자금 관리 등 세부적인 준비를 담당하게 했다. 1990년 말까지 대체적인 준비는 완료되어 있었다. 초청 범위는 미국 5명, 구소련권 5명, 중국 5명, 북한 10명, 독일 거주 동포 철학자 1명, 조총련계 3명으로 총 29명이었다.

문제는 북측을 어떻게 참여시키는가 하는 것이었다. 다른 학문도 아니고 철학자들(사상가들)의 모임이니 우리 정부가 허락할 것인지, 또 북한 사람들이 올 것인지 하는 걱정이었다. 그 무렵 우리 정부는 주체사상을 은근히 두려워하고 있었다. 당시 학생들은 주체사상에 대해 큰 관심을 가지고 있었기 때문이다. 그 전에 운정은 일본 동경에서 주체사상 관계 서적(일본어판과 북한판)을 구해다가 젊은 연구자들로 하여금 검토하고 그것을 철학연구회에서 발표하게 하였다. 1988년 봄 숭실대학교에서 열린 철학연구회 학술대회의 발표주제는 주체사상이었다. 주체사상은 소박한 인간중심주의 이데올로기여서 겁먹을 만한 것은 아니었지만 젊은 층의 호응은 대단했고, 정부도 그것을 걱정했던 것이다.

(2) 파격적 제안

1990년 12월 10일 준비위원회는 북한의 '사회과학원 철학연구소' 김창원 소장에게 매우 파격적인 우리의 계획을 알렸다. 그 내용은 아래와 같다.

이 대회는 제1부 지정발표와 제2부 자유발표로 나누어 진행되며, 제1부는 다음과 같이 구성된다.

1. 통일공간의 사상과 체제
2. 변화하는 한국 사회와 문화의 제고
3. 과학기술 혁명과 인간의 삶의 환경
4. 주체사상과 시대의 변화

첫째는 한반도 전체에 관련된 것이고, 둘째는 남한에 국한된 주제이며, 셋째는 이데올로기에 대해 중립적인 주제이다. 넷째는 북한을 위해 마련한 것이다. 북한 학자들은 모든 주제를 자유로이 발표할 수 있고, 또한 제2부 자유발표에서도 마음대로 발표할 수 있도록 제안하였다.

이것은 얼마든지 주체사상을 이야기하라는 파격적인 제안이었다. 이런 내용의 초청장을 북경과 모스크바에서 보냈으나(한국과 북한은 통신교환이 안 됨) 아무런 응답이 없었다. 운정은 일본 동경에 있는 조총련계 조선대학으로 가서 참가를 권유했다. 이에 조선대학에서는 북쪽의 초청은 황장엽 비서가 결정하므로 그에게 편지를 보내라며 운정을 소개하는 메모를 적어 주었다. 운정은 그날 밤 호텔에서 황 비서에게 간곡한 편지를 썼다. 그러자 비로소 발표자와 기관원 및 통신원을 대대적으로 보내겠다는 북측의 응답이 판문점을 통해 왔다. 우리 쪽 언론사는 남북이 이데올로기를 놓고 대결한다고 흥분하였다. 그러나 북한 측은 '한민족'을 '범민족'으로 해야 한다고 트집을 잡더니, 이것을 구실로 끝내 오지 않았다.

(3) 대회와 대회사

중국과 러시아, 미국 등에서 다수 참석하여 대회는 예정대로 1991년 8월 21일부터 24일까지 서울대학교 문화관에서 개최되었다. 대회사와 기조연설을 위시하여 제1주제에 5명, 제2주제에 5명, 제3주제에 5명, 그리고 자유발표에 47명, 총 62개 주제가 발표되었다. 대회는 대성황을 거두면서 마쳤다. 북한 측의 불참으로 자연히 조선대학도 불참하게 되었으며, 제4주제의 발표는 무산되었다.

한국철학회와 서울대학교 철학사상연구소 주관으로 열린 '한민족철학자대회'의 운정의 대회사는 다음과 같다.

이 자리는 우리 민족의 철학자들만 모인 자리이기 때문에 우리 민족의 오늘과 내일의 삶의 모습에 대해 우선적으로 관심을 갖지 않을 수 없다. 다시 말해서 우리의 가장 큰 관심은 통일과, 통일 이후의 삶의 모습이다. 이와 아울러 보편적이고 이성적임을 표방하는 철학정신에 비추어 볼 때, 우리 민족의 내일의 운명을 모색하는 철학은 어떤 철학이라야 하는가, 그리고 그 정당성은 어디에 있는가 하는 논의도 제기될 수 있으리라 생각된다. 진정한 통일은 배달민족이 민족적 삶의 원점으로 돌아가서 문화적 동질성을 회복하는 데 그 핵심이 있다.

이러한 맥락에서 철학자들이 담당해야 할 과제는 무엇인가? 그것은 민족에게 내일에 대한 희망을 주고, 그들의 가슴에 새로운 민족으로 다시 태어날 수 있게 하는 기상과 용기를 심어 주고, 평화로운 새 삶을 위한 새 구도를 제시하고, 고유문화를 새 시대 새 민족에게 알맞게 재창조하는 것이다. 요컨대 우리의 철학의 방향은 기상과 희망의 철학, 평화와 화해의 철학, 문화 창조의 철학으로 향해야 한다는 것이다.

이를 위해서 다음의 몇 가지를 경계해야 한다.

첫째, 우리는 종래의 독단적 이데올로기로부터 해방되어야 한다. 이데올로기가 절대화하면, 남을 향해서는 독선이 되고, 자기를 향해서는 아집이 된다. 이데올로기의 독단으로부터 해방되는 길은 하나밖에 없다. 그것은 실상을 직시하는 것이다. 실상을 본 사람은 절대로 허상에 사로잡히는 일이 없다.

둘째, 민족의 기상을 고취한다고 해서 문헌비판도 받지 않은 문서를 인증하여 우리 민족이 먼 옛날부터 위대했다고 지존망대해서도 안 된다. 그것은 이데올로기 못지않은 독선과 망상을 초래할 뿐 아니라 비생산적이고 철학적으로 부정직한 일이다.

셋째, 철학은 어떤 시대, 어떤 사람의 철학이든지 초시대적 타당성과 보편성을 가지기는 하지만, 이것을 선철들의 가르침을 무비판적으로 묵수해야 하는 것으로 잘못 이해해서는 안 된다. 선철들이 행한 철학 연구는 그들이 당면했던 사태에 대한 성찰이다. 선철들에 대한 연구는 어디까지니 우리의 문제를 해결하는 데 도움을 줄 수 있는 참고사항일 뿐이다.

우리 한겨레의 철학자들은 우리 민족의 당면한 사태를 선입견 없이 정직하게 직시함으로써 다 같이 하나 되어 잘 살 수 있는 길을 제시해야 한다. 이것은 우리가 철학자로서 이 민족에게 지고 있는 채무라고 생각한다. 이 채무를 원만하게 이행할 때 비로소 우리는 자본주의니 공산주의니 하는 갈등 이데올로기를 넘어서서 온 겨레에 타당한 새로운 이념을 창출할 수 있을 것이며, 후손에게도 떳떳해질 수 있을 것이다.

(4) '한민족철학자대회'의 의의

첫째, '한민족철학자대회'에서 북측을 초청해서 주체사상을 당사자들이 직접 발표하라고 제의한 것은 당시로서는 굉장히 대담한 조치였다. 그만큼 우리는 개방적이고 적극적이었다. 그러나 그들은 엉뚱한 구실로 오지 않았다. 거기에서 주체사상은 판정패를 당한 것이다. 뒤에 주체사상의 실질적 창도자인 황장엽 위원장이 남쪽으로 망명하자 주체사상은 결정적으로 허물어지고 말았다. 배가 부르면 주체는 스스로 살아나는 법이다. 이데올로기란 매양 허위의식이다.

둘째, 민간 학술단체가 직접 대북 접촉을 하는 길을 처음으로 열었다. 대회가 있고 5-6개월 뒤에 통일원에서 대북 접촉의 지침 비슷한 것을 각 학회에 알리기도 하였다. 이 대회 이후에 비로소 많은 학술단체가 줄을 지어 대북 접촉을 시도하였다. 우리는 학술과 문화교류의 첫 관문을 열었다는 자부심을 가져도 좋을 것이다.

셋째, 철학의 사회참여의 길을 넓혔다. 철학은 적어도 민족의 운명이나 통일문제 등에 대해 주체적으로 담론할 수 있다는 자신감을 보여주었으며, 이를 통해 한국철학회의 위상을 높였다고 말할 수 있다.

넷째, 서먹서먹하던 재일 조총련 조선대학과의 관계를 원활하게 하는 데 크게 일조하였다.

이와 같이 운정은 한국철학회 회장으로서 '한민족철학자대회'를 동아일보사와 공동으로 주최하여, 공산권에서 활동하던 우리 민족 출신의 철학자들을 초청해 발표토록 해서 국내외의 관심을 모으기도 했다. 이로 인해 한국철학회가 학회 차원에서 공산권과 교류함으로써 첫 문호를 여는 선구적 역할을 하게 되었다.[67]

요약하자면, 운정은 철학함으로써 역사적 책무를 다하고자 한다. 그에게는 철학함이 현실참여이고, 그것을 통해 현실변혁에 기여하고자 한 것이다. 그리하여 그는 엄혹한 시대의 글쓰기와 '한민족철학자대회'를 통한 현실참여와 분단의 현실을 넘어설 수 있는 미래지향적 철학을 제시하고자 한다.

---

67) 소광희, 「한국철학회와 나: 1991년 제1회 한민족철학자대회를 중심으로」, 『한국철학회: 역대 회장의 회고와 전망』, 철학과현실사, 2003, 118-134쪽.

제 7 장

운정 철학의 의의

운정의 철학과 사상은 어디로 수렴되며, 어떤 의의를 지니고 있는가? 그는 현상학에서 출발하여, 후설의 의식의 '지향적 흐름'으로서의 시간관과 하이데거의 시간관을 섭렵한다. 결국 그것들을 넘어서고 베르그송의 시간론에 도달한다.

베르그송은 운동에서부터 모든 것을 설명하면서 시간을 '절대지속'으로 파악한다. 이것을 참조하여 운정은 의식의 흐름의 계기가 없는 '지금' 중심의 과학적, 동질적 공간화된 시간관을 넘어서 의식의 흐름으로서의 '진정한 시간'을 사유의 중심사태로 주제화한다. 그의 연구의 스펙트럼은 고대의 시간론에서 시작하여 현대 분석철학의 대표적인 시간론 해명에까지 이른다.

운정은 서양 사유의 대표적인 시간론과 존재론을 통람하여 정리하고, 동양의 그것들을 참조하여 지형학적 시각에서 '시간의 존재론'을 정립한다. 무엇보다도 삶과 연관된 '학문적 철학'을 옹호한다. 나아가 전통철학에 얽매이지도 않고 또한 그것을 해체하려는 시도에 편승하지도 않으면서 '균형성과 정제의 철학'을 제시한다. 더욱이 분청사기의 멋을 지닌 '인문(人紋)을 품은 철학'을 지향하면서 한국에서의 '현대 서양철학 연구의 역사적 맥'을 이어 가고 있다.

1. '시간의 존재론'의 정립

운정이 평생 동안 '사유의 광장'에서 천착한 철학적 주제는 '시간'과 '존재'이다. 이 주제에 대한 연구는 하이데거에 의해서 '거인들과의 싸움'으로 비유되기도 한다. '시간'과 '존재'는 서로 구분되지만 결코 분리될 수 없는 동전의 양면과 같다. 특별히 인간 존재는 시간에 속해 있고, 시간의식을 가진 시간적 존재로서 자기만의 고유한 시간을 맞이하고 창조할 수 있다.

저 하늘에는 구름이 흘러가고, 땅에는 강물이 흐른다. 들에는 새싹이 돋아나고 자라고 시든다. 아침이 동터 오고 낮이 되고 밤이 된다. 썰물과 밀물이 교차하고, 계절이 오고 간다. 사람도 국가도 그리고 역사와 문화도 태어나고 성장하고 사멸한다. 시간이 무엇인지를 배우기 이전에 이러한 자연의 변화와 운동 그리고 인생과 역사의 흥망성쇠의 리듬속에서 우리는 지나가고 다가오며 머무는 각각의 '때'를 경험한다. 그리하여 우리는 시간적 주체로서 '지금 이 순간'에서 지나가 버린 것에 대한 그리움과 추억, 그리고 다가올 것에 대한 희망과 기대를 가진다.

구름 가네 구름 가네
강을 건너 구름 가네

그리움에 날개 펴고
산 너머로 구름 가네

구름이야 날개 펴고
산 너머로 가련마는

그리움에 목이 메어
나만 홀로 돌이 되네

구름 가네 구름 가네
들을 건너 구름 가네

그리움에 날개 펴고
훨훨 날아 구름 가네

구름이야 가련마는
그리움에 눈이 멀어

나만 홀로 돌이 되네
산 위에서 돌이 되네[1]

이 시는, 자연은 구름처럼 시간의 전능함에 이끌려 흘러가지만, 인간만은 그것을 거스르며 돌이 되어 흘러감을 멈출 수 있음을 시사한다. 흘러가는 시간을 붙잡아 돌이 되게 하는 과업이 인간에게 속한 것이리라! 우리는 돌이 되어 무심히 흘러가는 구름을 바라볼 수 있다. 이 바라봄의 시선이 그리움과 희망을 가능하게 한다. 지나간 과거에 대한 추억과 다가올 미래에 대한 희망을 나는 '지금 이 순간'으로 가져온다. 인생의 과거와 미래는 '지금 이 순간'에서 입맞춤한다.

---

[1] 박목월 작시, 이수인 작곡, 「그리움」.

지금 이 순간 지금 여기
간절히 바라고 원했던 이 순간
나만의 꿈이 나만의 소원
이뤄질지 몰라 여기 바로 오늘

지금 이 순간 지금 여기
말로는 뭐라 할 수 없는 이 순간
참아온 나날 힘겹던 날
다 사라져 간다 연기처럼 멀리

지금 이 순간 마법처럼
날 묶어 왔던 사슬을 벗어 던진다
지금 내게 확신만 있을 뿐
남은 건 이제 승리뿐

그 많았던 비난과 고난을
떨치고 일어서 세상으로 부딪혀 맞설 뿐

지금 이 순간 내 모든 걸
내 육신마저 내 영혼마저 다 걸고
던지리라 바치리라
애타게 찾던 절실한 소원을 위해

지금 이 순간 나만의 길
당신이 나를 버리고 저주하여도
내 마음속 깊이 간직한 꿈
간절한 기도 절실한 기도
신이여 허락하소서2)

이와 같이 인간은 누구나 '시간의 아포리아'에 직면하여 경이와 당혹감을 감추지 못한다. 한편으로 우리는 시간을 자연의 질서이자 운명으로 받아들이지만, 다른 한편으로 시간을 관리와 조정의 대상으로도여긴다. 그리하여 오늘날 '시(時) 테크'라는 말도 아무런 거부감 없이받아들여진다. 이런 양화 가능한 공간화된 통속적 시간은 시간의 본성과 거리가 멀다. 그러나 우리는 본래 '시간 안에 있음'을 의식하면서흘러가는 시간을 체험하는 시간적 존재이다. 삶의 시간은 인간의 내면에 흐르고 있기에 양화될 수 없는 질적인 것이다. 즉, 삶의 체험시간은인간에게만 고유한 것이다. 왜냐하면 신적인 존재들은 영원 속에 거하고, 인간 외의 의식이 없는 존재자들은 무시간 속에 있기 때문이다.

운정은 시간을 존재일반의 해명을 위한 초월론적 지평으로 고찰한하이데거의 입장을 창조적으로 계승한다. 즉, 지평(Horizont)이란 현존재의 존재의미로서의 시간성이며, 이 시간성에 입각해서 시간이 근원적으로 구명된다. 지평이란 내가 선 자리에서 내게 보이는 시야의 한계영역이다. 하이데거의 지평은 시각에 한정된 통상적 의미를 존재론적이자 시간론적으로 변용한 것이다. 존재의 '의미'란 존재를 존재로서이해하게 해주는 지평, 간단히 존재이해의 지평이다. 여기서는 지평 개념이 초월 개념과 결부된 것임을 보여준다. 하이데거는 칸트를 언급하면서 지평이란 "초월론적 상상력의 생산성의 형성물"[3]임을 밝힌다. 한걸음 나아가 지평으로서의 시간이 초월론적이라고 말하면서 "초월과지평의 극복"[4]을 언급한다.

---

2) 레슬리 브리커스(Leslie Bricusse) 작사, 프랭크 와일드혼(Frank Wildhorn) 작곡, 「지금 이 순간(*This is the moment*)」.

3) M. Heidegger, *Feldweg-Gespräche*(1944/45), Frankfurt a. M., 1995(GA 77), p.101.

4) M. Heidegger, *Zum Ereignis-Denken*, Frankfurt a. M., 2013(GA 73.2), p.1258; M. Heidegger, *Sein und Zeit*, Frankfurt a. M., 1977(GA 2), p.53.

하이데거는 『존재와 시간』에서 시간은 존재가 이해되는 지평이고, 이 지평은 시간성, 즉 인간 각자의 시간적 구조에 의해 형성된다고 본다. 현존재를 시간성으로 해석하고, 시간을 존재물음의 초월론적 지평으로 해명하는 것을 목표로 삼는다. 특정한 존재양식과 그 근본 개념들을 탐구하는 것이 '영역 존재론'이라면, 상이한 존재양식들의 근저에서 그 모든 존재양식들의 기초가 되는 존재의 의미를 묻는 것이 '기초 존재론'이다. 여기서 의미란 '어떤 것을 바로 그것으로 이해할 수 있게 해주는 기반'을 뜻한다. 의미란 인간을 인간으로서 이해할 수 있게 해주는 존재론적 기반, 토대, 지평, 가능근거이다.

특히 하이데거는 『들길 대화』에서 지평은 "우리를 둘러싼 개방터(Offenen)에서 우리에게 향해진 측면"5)이라고 언급한다. 그리고 존재의 의미가 시간을 가지고 있다는 것, 즉 존재 자체의 시간적 성격(Temporalität)을 사유하고자 한다. 철학은 이 테두리 안에서만 이 사태를 사유하고 언표할 수 있다.

> 존재가 시간을 기반으로 해서 파악되어야 하고 존재의 상이한 양상들과 파생태들이 시간의 여러 변양과 파생 속에서 실제로 시간에 주목해서 이해되어야 한다면, 이와 함께 존재 자체가 […] 그 '시간적' 성격에서 분명해지는 것이다.6)

존재이해의 지평으로서 시간을 통해서 우리는 존재현상을 만난다. 한편으로 시간 안으로 들어오고 나타나는 존재만을 의식하고 경험할수 있으며, 다른 편으로 시간에는 별도의 실체가 없고 현상에 의존해서 비로소 있게 된다는 것이다. 과거와 미래는 오직 의식(기억과 기대)

---

5) M. Heidegger, GA 77, p.112.
6) M. Heidegger, GA 2, p.25, pp.29-30.

에 의존해서 비로소 있다. 일단 시간문제는 의식의 문제로 넘어가게 된다.[7]

특히 운정은 베르그송의 체험적 시간론에 닻을 내린다. 이를테면 시간은 자기 동일성과 변이성을 갖는다. 시간은 연속적이면서 동시에 단절적이다. 단절은 비약이고 연속성은 시간에서는 지속성을 가리킨다.[8] 시간은 비약적 지속이다. 시간에 비약이 없다면 과거, 현재, 미래가 똑같이 실재성을 갖게 될 것이며, 지속성이 없다면 현재는 원인 없이 생긴 순간만으로 정지되고 말 것이다.

> 베르그송의 체험적 시간은 다름 아닌 의식의 부단한 지속 바로 그것이요, 따라서 직관과 기억이 그 핵심에 놓일 수밖에 없다. 더 정확히 말하면 시간 양상인 과거, 현재, 미래는 그 자체로서 있는 것이 아니라, 의식의 변양태, 즉 기억과 지각과 기대에 의해 비로소 있게 되는 것이다. 우리는 의식을 위로 긴장의 방향으로 향할 수도 있고, 아래로 이완의 방향으로 향할 수도 있다. 전자의 극한에서 우리는 순수지속으로서의 시간과 만나고, 후자의 길에서는 공간 내지 물질과 만난다. 그리고 전자의 길 위에서 우리는 영원과 생명의 비약과 자유를 주제화할 수 있다.[9]

'시간의 존재론'에 대한 운정의 연구는 다음의 저서들로 펼쳐진다.

『고전형이상학의 전개』(형이상학과 존재론 1)(공저, 1995)
『현대존재론의 향방』(형이상학과 존재론 2)(공저, 1995)
『하이데거의 존재사유』(공저, 1995)

---

7) 소광희, 『청송의 생애와 선철학』, 운주사, 2014, 153쪽.
8) 소광희, 『시간의 철학적 성찰』, 문예출판사, 2001; 2012(3판), 650쪽 이하.
9) 같은 책, 441쪽.

『시간의 철학적 성찰』(2001)

『하이데거 「존재와 시간」 강의』(2003)

『시간과 영원 사이』(1975)

『시간과 인간의 존재』(1980)

『철학적 성찰의 길』(2004)

『자연 존재론: 자연과학과 진리의 문제』(2008)

『인간의 사회적 존재의미: 지구촌 시대의 평화와 삶의 방식』(2013)

이제 운정의 '시간의 존재론'의 의의를 정리해 보자.

(1) '시간'의 존재론적 해명

운정은 의식의 시간으로서의 시간 양상의 문제와 운동의 측면에서의 객관적인 자연의 시간의 문제를 해결하기 위해서 시간을 존재론적으로 분석하고자 한다. 시간을 자연적 시간의 사항으로 볼 것인가? 의식시간으로 볼 것인가? 어떤 방면으로 보아야 더 분명하게 보일 수 있는가? 이 물음들을 분간할 필요가 있다. 가령 시간 길이의 측정의 문제는 자연시간의 영역에서 다루어야 할 것이고, 시간 양상의 문제, 시간의 상기의 문제 따위는 의식의 차원으로 가져와야 할 것이다. 이렇게 시간론의 아포리아들을 해결할 수 있는 범주를 새로 설정해서 시간론을 하나의 체계로 정리하는 일을 그는 '시간의 존재론'에서 다루고 있다.10) 이런 점에서 그의 '시간'과 '존재' 관련 연구는 '시간의 존재론'으로 명명될 수 있다.

시간의 계기를 둘로 나누어서 시간의 정재(Dasein)의 계기를 신의 소조(所造)인 지속(Dauer, 시간 질료)이라 하고, 상재(Sosein), 즉 시간 내

---

10) 같은 책, 746쪽 이하.

용의 계기를 상속(Succession, 시간 형상)이라고 하면, 이 상속은 인간의 의식과 관계되므로 인식 가능하게 된다. 지속은 무한히 계속된다. 그것은 영속이다. 이 무한 지속은 존재일 뿐이다. 그러나 그것을 단절하는 것은 인간의 의식이다. 즉, 지속을 단절해서 무를 개입시키는 것은 인간의 의식이다. 이것이 상속, 즉 시간의 연속성이다. [⋯] 시간 지속의 주체는 신이다. 신이 만들었으므로. 그러나 시간 인식의 주체는 인간이다. 인간의 의식이 시간을 단절하여 거기에 시간 내용을 넣었으므로. 인간은 단절의 주체이다. 인간이 인식할 수 있는 것은 상속의 측면이지 지속 자체가 아니다.[11]

운정에 의하면 철학은 처음부터 끝까지 시간을 통한 존재물음일 뿐이다. 즉, 철학은 오직 존재론으로서만 철학인 것이다. 이것은 현대 존재론의 거장인 하이데거의 견해이기도 하다. 존재론이 형식적, 중립적, 무전제적으로 탐구한 학적 성과로부터 형이상학은 세계 근거를 구하고 인간의 본질을 찾는다. 따라서 형이상학은 일정한 태도를 취하는 것이며, 이것이 세계관 및 인생관이 되는 것이다.

존재는 시간 경험의 차이에 따라서 전혀 다르게 경험될 수 있다. 하이데거에 의하면, 인간은 존재를 드러내는 현존재이다. 나는 오직 '가능 존재'이다. 즉, 나는 무엇이라기보다는 누구일 수 있는 존재이다. 그래서 내가 누구라고 섣불리 말할 수 없다. 가능성을 지워 내면 결국 나는 사라진다. 왜냐하면 우리는 오직 시간의 지평에서만 존재를 말하고 드러낼 수 있기 때문이다. 이와 같이 존재론과 형이상학 사이에는 근본적 차이가 있다.[12]

운정에 의하면, 시간 양상의 문제는 결국 '존재'와 '무'의 문제라고 여겨진다. 시간은 처음부터 존재와 무라는 모순을 내포하고 있는 개념

---

11) 같은 책, 746쪽.
12) 소광희, 『시간과 인간의 존재』, 문음사, 1980, 229쪽 이하.

이다. 그러기에 시간은 애당초 논리적으로 접근할 수 있는 주제가 아니다. 삶과 죽음, 존재와 무를 어떻게 논리적으로 다룰 수 있는가? 변화하는 것은 논리 속에 들어오면 그 생명을 잃게 된다. 왜냐하면 논리는 정지(불변성) 위에서 성립되는 것이기 때문이다.13) 운정은 시간 자체와 시간 현상을 구분하면서, 시간의 지평 위에서 드러나는 존재를 '시간의 존재론'으로 구명하고자 한다.

(2) '시간'과 '존재'의 공속성을 밝힘

운정을 평생 사로잡은 철학적 화두는 무엇인가? 앞에서 언급하였듯이, 그는 인생의 존재의미와 역사적 현실을 근원적으로 체계적으로 이해하기 위해서는 '시간'과 '존재'가 핵심문제로 대두될 수밖에 없다고 생각한다. 왜냐하면 시간과 시간성의 문제는 모든 것의 존재근거이기 때문이다. 그의 철학은 '시간의 존재론'으로서 그것은 시간이란 날줄과 존재란 씨줄로 엮인 텍스트의 해명이다. 시간을 통해서 존재와 세계는 현상한다. 여기서 시간은 인간의 시간성에 기초하고 있다.

하이데거도 시간과 존재의 불가분의 관계를 전통철학의 통속적 시간관에서 엿볼 수 있다고 확언한다.14) 전통 존재론에서 존재자는 자연이나 역사와 같이 '시간적인 것', 공간적 관계나 수적 관계와 같이 '비시간적인 것', 명제의 의미와 같이 '무시간적인 것', 신과 같이 '초시간적인 것'(영원한 것)으로 구분한다.15) 무엇보다 시간성이 인간 존재의 궁극적 가능근거이다. 그리고 공간, 세계, 존재는 시간성에 근거한다. 시

---

13) 소광희, 『시간의 철학적 성찰』, 745쪽.

14) M. Heidegger, *Metaphysische Anfangsgründe der Logik im Ausgang von Leibniz*(Sommersemester 1928), Frankfurt a. M., 1978, 2. Auflage, 1990(GA 26), p.181 이하.

15) M. Heidegger, GA 2, p.25.

간이 "존재이해의 가능근거"16)이며, "시간의 본질에 대한 물음이 모든 형이상학적 물음의 근원"17)이다. 결국 시간은 존재의 의미 혹은 존재이해의 지평이다.

하이데거는 전기 사유에서 존재의 다양한 방식에 주목하면서 그 통일적 의미를 시간에서 찾고자 하였다. 후기 사유에서도 '시간과 존재'(1962)라는 강연을 통해 시간과 존재의 공속성을 언급한다.

시간과 존재를 함께 부르도록 동기 부여하는 것은 무엇인가? 존재란 서양 유럽 사유의 초창기 이래 오늘에 이르기까지 현전(Anwesen)과 같은 것을 의미한다. 이 현전, 현전성에 입각해서 현재가 이야기된다. 통상적 표상에 따르면 이 현재는 과거 및 미래와 함께 시간의 특성을 이룬다. 존재는 현전성으로서 시간을 통해 규정된다.18)

현재는 존재의 원점이요, 그러므로 현재와 존재는 일치한다. 그리스어의 '파루시아(παρουσία, parousia)'는 바로 이것을 의미한다. 존재는 어디서 드러나는가? 그것은 현재라는 언덕에서 드러난다. '파루시아'는 '우시아(ούσία, ousia)'의 드러남이요, 그것과 상즉(相卽)관계에 있는 현재(임재, 재림, 사건)인 것이다. 영어의 'present'는 라틴어 'prae-esse (앞에 있음)'나 독일어 'Gegenwart'와 마찬가지로 존재가 현재라는 시간 양상에서 드러나 있음을 의미한다. 현재는 존재가 드러나는 지평이다. 그러므로 현재는 일체의 삼라만상을 있게끔 하는 창조의 근원이요, 창조 그 자체이기도 하다. 창조란 본질적으로 현재 속에 있게끔 하는

---

16) M. Heidegger, *Vom Wesen der menschlichen Freiheit. Einleitung in die Philosophie*(Sommersemester 1930), Frankfurt a. M., 1982(GA 31), p.126.

17) M. Heidegger, *Die Grundbegriffe der Metaphysik. Welt – Endlichkeit – Einsamkeit*(Wintersemester 1929/30), Frankfurt a. M., 2004(GA 29/30), p.251.

18) M. Heidegger, *Zur Sache des Denkens*, Tübingen, 1988, p.2.

것이다. 이 '창조적 현재'는 베르그송의 '창조적 진화론'과 연결점을 갖는다.

　　생명운동은 물질운동과는 달리 능동적으로 미래에 스며들면서 그 시간의 내용을 자기 내부에 보존하는데, 베르그송은 생명의 이 보존능력을 '기억'이라 부른다. '날마다 새롭고 또 새로워진다.' 이것이 바로 생명의 세계요, 창조적 진화의 세계다. 그리고 이 세계는 공간에서 성립하는 모든 규정성을 벗어나는, 어떤 합리적 이론으로도 설명할 수 없는 세계다. 베르그송에 따르면 지성적 우주관의 전형은 기계적 유물론인데, 공간적 사고를 하는 지성은 유기적인 것을 비유기적인 것으로 분해함으로써 창조적 진화를 이해할 수 없다. 철학의 궁극목적은 지속하는 우주의 생성, 곧 내 눈 앞에 보이는 이 모든 생명현상의 근원에 '영혼 전체로' 하나가 되는 데 있다는 것이 베르그송의 생각이다.19)

　　만일 시간에 있어서 현재의 과거화, 미래의 현재화가 없다고 한다면 결코 변화란 일어나지 않을 것이다. 모든 변화는 시간의 차원에서 보면 미래의 현재화, 현재의 과거화에 기인하는 것이다. 과거는 무화의 계기요, 미래는 잉태의 계기이며, 현재는 현존화의 계기이다. 양상적으로는 과거는 필연성의 제국이고, 미래는 가능성의 왕국이며, 현재는 현실성의 원점이다.20)

　　요약하자면, 운정의 사유가 펼쳐진 '시간의 철학적 성찰'과 '자연 존재론', '사회 존재론', '자아 존재론'은 '시간의 존재론'으로 포개진다. 그 존재론의 의의는 '시간과 존재의 공속성'을 밝히고 있다는 점이다.

---

19) 윤구병, 「창조적 진화: 베르그송」, 한국철학사상연구회 편, 『철학의 명저 20』, 새길, 1993, 240쪽.

20) 소광희, 『시간과 인간의 존재』, 165쪽.

(3) '영원'에서 '무상한 시간'으로의 전향적 사고

영원한 형상을 추구하는 플라톤적 관념론이나 변화와 운동의 바탕이 되는 불변하는 최소단위로부터 물질세계를 탐구하는 근대과학의 기계적 유물론에서는 불변하는 것, 정지해 있는 것, 움직이지 않는 것을 전제한다. 그리하여 시간에 따라 변화하고 운동하는 무상한 것은 탐구의 대상에서 제외된다. 여기에는 계측 가능한 공간화된, 균질적인 시간은 있으되, 비가역적 시간의 흐름은 없다. 그러나 베르그송은 우주를 살아 있는 운동으로 보고, 생명의 본질은 '지속하는 운동'이고 '자발성'이라고 한다. 운정의 입장도 베르그송의 그것과 맥을 같이한다.

존재론은 어쨌든 존재자가 '있다(이다)', 즉 존재자의 '있음'을 연구하는 학문이다. 여기에는 두 가지 전제가 따른다. 하나는 '있음'의 논리(logos)로서 존재론은 형식적이라는 것이며, 다른 하나는 존재의 '의미'는 무엇이며, 그것은 세계의 근거가 되는가, 인간의 본질은 무엇인가 하는 따위의 문제들— 이런 물음을 묻고 거기에 대해 일정한 해답을 주는 것은 형이상학이다— 에 대해 중립적이라는 것이다.21)

전통철학은 구체적 시간을 넘어선 추상적 영원성에 기초하여 존재론을 펼친다. 즉, 영원의 상하(相下)에서 존재를 논한다. 이것이 전통 존재론을 관류하는 영원성과 완전성의 텔로스(telos)를 향한 플라톤적인 전통이다. 시간성에 속한 유한성, 가멸성, 가변성을 넘어 영원성에 속한 무한성, 불멸성, 불변성을 추구한다. 또한 영원성은 완전성과 탈시간성을 내포한다. 특히 이성이 논리적 필연성을 통해 얻은 지식은 초시간적 인식이다.

운정은 영원과 시간을 구분한다. 영원의 대립 개념은 시간이다. 시간은 중단을 거부한다. 아우구스티누스의 언급대로 시간의 본질이 무엇

---

21) 같은 책, 229쪽.

인지는 모른다. 그러나 시간이 모든 변화의 기저이며 개별화의 원리임은 확실하다. '시간의 상하'에서는 일체는 생성 소멸하고 변이하고 유한해지며 개별화되고 자기 동일성마저 부정되고 우연적으로 된다. 실존의 개체성, 우연성, 유한성, 사실성, 가능성, 불가교환성 등등의 모든 특징은 '시간의 상하'에서 본 인간의 실상이다.22)

영원은 어떤 구체적 시간과 관계없는, 즉 시간을 벗어나 있는 존재방식을 취할 때를 가리킨다. 그리고 영속은 시간 속에서의 장구한 지속을 말한다. 가령 '삼각형의 내각의 합은 180도이다'라든지 '$\sqrt{4}$는 2'라고 할 때 이것은 영원이다. 영원은 시간의 지배권 밖에 있는 것이다. 영원은 시간의 지배를 받고 있는 인생의 생명과정에는 절대로 들어오지 않는다. 우리의 정신은 시간을 초월할 수 있으므로 영원의 세계를 넘나들 수가 있다. 그러나 생명의 지속은 물론이요 정신의 활동 자체까지도 결코 시간을 벗어날 수 없고, 시간의 흐름과 함께 흐르는 것이다. 그러므로 살아 있는 한 생명체 자체는 영원에 도달할 수 없는 것이다. 생명의 지속이 끝날 때 비로소 영원은 있는 것이다. 영속은 이렇다. 코스모스가 피었다 진다고 하자. 바로 이 코스모스의 일생일대는 오직 금년으로 끝난다. 그러나 내년에도 코스모스는 필 것이고 내후년에도 필 것이다. 바로 이 개체로서의 코스모스의 일생일대는 금년으로 다하지만 종으로서의 코스모스의 생명은 앞으로 계속될 것이다. 시간 속에서의 종의 장구한 지속을 우리는 '영속'이라고 한다.23)

또한 영원은 장구한 시간을 의미하는 게 아니라, 초시간적인 보편, '아 프리오리(a priori)'를 가리킨다. 유구한 시간의 지속, 즉 시간 속에서의 부단한 지속을 우리는 영원이라 하지 않고 영속이라 한다. 그것은 종으로서의 생명체의 지속 따위에서 발견된다. 이에 반하여 영원은,

---

22) 같은 책, 21쪽.
23) 소광희, 『시간과 영원 사이』, 조양문화사, 1975, 237-238쪽.

예컨대 기하학이나 논리학의 세계, 가치의 세계, 신의 세계 등 본질의 세계를 가리킨다. 스피노자에 의해서 단적으로 대표되는 '영원의 상하 (sub specie aeternitatis)'라는 관점은 다름 아니라 만유를 기하학적 본질의 항으로 환원시켜서 보려는 입장이다. 본질은 논리적 필연성을 요구하는 사유에 의해서 비로소 파악되고 개념화되는 것인 만큼 개별자에 대해서 강제력을 행사한다.24)

특히 하이데거는 '통속적 시간'과 '근원적 시간'을 구분한다. 전자의 시간은 과거, 현재, 미래가 현재를 중심으로 하여 점적으로 단선적으로 파악된다. 통속적 시간 이해란 아리스토텔레스로부터 시작하여 헤겔에 이르기까지 지속된 '현재 중심'의 시간 이해이다. 다시 말해서 '지금의 연속성(Jetzt-Folge)'으로서의 시간 이해이다. 이러한 시간 이해는 우리들이 일상 속에서 이해하고 있는 시간 이해이기도 하고, 새로운 시간 측정방식과 더불어 서양 근대에 이르러 완성된 절대적인 시간 혹은 균질적인 시간으로서의 시간 이해이다. 물리적 시간의 전형을 아리스토텔레스에게서 보고 있고, 주관적, 심리적 시간 이해의 전형을 베르그송에게서 발견하고, 주관적 정신의 경험으로서의 시간 이해와 물리적 사건으로서의 시간 경험의 종합을 헤겔에게서 발견한다. 이러한 시간 이해는 한마디로 점적인 시간 이해이다.25)

이에 반해, '근원적 시간'은 미래가 그 중심에 있어서 현재와 과거가 동적으로 파악된다. 시간의 탈자태(Ekstase)를 뜻하는 기재(Gewesen-heit)로서의 과거와 아직 오지 않음으로서의 미래(Zukunft), 그리고 지금 여기에서의 과거의 재현으로서의 현재(Gegwnwart)를 의미하는 순간으로서의 시숙(Zeitigung)을 의미한다. 근원적 시간이란 인간 개개인이 그때마다 경험하게 되는 주관적이고 실존적인 시간 이해이다. 우리

---

24) 소광희, 『시간과 인간의 존재』, 18쪽.
25) M. Heidegger, GA 2, 82절(통속적 시간: 기대, 망각, 현전).

는 기대와 후회를 경험하면서 현재를 살아가는 존재자들이다. 우리들이 주관적으로 경험하는 시간은 이렇게 과거에서부터 현재를 지나 미래로 흘러가는 질적이고 비균질적인 시간이다.

운정은 영원을 단절하는 것은 인간의 의식이라고 본다. 이것이 상속(常續), 즉 시간의 연속성이다. 예로부터 시간을 헤아려지는 수라고 한 것은, 수가 단절적 연속이라는 성격을 가지고 있어서 의시간적 성격, 즉 시간성을 가지고 있기 때문이다. 그것은 시간을 인식의 차원으로 가져오기 위한 조치인 것이다. 따라서 시간을 과거, 현재, 미래로 단절하는 것은 의식이다. 이 점에서 시간을 의식으로 환원하는 이론은 정당성을 얻는다. 인간의 의식이 시간을 단절하여 거기에 시간 내용을 넣었으므로 인간은 단절의 주체이다. 인간이 인식할 수 있는 것은 상속의 측면이지 지속 자체가 아니다. 시간의 인식, 즉 시간의 로고스는 이제 분명해진다. 시간의 상속을 단절해서 생기는 시간의 모든 성격(시간 양상, 시간의 길이, 동시성 등)은 인간의 의식이 투입한 것이기 때문에 얼마든지 술어화할 수 있다.

문제는 우리가 어떻게 시간문제에 접근하느냐 하는 것이다. 올바른 방법론이 문제 해결의 열쇠인 것이다. 이와 같은 실존의 제반 특성과 사정은 무엇을 의미하는가? 한마디로 말한다면 만유를 영원의 상하에서 보는 사유로부터 시간의 상하에서 보는 사유로, 개념 위주의 사유로부터 생의 역사적 사실을 존중하는 사유로, 사유의 일대 전환을 뜻한다 할 것이다. 불변의 항에서가 아니라 변화의 항에서 인간과 존재의 참된 모습을 보자는 것이다. 동시에 여기에 실존사상이 생철학이나 특히 현상학과 깊은 관계를 맺는 소이연이 있다. 생철학은 생을 역사적 맥락에서 이해한다는 점에서, 현상학은 사태를 끊임없이 근원으로 소급시킨다는 점에서, 현대의 실존사상이 몰고 온 또는 실존사상의 온 상이 된 사유의 전환과 그 궤를 같이한다.26)

278

운정은 '영원의 상하'에서 불변의 실체(ousia)를 탐구하는 전통철학의 존재론에서 벗어나, '무상한 시간'의 흐름의 지평에서 그때그때의 존재현상을 밝히고자 한다. 이것이 바로 '시간의 존재론'의 요체이다.

(4) '시간적 존재'로서의 인간 존재와 삶의 실존적 역사성을 밝히다

운정은 아우구스티누스, 후설, 베르그송, 키에르케고르, 하이데거와 같이 진리를 향한 자유와 자율적 창조성을 지닌 인간을 시간적 주체로 본다. 과거와 미래는 인간의 의식과 마음속에서 보인다는 것이다. 그리하여 사라져 가는 것과 도래하는 것을 연결하는 것은 시간의 주체로서의 인간임을 천명한다. 인간은 이중의 부재 사이를 존재로 전환시키면서 이어서 그때그때 한동안의 것으로 있게 하는 시간의 주체로서 시간적 존재이다.[27]

무엇보다 인간의 행위는 과거를 단절하면서 미래를 향하여 초월한다. 과거가 이미 결정되어 버린 필연의 영역이라면 미래는 아직 미결의 상태로 있는 자유의 왕국이다. 인간의 행위가 동물의 충동적 행동과는 달리 자각적이고 정신적인 까닭은 과거로부터 오는 필연적 자연법칙에만 지배되지 않고 그 지배하에 있으면서 동시에 미래로 초월한다는, 말하자면 필연과 자유의 모순 속에서 결단한다는 데 있다. 만일 인간에게 미래에 대한 자유로운 초월이 없다고 한다면 그의 모든 행위는 동물의 본능적 충동과 다를 바가 없을 것이다. 인간의 인간된 소이는 그가 고통스러운 과거를 대담하게 청산하는 자, 죽음을 앞당겨 예비 체험하는 자, 요컨대 정신적 존재라는 데 있다. 자유야말로 인간의 본질에 속하는 것이다. 인간의 초월화 작용은 그 초월화의 목표가 선하고 아름답고 자유이고 진실하고 또 때로는 거룩하기 때문에 그곳을

---

26) 소광희, 『시간과 인간의 존재』, 26쪽 이하.

27) 소광희, 『시간의 철학적 성찰』, 639쪽.

향하여 우리의 행위를 기투하는 것이다. 자유는 그러므로 진과 선과 미와 성과 짝하는 것이다. 그러기에 예로부터 자유와 진리는 동일한 개념으로 간주되어 오고 있다.[28]

그리스어에서 시간을 뜻하는 '아이온(αἰών, aion)'은 헤라클레이토스가 처음 사용한 용어로 많은 철학자들에 의해 고유한 방식으로 변용되었다. 니체는 '아이온'을 자신의 우주론과 가치론에서 재해석하고, 하이데거는 존재와 존재자가 현상할 수 있는 '시간-놀이-공간(Zeit-Spiel-Raum)'을 마련해 주는 존재역운으로 해석한다. 헤라클레이토스의 로고스에 근거한 '아이온'은 세계시간과 인간시간을 모두 포괄하는 개념이다.

하이데거는 자기 바깥으로 향하는 탈자(Ekstase)의 모습을 시간성에서 찾고 있다.[29] 인간 정신이 자기 바깥으로 외출할 수 있는 것은, 다시 말해 타자를 자기 안에 받아들이고 보존할 수 있는 까닭은, 그것이 시간성의 구조로 이루어져 있기 때문이다. "현존재의 존재는 (세계 내부적으로 만나게 되는 존재자) 곁에-있음으로서 자기를-앞질러-이미-(세계)-안에-있음을 말한다. 이러한 존재는 염려라는 명칭의 의미를 충족시키고 있다."[30] 여기에서 '곁에'는 현재, '앞질러'는 미래, '이미'는 과거를 뜻한다. 이렇듯 마음은 존재를 수용하는 시공간이다. 마음 자체가 시간성의 구조로 짜여 있다. 고정된 실체나 사물이 아닌 인간은 생성하는 존재이며, 시간을 의식하고 실천하는 존재이고, 결국 시간적 존재이다.

운정에 의하면, 시간에서 본 자아에는 두 가지가 있다. 하나는 일정한 시위에 실려서 무한하게 침퇴하는 자아이고, 또 다른 하나는 늘 '정

---

28) 소광희, 『시간과 인간의 존재』, 58쪽 이하.

29) M. Heidegger, GA 2, p.436.

30) 같은 책, p.263.

지하는 지금(nuns stans)'에 서 있는 자아이다. 전자는 무상한 시간을 구성한다. 그리고 후자를 흔히 '영원'이라 한다. 영원이란 무한히 긴 시간이 아니라 시간이 거기에서 비로소 형성되는 근원으로서 시간 이 전적인 것, 시간을 벗어난 것을 가리킨다. 영원은 흐름으로 표상되는 시간을 벗어난 것이므로 불변의 것, 늘 정지상태로 있는 것을 가리킨다. 인간은 이와 같이 한 발은 영원에 담그고, 다른 한 발은 시간 속에 두고 있는, 이중 구조로 되어 있는 존재인 것이다. 시간은 각자의 것이다. 절대적으로 실재하는 시간이 있어서 모든 생물이 거기에 실려서 마치 물 위에 떠내려가는 낙엽처럼 그렇게 살아가다가 어느 날 갑자기 시간을 벗어나서 죽어가는 것이 아니다. 인간은 시간을 창조하면서 동시에 그 창조된 시간을 사는 자이다. 소위 객관적, 절대적 시간이라고 하는 것은 태양계 안에 사는 모든 생물이 태양의 운행과 삶의 리듬을 함께하기 때문에 생긴 것에 불과하다.

하이데거는 시간성의 구현으로서의 역사성을 언급하고, 시간성의 지평과 존재이해가 역사성의 토대라고 본다. "어떻게 역사가 역사학의 가능한 대상이 될 수 있는가 하는 것은 오직 역사적인 것의 존재양식에서부터, 역사성과 그것의 시간성에 뿌리박고 있음에서부터 설명될 수 있다"[31] 이런 역사성 개념은 현존재의 미래적 실존에 정향함으로써 역사학의 의미 혹은 역사철학의 토대로 우리를 인도하고 있다

요약하자면, 운정도 하이데거와 같이 인간을 스스로 시간화하는 '시간적 존재'로 이해하고, 시간성의 구현으로서 역사성을 언급한다. 나만의 시간을 가질 수 있는 현존재만이 존재이해가 가능한 것이다. 운정은 시간을 초월한 존재가 아니라, 시간 속에 부침하는 존재에 귀속하는 역사적 인간 존재의 본래의 모습을 환기시키고자 한다.

---

31) 같은 책, p.492.

(5) '시간의 존재론'의 계보와 지도를 그리다

운정의 철학함의 중심은 그리스의 시간관, 아우구스티누스의 시간론, 베르그송, 후설, 하이데거의 시간론 해명으로 시작된다. 그리스의 시간관에서 시간은 영원의 그림자에 불과하다. 그리고 시간 및 시간 속에 있는 일체는 영구히 회귀한다. 엄밀하게 말한다면 그리스적 시간은 역사적 시간이 아니라 우주적 시간이요, 영원은 시간의 화석이라 할 것이다.32) 역사적 세계의 '아이온'과 '카이로스'는 다르다. 다 같이 신의 지배를 받는다는 점에서는 차이가 없으나, '아이온'이 시간의 지속을 두고 하는 말이라면, '카이로스'는 어느 시점을 가리키는 말이다.33) '카이로스'는 악의 세계에 대한 결정적 승리의 시점, 구속사적으로 신에 의해 선택된 시간의 점이고, 인간의 기도가 실현되기에 적합한 기회이다.34) 반면, '아이온'은 그리스적 의미에서 영원이고, 신약성서에서는 명확하게 한정된 시간, 즉 우리가 말하는 시간, 신이 부여한 한정된 시간이고, 또한 측정할 수 없는 무한한 길이를 의미한다.35)

운정은 '철학적 시간론'을 아래와 같이 설명한다. 태양계에 속하는 지구에 시간은 오직 하나뿐이다. 그것을 흔히 우주적 시간, 객관적 시간이라고 한다. 그러나 그 시간에 대한 인식은 변화의 지각에서 시작한다. 변화에 대한 지각이 없다면 시간이 있을 수 없다. 이렇게 시간을 인간의 지각과 관련해서 시간의 근원, 시간의 지각(인식), 시간의 양상 등을 철학적으로 검토하게 되는 것이다. 이것이 소위 철학적 시간론이다.36)

---

32) 소광희, 『시간과 인간의 존재』, 121쪽.
33) 같은 책, 126쪽.
34) 같은 책, 123쪽.
35) 같은 책, 168-169쪽.
36) 소광희, 『시간의 철학적 성찰』, 721쪽.

철학적 시간론에서는 과거와 미래는 얼마든지 현재 속에 들어올 수도 있고, 미래가 현재와 과거를 규정할 수도 있다. 자포자기하거나 자살하는 것은 미래를 두려워하거나 내일의 삶이 싫기 때문이다. 이것은 미래가 오늘 속에 들어와 있는 예이다. 과거의 경우도 마찬가지이다. 이와 같이 철학적 시간론에서는 과거와 현재 및 미래는 상호 침투할 수 있다. 그러기에 인간과 시간의 관계를 성찰하는 철학적 시간론은 철학자에 따라, 그의 인간관에 따라, 문화권의 상이에 따라 서로 다른 많은 시간이론이 있을 수 있다.37)

요약하자면, 운정은 '시간의 존재론'에서 시간의 지평에서 존재를 해명한다. 인간의 존재를 가능하게 해주는 토대이자 근거를 시간성이라고 본다. 그에게는 '존재론'이 없는 철학은 철학이 아닌 것이다.

2. 삶에 정초된 '학문적 철학'의 옹호

철학은 '보편적 앎'을 지향한다

운정에게 있어서 철학은 보편학, 즉 보편적 사유를 다루는 학문이다. 모든 학문의 진술명제는 보편 지향적이다. 철학의 기본학인 존재론 역시 보편학이다. 존재 자체나 인간의 자기의식을 다루거나 보편자(종, 류)로서 인간을 탐구할 때 철학은 보편 지향적이다. 아리스토텔레스가 철학을 '에피스테메 테오레티케(episteme theoretike)'로 간주한 이래로 서양 전통철학은 일반적으로 실재에 대한 어떤 이론적 인식을 목표로 해왔다. '철학은 사태를 보편적 입장에서 근원적으로 사유한다'는 입

---

37) 같은 책, 725쪽.

장, 즉 '철학은 보편적 앎에 대한 사랑'임을 운정은 자신의 철학 이해에 있어서 근본 모토로 삼고 있다.

일반적으로 말해서 존재론은 존재를 그 자체에 있어서 보편적으로 규정하는 학문이다. 그러므로 그것은 보편학이다. 존재론은 존재의 의미, 존재구조, 존재규정, 존재의 제 범주 등을 밝히는 소임을 맡는다. 그러나 그때 존재가 무엇이냐 하는 것이 새삼 문제된다. 존재는 우선 인간의 인식으로부터 독립해 있는 것, 자체적 존재를 가리킨다. 인간의 사유에 의하여 구성된 것이 아니라 그 자체로서 있는 것, 자체적 존재자를 가리킨다. 인간의 사유에 의해 구성된 것이 아닌 자체적 존재라는 점에서 이를 순수존재, 진실존재라 할 수도 있다.[38]

철학은 일반으로 존재하는 것의 궁극적 근원과 원리를 구명하고자 한다. 그러므로 그것은 개별과학을 기준으로 해서 생각하는 소위 과학이 아니다. 개별과학이 존재의 특수 영역을 다루는 특수학이라고 하면, 철학은 존재를 총체적, 보편적으로 다루는 보편학이다. 그리고 그것이 '학(Wissenschaft)'인 까닭은 철학은 가장 깊은 의미에 있어서 로고스를 밝히기 때문이다. 개별과학이 지평선을 도는 원심운동을 한다면, 철학은 중심점에서 전체를 조감하고 파악하는 구심운동을 한다고 할 것이다.[39] 따라서 철학은 개별과학이 의거하는 원리와 기초를 음미하고 정초하여 타당성을 검토하고 비판한다.[40]

운정은 개별적 사실에 관한 '경험적 지(知)'와 보편적 사태에 대한 '학리적 지(知)'를 구분한다. 아는 것은 경험적으로 아는 것과 학리적(이론적)으로 아는 것으로 나누어 볼 수 있다. 경험적으로 아는 것은

38) 소광희, 『시간과 인간의 존재』. 219쪽.
39) 소광희 외, 『철학의 제문제』, 지학사, 1973, 14쪽.
40) 소광희, 『무상의 흔적들』, 운주사, 1999, 298쪽.

개별적 사실에 국한된 지(知)여서, 거기에는 보편성이 없다. 학리적으로 아는 것은 개념적, 원리적으로 아는 보편적 지(知)이다. 개별적 사물과 개별적 사건에 관한 앎이요 행위나 생성이라는 특수자에 관한 앎이므로 그만큼 구체적 행위와 직결되지만, 학리적 지는 초개별적, 보편적 지이므로 구체적 사건이나 사실에 대해서는 경험적 지보다 무지일 수 있다. 그러나 학리적 지는 개개의 사물이나 사건의 궁극적 원인과 이유를 알기 때문에 전체적으로 아는 것이며 궁극적으로 아는 것이다. 이러한 보편적 지에 대한 사랑이 철학이다. 철학은 그 시초로부터 오늘에 이르기까지 빵 굽는 방법조치도 기르쳐 주지 않았다. 그 까닭은 철학은 지(知) 자체를 목적으로 하는 것이지, 어떤 일의 수단으로서 이용되기 위한 지(知)를 추구하는 것이 아니기 때문이다.41)

이런 점에서 운정에 의하면 철학은 우선 보편적인 사유, 즉 학문적 철학이 되어야 한다는 것이다. 보편적이라 함은 민족이나 시대를 초월한다는 뜻이다. 따라서 철학과 과학은 인류적 차원의 사유로서, 우리는 더 시야를 넓게 가져야 한다.42) 물론 보편적 사유의 차원에서 한국철학을 논하는 것은 무방하지만, 보편을 지향하지 않는 일체의 지역적 철학은 학적인 측면에서는 위험하다고 보는 것이다. 그러한 철학은 쉽게 이데올로기 내지 극단적 상대주의로 경도될 수 있다는 위험성을 경고하는 것이다.

유신정권은 그 정권을 정당화하기 위한 정책과목으로서 '국민윤리' 과목을 집어넣었다. 동시에 대학의 커리큘럼에서는 문화사, 철학개론 등 소위 보편적 사고를 위한 기본과목이 탈락되었다. 이때 이후 교육에

---

41) 소광희 외, 『철학의 제문제』, 111쪽.
42) 소광희, 「하이데거 연구의 이모저모」, 『존재론 연구』, 제36집, 한국하이데거학회, 2014 겨울호, 4쪽.

있어서의 '전인성'이 사라지고 만 것이다. 인격교육, 사고(판단)교육이 절단나기 시작한 것이다.43)

운정에 있어서 사태적합성은 사실적으로 주어진 실재 내지 실증성과 연결되고, 그것과 함께 논리적 보편성을 지닌 철학을 지향한다. 즉, 그는 실증성과 논리적 정합성을 강조한다.

철학이 본질적으로 지식으로서의 소피아가 되기 위해서는 실증성과 함께 논리성, 즉 보편성을 지녀야 한다. 그러나 실존사상에는 자기성찰의 깊이와 생의 성실한 주체적 결단은 있으나, 그것이 철두철미 개체에 근거하고 개체 구제를 위한 것인 만큼 보편성이 희박하다.44)

학문에 있어서 수학적인 것

철학이 사태를 보편적 입장에서 근원적으로 사유한다는 운정의 기본 입장은 학적 철학을 최초로 기획한 아리스토텔레스에게까지 거슬러 올라간다. 아리스토텔레스 이후 실천학과 제작학이 가변성(행위, 재료의 변형)을 전제하기 때문에 그 인식이 개연적이고 특정의 목적에 수단으로서 봉사하는 데 반해, 이론학은 '불변의 것'에 대한 필연적 인식이다. 여기에서도 수학은 필연적 인식을 보증하는 학문의 전범으로 받아들여지고 있다. 그러나 아리스토텔레스의 학문론에서 얼른 눈에 띄는 것은 학문의 체계화이다. 이론학은 이성적 관조의 학문으로서 그 자체로 최고의 학문일 뿐 아니라, 다른 목적에 수단으로서 봉사하지 않는다는 점에서 자족적이고 귀족적이다.45)

---

43) 소광희, 『패러독스로 본 세상』, 지학사, 1985, 208쪽.
44) 소광희, 『시간과 인간의 존재』, 39쪽.

고대 그리스 이래 오늘에 이르기까지 수학이 만학의 전범으로 군림하고 있는 이유는 무엇인가? 그리스인들은 사물을 'ta physika(자연물)', 'ta poiomena(제작물)', 'ta xremata(사용 처분물)', 'ta pragmata(실천과 관찰의 대상물)', 'ta mathemata(배울 수 있는 것)' 등 다섯 가지로 구분하였다. 배운다는 것은 어떤 것을 지적으로 받아들여 내 것으로 함을 가리킨다. 그런데 그것이 '수'와 관련되는 이유는 무엇인가? 수는 어떤 것을 배우고 가르침에 있어 이미 통달해서 숙지된 것이다. 즉, 수를 이미 숙지하고 있어야 어떤 것을 셀 수 있는 것이다. 무엇을 배운다 함은 새로운 지식을 이미 숙지된 지식으로 설명할 수 있게 되는 것이다. 그러므로 수학에 있어서 중요한 것은 수 자체가 아니라 설명의 능력과 그 설명의 명료성이요, 수는 그 표현형식이다. 특히 현대 사회과학의 일부 학문에서 수학을 원용하는 이유는 그 설명과 표현의 정확성 내지 명료성 때문이다. 우선 수학에서 정의(definitio), 공리(axiomata), 정리(propositio) 등을 접하게 되거니와, 정의는 만인이 마땅히 받아들여야 하는 명제이다. 정의의 도출 근거는 가정인데, 수학 자체는 가정을 전제할 뿐 반성하지 않는다. 여기에 수학의 한계가 있다는 것은 이미 플라톤이 지적한 바 있다. 이런 까닭으로 중세 전체를 통해 수학을 자유 7학과 중에 포함해서 중요한 것으로 가르쳤고(산수, 기하), 그 전통은 데카르트를 거쳐 뉴턴에서 지식의 완성된 형태로서 (자연철학의) 『수학적 원리』가 제시되었다. 뉴턴의 자연과학 이념을 계승한 칸트도 수학이야말로 본래적 학문이라고 찬탄해 마지않았다. 여기에 그치지 않고 수학은 오늘날도 가장 확실한 학문으로서 기능하고 있다. 라이프니츠에게도 이성의 논리는 모순율을 근거로 한 필연적 진리(수학, 논리학)요, 사실의 진리로서 '모든 것은 제 나름의 이유를

---

45) 소광희 외, 『현대의 학문 체계』, 민음사, 1994, 320쪽 이하.

가지고 있다'는 충족이유율을 제시한다.46)

운정은 베버(M. Weber)의 학문관과 가치중립적 사고를 옹호한다. 베버는 『직업으로서의 학문』(1918)에서 학문은 철저하게 과학적이어야 한다는 것을 주장한다. 그가 이 강연에서 주장하는 것은, 대학의 강단에 서는 사람이 해야 할 일은 도덕적, 정신적 가치나 정치적 정당성의 주장을 펼치는 것이 아니라, 과학적 방법론에 따른 사실 탐구에 종사하는 것이라는 점이다. 과학과 학문이 할 수 있는 것은 사실의 의미가 아니라, 과학과 방법에 따른 사실 탐구에 종사하는 것이다. 즉, 사실 자체를 정확하게 보고, 또 사실들의 연관관계를 설명하는 것이다. 문화가 문제되는 경우에도, 학문의 의무는 "사실을 기술하고, 논리적, 수학적 연관관계, 문화적 가치의 내적 구조를 규명하는 것"이지 그 가치를 옹호하는 것이 아니다.47) 특정 문화의 가치를 평가하는 것은 보편적인 의미를 갖지 못한다. 학문은 직접적으로는 어떤 정신적 입장이나 가치에 대한 설법과는 엄격하게 분리되는 이성의 작업이다.

삶에 기초한 '학문적 철학'

운정에 있어서 철학의 고향은 인간이 속한 삶의 세계이다. 철학은 대개 삶의 체험에서 맞닥뜨린 문제에서 출발한다. 우리의 삶은 결코 그 어떤 객관적인 과학으로도, 그 어떤 기술로도 처리될 수 없는 것으로 간주된다. 철학은 초시대적 타당성과 보편성을 가져야 하지만, 당면한 사태에 대한 삶의 근본 경험에서 유래한다고 운정은 확언한다.

---

46) 같은 책, 322-323쪽.

47) H. H. Gerth and C. Wright Mills, "Science as a Vocation", *From Max Weber: Essays in Sociology*, New York: Oxford University Press, 1967, pp.145-147.

철학은 어떤 시대, 어떤 사람의 철학이든지 초시대적 타당성과 보편성을 가지기는 하지만, 이것을 곧 선철들의 가르침을 무비판적으로 묵수해야 하는 것으로 잘못 이해해서는 안 됩니다. 선철들이 행한 철학 연구는 그들이 당면했던 사태에 대한 성찰입니다. 다시 말하면, 우리의 사태는 그들의 사태가 아니라는 것입니다. 우리의 사태를 우리의 눈으로 직시할 때 우리의 독자적인 철학이 탄생될 것입니다. 철학에서 새로움이란 언제나 사태 자체에 대한 철학자 자신의 근본 경험으로부터 탄생되기 때문입니다. 우리가 그동안 겪은 험한 삶의 굴곡과 세계 여러 이민족들 사이에서 겪은 문화적 체험은 우리의 당면한 사태에 대한 근본 경험으로서, 새로운 삶의 영위를 위해 그리고 새로운 철학의 창출을 위해 유용한 자산으로 역할할 것입니다.[48]

그리하여 우리가 스승을 통해 배우는 것은 그 알량한 '지식'이 아니라, 삶에 임하는 자세로서의 정신적 유산이다. 말하자면, 공과 사의 엄격한 구별, 굴탁 없는 자유스런 삶, 그리고 평생을 걸고 오직 학문 연구에만 정진하는 모습이다.[49] 여기서도 삶에 임하는 자세가 철학함에 있어서 중요하다는 것이다.

운정의 철학은 모든 것을 양화하여 삶과 역사의 질적인 차원을 배제하는 과학적 실증주의 및 논리실증주의의 한계와 문제를 '위기'로 인식하는 후설의 현상학과 이를 '이데올로기'로 간주하는 하버마스의 비판이론의 노선과 맥을 같이한다. 양 노선이 전제하는 철학적 인간 이해와도 손을 잡는다. 이는 서양철학이 줄곧 견지해 온 철학적 인간관이기도 하다. 말하자면 철학적 인간이란 순수이성에 의해 보편 이상과 규범을 파악하고 그것을 실현할 수 있는 존재를 의미한다. 그는 합리

---

48) 소광희 엮음, 『변화하는 시대와 철학의 과제』, 한민족철학자대회 대회보 1, 천지, 1991, 9쪽.
49) 소광희, 「유산은 스스로 쌓아간다」, 『월간 샘터』, 26(01), 샘터사, 1995, 43쪽.

적으로 행동하고 자기를 반성하며, 자율적으로 사유하고 결정하는 존재이다.

잘 알려져 있듯이, 후설은 당대의 비판적, 성찰적 이성을 배제하고 감각적 확인을 학문의 궁극적 기준으로 내세운 실증주의를 학문의 위기, 곧 인간성의 위기로 간주한다. 위기는 한마디로 자연과학적이고 객관주의적 사고에 맞서는 철학적 투쟁이다. 철학적 투쟁은 철학에서 드러나는 인간성을 둘러싸고 이루어지는 것으로서 바로 우리 자신의 존재가 어떠해야 하는가를 위한 투쟁이다. 『유럽 학문의 위기와 선험적 현상학』에서 후설은 모든 학문이 인간의 삶에 기반하고 있고, 따라서 삶의 의의와 밀접하게 관련될 수밖에 없다고 본다. 생활세계는 결코 양화될 수 없는 세계, 그 속에서 우리가 구체적으로 살아가고 있는 세계이다. 양화된 생활세계는 이미 생활세계가 아니고, 자연과학적으로 이념화된 세계이다. 과학은 생활세계를 토대로 해서 나온 것이지만, 과학의 세계는 생활세계를 바탕으로 사유에 의해 구성되어 나온 이차적이고 인위적인 세계이다. 참다운 진리의 세계는 물리학의 세계가 아니라 생활세계이다. 생활세계는 역사와 문화가 침전되어 있는 세계이다.

하이데거에 있어서 철학은 삶을 객관화하고 탈체험화하는 종래의 학문적 경향에서 벗어나 삶 자체로 접근해 들어감으로써 그 안에서 삶의 전체성이 드러나는 근본 상황들과 근본 경험들을 열어 밝혀 주는 근원 학문이다. 그리고 하버마스도 근대적인 독백적 이성을 생활세계를 지반으로 하는 상호 이해에 근거한 의사소통적 이성으로 비판적으로 재구성하는 데 초점을 맞춘다. 그에 의하면, 학문적 인식조차도 인간다운 삶을 영위하기 위한 다양한 관심에서 출발한다. 그는 흥미, 이해(利害)관계, 지배, 이해(理解), 해방을 위해 알려고 하는 데서 각종 학문이 생겨났다고 본다. 그의 인식론에서는 '관심'의 개념을 근본 범주로 삼고 순수지식이 가능하다는 환상을 깨뜨리고 인식의 사회적 연관성을 밝혔다.50) 하버마스는 보편주의를 합리적 보증물로 여기면서, 이데올로기와 이론 그리고 신화와 지식을 구분하는 보편적 진리기준은 존재해야 하고 보편적 이성의 원리를 부정하거나 포기하면 철학은 종말에 이를 것이라고 경고한다.

운정의 '학문적 철학'의 입장은 아리스토텔레스, 칸트, 후설, 베버, 하버마스의 계열에 선다. 운정은, 러셀이 말하는 '이름과 대상의 동형성'이라는 원자론적 실재론이나 전기 비트겐슈타인의 '그림 이론', 즉 넓은 의미의 언어 환원주의는 매우 위험하다고 본다. 왜냐하면 언어는 실재와 반드시 대응하는 것이 아니기 때문이다. 개념은 있으되 그 개념에 대응하는 실재적 대상이 없는 경우가 허다하다. 인간은 오히려 실재를 허구화하면서, 즉 부단히 신화를 만들면서 그 속에서 문화생활을 하고 있다. 문화란 본디 허구 속에서 자라나는 것이므로, 허구화(신화화)하지 않고서는 전승 자체가 불가능한 것이다. 정확하게 사고하고 말하도록 하는 것은 중요하다. 그러나 그것도 인간의 삶을 위한 것이라야 의의가 있다. 논리를 강조하는 나머지 인간의 삶을 조장하지 못하고 오히려 저해하는 결과가 된다면 그런 철학의 존재의의는 무의미해질 수밖에 없다.51)

인간은 필연의 덫을 벗어나서, 주어진 시간의 저항을 뚫고 자신의 자유와 창조성을 발현하고자 하는 존재이다. 후기 비트겐슈타인에서도 우리는 철학적인 문제를 해결하기 위해서는 낱말들을 형이상학적인 사용으로부터 일상적인 쓰임으로 되돌려 보내야 한다고 주장한다. 예를 들어 '시간이란 무엇인가?'라는 철학적인 문제는 시간이라는 단어가 삶의 맥락에서 그때그때 어떻게 사용되는지를 밝힘으로써 해결할 수

50) 김재현, 「인식과 관심: 하버마스」, 한국철학사상연구회 편, 『철학의 명저 20』, 새길, 1993, 280-281쪽.
51) 소광희, 『철학적 성찰의 길』, 철학과현실사, 2004, 171쪽.

있다고 본다.52)

운정은 평생 '시간'이란 화두를 가지고 철학함의 외길을 걷는다. 즉, 그는 시간에 입각한 존재론과 형이상학을 연구한다. 시간 지평 위에서 현상하는 존재에 대한 연구인 존재론과, 이론적 지성보다 상위의 인식을 가능하게 하는 실천적 이성에 의한 형이상학이 요청된다. 이것이 철학이 학문일 뿐만 아니라 학문 이상인 소이이다.

인문학의 방법론의 필요성

운정은 오늘날 과학적 방법론의 지배에서 벗어난 인문학의 독자적인 연구방법의 필요성을 역설한다. 인문학 정립의 과제는 자연과학의 실증적, 수학적 방법에 함몰되지 않는 인문학의 독자적 연구방법의 확립이라고 본다.53) 운정은 근대 이후의 방법적 일원론을 비판한다.

학문론에서 보아 근대 특히 19세기의 학문적 성취는 자연과학의 승리라기보다는 과학적 방법론의 승리라고 할 것이다. 학적 정확성으로 예측된 사태를 실험을 통해 실증함으로써 의심의 여지없이 진리로 판정하는 학문정신은 사회현상의 설명에도 실증성을 요구하게 되었고, 이성적 사유는 지각에 호소하는 현전적 제시에 밀려나고 있다. 실증과 계산적 사고가 학문세계를 지배하는 방법으로 군림하게 된 것이다. 그 방법의 그물에 걸리는 대상은 연구 가능하고, 거기에서 벗어나는 학문, 예컨대 역사, 문학, 철학 따위의 학문은 학문으로서 존중받기 어렵게 되었다.54) 운정은 인문학을 일체의 과학과 구별하여 아래와 같이 명료하게 규정하고 있다.

---

52) 박찬국, 『현대철학의 거장들』, 철학과현실사, 2005, 290쪽.
53) 소광희 외, 『현대의 학문 체계』, 325쪽.
54) 같은 책, 324쪽 이하.

인문학은 자기의 내면을 향한 성찰이요, 내면을 통해 사물을 보는 학문이다. 인문학의 특성은 내면화의 계기를 갖는다는 데 있다. 그러나 내면세계(심리적 현상이 아니다)는 양화해서 수적으로 표시할 수도 없고, 대상화해서 인과론적으로 설명할 수도 없기 때문에, 즉 과학적 방법으로는 포착할 수 없기 때문에, 엄격하게 말하면 인문학은 과학이 아니다. 따라서 인문학의 이념은 단순히 지식의 축적이 아니요, 굳이 말한다면 자기의 내적 성장이다. 인문학은 이와 같이 그 이상 다른 데로 소급시킬 수 없는 내면의 원점에서 출발하기 때문에, 근원적이기 때문에 전체와 관련되어 세계관적 성격을 띤다. 인문학의 목표는 자기형성, 특히 자기완성이요, 그 접근방식은 정확성이라기보다는 엄숙함이다.[55]

요약하자면, 운정의 철학은 삶에 기초한 학문적 철학을 지향한다. 학문의 고향인 역사와 문화가 침전된 삶의 세계와 체험으로부터 나온 보편학 내지 근본학으로서의 학문적 철학을 옹호한다. 운정 철학에서는 학문적 엄정성과 삶에 기반한 정신의 맥동성(脈動性)이 동시에 발견된다. 이는 학적 인식의 보편적 가치를 중시했던 베버의 정신과 상통한다. 그는 지적인 추구를 높이 평가하면서도, 더 중요한 정신적 추구를 지켜야 한다고 말한다.

3. 균형성과 정제의 철학

운정의 철학은 좌와 우, 안과 밖의 어느 한 축으로도 경도되지 않는 균형감이 살아 있는 철학을 추구한다. 그리고 일체의 군더더기와 수사학적 거품이 배제된 정제된 철학을 지향한다. 어떤 특정한 철학 노선

---

55) 같은 책, 330쪽.

과 철학자를 추수(追隨)하지 않고, 시야를 넓혀서 전체를 보고자 한다. 말하자면, 서양의 현상학, 실존철학, 분석철학, 비판이론, 해체론, 그리고 동양철학, 한국철학, 불교철학, 그 어디에도 닻을 내리지 않고, 특정 이론을 묵수하지 않는다.

이런 운정의 입장은 보편타당성과 현실적 사태에 부합하는 지식을 위해서는 합리론과 경험론을 비판적으로 종합한 칸트의 입장과 유사하다. 파스칼의 철학적 정신에도 감각적인 섬세한 정신과 합리적인 기하학적 정신 모두를 옹호한 생에 있어서 허위 없는 성실성이 깃들어 있다. 운정은 인간의 삶이란 비할 데 없이 섬세하고 다양한 내면을 가지고 있기 때문에 기능으로만 규율되지 않는다고 본다. 기능으로 규율될 수 있는 것은 극히 일부분에 지나지 않는 외적 생활이라고 확언한다. 하버마스도 도구적 이성을 비판하지만 의사소통적 이성을 옹호하면서 철학의 정통성을 옹호하고 동시에 그 한계에 대한 비판을 주저하지 않는다. 이들의 사상과 운정의 철학에는 균형성이 엿보인다. 특히 균형이란 인간생존의 조건이기도 하다.

신체뿐만 아니라 정신적인 면에서도 균형의 요소는 중요한데, 지혜를 나타내는 그리스어 '소프로쉬네(sophrosyne)' 또는 '소피아(sophia)'라는 말에는 모두 균형이라는 의미가 내포되어 있다. 이것은 동양사상에서 중용의 덕이 균형의 뜻을 내포하고 있는 것과 마찬가지다. 따라서 문화환경 균형론은 인간 자신이 이해를 전제로 한 이론적 주장이다. 결국 문화환경 균형론은 '인간 존재 균형론'과 일맥상통하는 것이다. 이러한 의미에서 인간 창조성의 궁극적 역할과 능력은 바로 '삶의 균형적 조화'라는 작품을 만들어 내는 데에 있다. 구체적으로는 인간이 자신의 존재적 균형을 위해서 끊임없이 자신의 문화환경을 재창조해 가는 데 있다. 창조성은 인간 이해의 지평이자, 지속 가능한 인간 실존의 조건이다.56)

운정은 소피스트와 같이 사태를 과장하거나 수사학적으로 분칠하거나, 이데올로그와 같이 사태를 극단으로 밀고 가 진실을 호도할 우려가 있는 일체의 난해성, 추상성, 애매성을 철학의 불순물로 여긴다. 그리하여 불순물을 증발시킨 천일염같이 정제된 철학을 지향한다. 그것은 바로 소크라테스로부터 유래하는 '안티-소피스트(anti-sophist)의 길'이다.

운정 철학의 균형성을 가져오는 두 항목은 각각 다음과 같다. 일상성과 전문성, 보편적 사유와 초월적 사유, 실증성과 보편성, 사태적합성과 보편타당성, 상황과 규범, 보편성과 초월성, 삶과 학문, 생명과 정신, 현실과 초월, 시간과 영원, 합리성과 초월성, 진실성과 정당성, 학문성과 초학문성 등이다. 무엇보다 전문화와 보편적 일반론 사이의 균형을 지녀야 함을 강조한다. 여기서 균형성은 기하학적 중간점이 아니라 시소처럼 역동적인 균형성을 의미한다. 그리고 운정은 어떤 학파에만 매몰되어 나무는 보지만 숲을 보지 못하는 우를 범해서는 안 된다고 거듭 강조한다.

근본학(radical science)으로서의 철학이 특히 현대에 이르러 심화과정을 거치면서 지나치게 전문화로 치닫고 있다는 인상을 받는다. 모든 학문이 그렇듯이 철학도 전문적으로 연구되려면 분화되지 않을 수 없다. 그러나 그것이 지나쳐서 보편성을 잃은, 자기들끼리만 알아듣는 학문으로 협소해지면 근본학으로서의 철학의 의의를 상실하게 될 것이다. 학문의 전문성을 주장하는 사람들은 나의 이런 견해를 거대담론이라고 하면서, 그것은 학문의 전문성이 결여된, 너무 안일한 일반론이라고 비판할지 모른다. 그러나 나는 청의 학자 요내(姚鼐, 1731-1815)의 충고를 잊을 수 없다. 그의 논학수찰(論學手札)에는 이런 경고가 있다. "한

---

56) 김용석, 『문화적인 것과 인간적인 것』, 푸른숲, 2010, 227쪽 이하.

종파의 주장만을 지키게 되면 편협해지고, 자기주장만을 고집하면 비루해진다." 비록 소극적 표현이긴 하지만 이 말은 특히 전문화로 치닫는 철학도에게 강조하고 싶은 충언이다.[57]

운정은 근대철학의 형이상학 상실을 그것의 정신적 뿌리, 근간을 상실한 것으로 간주한다. 철학에는 철저하고 엄밀한 과학적, 보편적 사유와 그것을 넘어선 형이상학적, 초월론적 사유의 두 바퀴가 있다고 본다. 이 두 축이 있어야만 인간의 합리성의 영역과 자유의 영역이 확보될 수 있다고 보는 것이다. 먼저 독단론적 형이상학이 배격되고 보편적, 과학적 합리성이 기반이 되어야 하고, 동시에 인간의 자유의 영역이 수호될 수 있는 형이상학적 존재론이 요구된다. 이런 점에서 운정은 상황과 규범의 균형성을 다음과 같이 강조한다.

상황의 강조에는 반드시 그 기초에 규범성을 두어야 하는 것이다. 물론 상황에 대처하는 기능을 고려하지 않는 규범의 고집은 보수요, 시류에 역행하는 반동이 될 위험성이 없는 바 아니나, 그와 똑같은 이유로 규범을 망각한 상황만의 강조는 이기적 편의주의요, 고립적 배타주의인 것이다. 우리는 규범을 마땅히 지향해야 할 대도로 삼고 상황의식을 그때그때의 정세에 대처하는 기민한 기능으로 삼을 줄 아는 예지를 가져야 할 것이다.[58]

운정에 의하면 인간은 생명체이면서 동시에 정신적 존재이다. 따라서 정신과 생존은 자유의 존재근거라 여겨진다. 인간은 자유존재로서 의지와 관련된 자유를 갈구하는 것이다. 우리가 희구하고 문제 삼는 자유는 정신적 존재로서의 인간의 차원에서 비로소 논의되는 것이다.

---

57) 소광희, 『자연 존재론: 자연과학과 진리의 문제』, 문예출판사, 2008, 7쪽 이하.
58) 소광희, 『시간과 인간의 존재』, 45쪽.

자유는 인간의 생존과 인간의 인간다움을 보장하는 기본조건이고, 또한 인권과 깊은 관계를 맺는다. 자유의 문제가 다름 아닌 인권의 문제와 동일하기 때문에 상황성을 넘어서 천부적이고 불가침의 것으로서 신성함이 강조되어야 한다. 역대 인권선언들은 이성과 양심에 근거한 자연법사상의 발현이었다. 그것은 만민법이요 이성법이며, 영원의 법이다. 그러므로 인권과 자유는 상황의 긴박성을 내세워서 이렇게 저렇게 수단으로서 사용할 수 있는 것도 아니다.59)

특히 운정은 현실과 초월의 거리(간격)를 강조한다. 그것은 바로 '사색의 거리' 내지 '형이상학적 거리'이다. 그리고 현실과 초월의 적정 거리, 즉 형이상학적 거리를 '까치의 거리'라고 부른다. 그러나 이 모든 거리는 지리적 거리이다.60)

그는 이러한 거리를 두어야 하는 이유를 다음과 같이 설명한다. 첫째, 정치인과 실업가는 현실에 밀착해서 그 현실을 광정하고 경세제민해야겠지만, 학문은 한 걸음 물러서서 그 현실을 대상화해야 한다는 것이다. 대상화한다 함은 현실로 하여금 학문적 탐구의 물음에 대해 스스로를 참된 현실로서 석명하도록 요구하는 것이다. '까치의 거리'는 현실적 이해관계로부터 자유로울 것을 시사한다. 그것은 대상화의 기본조건이다. 둘째, 대학 도서관과 연구소가 연구의 중심이 되었다고는 하나 그 속에 있는 문헌을 취합하고 발췌하는 것이 학문인 양 착각해서는 안 되고, 사색 공간 속에서 자기 것으로 소화양조(消化釀造)하는 과정을 거쳐야 한다는 것이다. 운정에 의하면, 진정한 학문은 구이지학(口耳之學)이 아니라, 독창적인 것이라야 한다. 그러기 위해서는 사색 공간을 가능한 대로 확대할 필요가 있다.61)

---

59) 같은 책, 48쪽 이하.
60) 소광희, 『무상의 흔적들』, 246쪽 이하.
61) 같은 책, 248쪽.

운정에게 철학은 지성의 활동이다. 그러나 그것은 지식체계 내지 시(詩)는 아니다. 모름지기 철학은 진실을 보고 듣고 체험하기 위해 묻고 사유하고 꿈꾸는 지적 노력의 과정 자체이다. 철학적 물음은 그러나 존재자를 이유와 귀결, 원인과 결과라는 논리적 규범에 넣어서 묻는 것이 아니라, 존재자의 존재에 대한 초월론적 물음이어야 한다. 따라서 그가 보기에 철학은 학문이면서 동시에 학문 이상이다.[62]

운정은 시간으로부터 초월하여 이념의 세계를 정립해야 자기 동일성이 확립된다고 본다. 이념은 정신의 소산이다. 인간이 정신적 존재요, 이성적 동물로서 만물의 영장이 되는 소이는 사실의 세계 위에 이념의 세계를 정립할 수 있다는 데 있다. 그 이념에 입각해서 인격상으로나 법률상으로나 또는 관례상으로 자기 동일성을 회복하는 것이다. 그것은 시간을 초월한다. 시간을 초월한다 함은 어떤 사태가 시간의 지배로부터 독립한다는 뜻이다. 이는 이들 여러 사실을 시간의 흐름으로부터 독립시켜서 불변의 항으로 이월시키는 것이다. 즉, 역사적 사실로 고정시킨다. 이러한 이월에서 비로소 모든 사유와 학문이 가능해지는 것이다. 여하튼 인간이 시간의 지배로부터 구제받을 수 있는 유일한 길은 정신의 세계, 이념의 세계로 이행, 초월하는 것이다. 그리고 이념 구현의 최고의 형태가 예술이요 종교요 철학이다. 따라서 우리 현대인에게 있어 합리화, 산업화를 뛰어넘어, 즉 그것을 초월하여 거룩한 삶을 회복시킬 수 있는 길은 우리의 생활 속에 신성을 되살리는 것이다. 그러나 그것이 반드시 그리스도교에 의존하는 것은 아니다. 그것이 아니고도 우리는 우리의 고유한 축제와 예속(禮俗)을 가지고 또는 인간 범사에 대한 깊은 종교적, 철학적 해석을 통해서 그 일이 가능하다고 생각한다.[63]

---

62) 소광희, 「철학적 인생론: 나와 철학교수」, 『철학과 현실』, 제45호, 철학문화연구소, 2000 여름호, 210-211쪽.

정당성은 진실성을 수반한 것이어야 함을 운정은 강조한다. 정당성의 요건은 최소한의 형식적 적법성, 요구조건이나 필요에 대한 최소한의 충족, 정확성 등이다. 거기에는 도덕적 양심이라든지 정직성이 끼어들 여지가 없다. 이것은 주관적인 것이고, 형식상의 요건이 아니라 내용이며, 그때그때의 상황적인 것이기 때문이다.64)

운정은 계산적 이성에 의한 정당성의 확보는 인위적으로 조작될 수도 있다고 경고한다. 정당성도 궁극적으로는 인간의 내적 진실에 환원시킬 수밖에 없다. 정당성은 강제의 의한 합의를 요구한다. 그리고 진실에 대해서는 자발적으로 찬동한다. 비록 형식적 조리에 있어서는 정당성만큼 정연하고 체계적이지 못할지라도, 진실에는 정당성이 범할 가능성이 있는 허위와 조작이 배제되는 것이다. 진실이 소외된 정당성, 혹은 정당성에 대한 집착은 허위의식과 통한다. 기능주의의 일반화, 정당성의 일방통행으로 인해 인간의 개별성은 점점 위축되고, 진실은 은폐되며, 내면생활은 설 자리를 잃게 된다. 이것이 오늘의 세태이다. 이런 때일수록 인간성 회복에 대한 호소는 높아지며 진실에 대한 염원은 절실해지거니와, 또한 역사의식도 크게 요청된다 할 것이다.65)

운정은 지성과 진실성의 연계를 강조한다. 지성은 진실성을 바탕으로 한 비판정신으로 간주된다. 참된 힘은 진실로부터 온다. 그리고 지성은 이 진실을 꿰뚫어 밝히는 눈을 말한다. 진실을 밝혀 알기 위해서는 몇 가지 앞서는 조건이 필요하다. 첫째, 지성은 자유로워야 한다. 둘째, 지조가 있어야 한다. 셋째, 사태를 전체적으로 보기 위해서는 투철한 역사의식이 있어야 한다. 넷째, 용기가 있어야 한다. 진실을 알면서도 이를 모른 체하는 것은 관용이 아니라 비겁이다. 진실이 진실로

---

63) 소광희, 『시간과 인간의 존재』, 134쪽.
64) 소광희, 『무상의 흔적들』, 251쪽 이하.
65) 같은 책, 244쪽 이하.

서 밝혀질 때 비로소 그 진실은 생명을 갖게 된다. 용기는 실천을 전제한다.[66]

그러므로 참된 지성은 대상화적 파악능력을 초월하는 것이라야 한다. 지성은 물론 '앎'을 전제해야겠지만, 그 앎이 박학다식만을 함의해서는 안 된다. 지성은 인간이 역사세계를 여는 힘이요, 이 역사세계에서 만유에 대해 새로운 질서를 부여하는 능력, 즉 문화창조의 힘인 동시에 자연을 변형, 가공해서 문명을 일구는 개척적인 힘인 것이다. 특히 인간의 역사세계가 문화세계요 정신세계라고 할 때, 지성은 대상화적 파악능력의 차원을 훨씬 넘어서 반성능력이라야 하고 실천을 동반하는 판단력이라야 한다. 반성능력이라야 한다는 것은 지성이 인간으로 하여금 자기의 행위에 대해 스스로 책임질 것을 요구해야 한다는 것이고, 실천을 동반하는 판단력이라야 한다는 것은 지성이 명상의 영역에만 머물러 있어서는 안 되고 반드시 실천으로 매개되어야 한다는 것이다. 이러한 지성을 통해서 비로소 인간은 인간다워질 수 있는 것이다.[67]

요약하자면, 운정의 철학은 이론과 실천, 정당성과 진실성, 자연과 자유, 현실과 초월, 규범과 상황, 지성과 진실의 역동적인 균형이 잡힌 철학을 추구한다. 그리고 사태에 입각하여 '있는 그대로'를 정직하게 서술하고자 한다. 따라서 그의 철학은 균형과, 천일염같이 불순물이 증발된 실상을 밝히는 철학으로 평가될 수 있다.

---

66) 같은 책, 263-265쪽.
67) 같은 책, 287쪽.

4. 인문(人紋)을 품은 철학: 분청사기의 멋

앞에서 언급하였듯이, 운정은 대전(한밭)과 유성 사이 유천(柳川, 버드내)에서 태어나고 자랐다. 그곳은 동으로는 멀리 계족산이 있고 서로는 구봉산이 누워 있으며, 북으로는 유성 너머에 계룡산이 솟아 있고 남으로는 대전의 진산 보문산이 우뚝 서 있다. 그의 정신과 몸을 키워낸 고향은 유구한 백제문화의 역사와 문화전통을 지닌 농촌마을이었다. 운정(芸汀)이란 호의 뜻은 '물가에 핀 꽃의 향기'이다. 조요한은 운정의 삶과 사유에서 묻어난 그의 인격과 성품의 아름다움을 '분청사기의 멋'으로 그려내고 있다.

> 그의 인품에는 계룡산록에서 번조한 분청사기(粉靑沙器)의 토속적인 풍미가 있다. 잔재주 없이 건강한 아름다움을 지닌 동학사 계곡에서 생산된 분청사기와도 같이 운정의 꾸밈없는 서민적인 성품이 오히려 매력적이다. 그래서 많은 후학들이 그를 따르고 있다. 학문적인 지도력뿐만 아니라 그의 성품에 끌리는 면도 있을 것이다.68)

운정은 인성과 도덕성이 겸비된 인문을 품은 철학을 추구한다. 여기서 인문(人紋)이란 인간이 그리는 고유한 무늬로서 정서, 도덕성, 초월성, 인간성을 의미한다. 따라서 문화는 심경(心耕)을 그 본질로 하며, 인간의 마음은 갈고 닦아야 아름다워진다고 한다. 그는 모든 것에 앞서서 현대문명의 기초로서 도의의 함양이 있어야 함을 강조한다.69)

우선 인문을 다루는 철학은 과학과 그 탐구대상이 다르다고 본다.

---

68) 조요한, 「정년퇴임 하사(賀詞)」, 소광희 외, 『하이데거와 철학자들』, 철학과현실사, 1999, p.7.
69) 소광희, 『패러독스로 본 세상』, 64쪽.

과학이 기술하는 사실이 개개의 과학의 한정된 부분적인 것임에 반하여, 철학이 찾는 의미연관은 탐구의 주체인 인간을 포함한 세계 전체에 관련된 것이다. 한마디로 철학에는 지식의 축적이 없지만, 철학 연구는 과학적 지식의 탐구와 같은 것이 아니다. 슐리크(M. Schlick, 1882-1936)는 과학과 철학을 선명하게 구별하여 말하길, 과학이 '진리 발견의 활동'이라면 철학은 '의미 발견의 활동'이라 하였다. 철학은 과학처럼 직접적인 연구대상을 가지고 있지 않고, 과학의 명제가 인간의 삶과 세계 또는 역사에 비추어 과연 어떤 의미를 갖는지, 진리라는 것은 도대체 무엇이며 과학이 의거하는 원리는 무엇인지, 인간의 삶의 의미는 무엇인지 따위를 묻는다. 또 인간과 세계 삼라만상의 존재자를 과학처럼 분리해서 다루지 않고, 어떻게 하면 최소한의 원리로 환원해서 통일적으로 파악할 수 있는지를 탐구한다.[70]

기능주의 숭배로부터 인간성 회복으로

그러나 오늘날 기능주의의 지배하에서 인문이 지워지거나 홀대되는 추세이다. 이런 변화는 현대사회가 전적으로 기능에 의해 지배되고 있음을 말해 주는 것이다. 즉, 기능이 가치를 창출하고 있으며, 기능적이고 기동적이지 못한 자는 살아남을 수조차 없다. 이처럼 인격은 간 곳 없고, 기능만 활개 치고 있다. 도덕적 사표는 기능의 톱니바퀴 속에서 살해되고 말았다. 기능의 철저화는 예외를 인정하지 않는다. 예외는 기능 수행을 저해하기 때문이다. 이런 기능적 지배는 그러나 현대사회가 갖는 일반적 특성, 즉 몰개성, 익명성, 평균성, 획일성 등을 더욱 강화할 것이며, 드디어는 모든 것을 소외시킬 위험도 내포하고 있다고 운

---

70) 소광희, 『무상의 흔적들』, 297쪽 이하.

정은 진단한다.

이런 기능적 지배에 꼭 필요한 것은 진리가 아니라 정당성이라는 것도 지적하지 않을 수 없다. 정당성에 대한 과신은 때로 허위의식을 낳고, 때로 프로파간다의 과잉을 낳는다. 진리와 정당성은 엄연히 다른 것이다. 종교나 교육이나 인간사 모든 것에 있어서 가장 요청되는 것은 진리이지 정당성은 아니다. 정당성만을 앞세우는 기능주의에 있어서는 두려움이 없다. 모든 것은 기능 수행의 대상으로서 피정복물로서 적으로서 정리된다. 기능 수행자는 그것을 효과적으로 조작하면 되는 것이다. 그러므로 기능주의 하에서 맨 먼저 사라지는 것은 인간의 정서와 덕성 등 인간성이며, 마지막까지 남는 것은 지배의지이다.

인간의 삶이란 비할 데 없이 섬세하고 다양한 내면을 가지고 있기 때문에 기능으로만 규율되지 않는다. 기능으로 규율될 수 있는 것은 극히 일부분에 지나지 않는 외적 생활이다. 이런 데서 인간존중의 사고는 결코 나오지 않는다. 기능주의 하에서의 인간은 도구에 불과하기 때문이다. 인간은 인간이라는 이유만으로 존중되어야 한다. 수단이 아니라 목적으로서, 그 자체로서 존중되어야 한다.71)

전인교육을 위한 도의교육의 필요성

운정은 교육에 있어서 전인교육을 강조한다. 운정에 의하면, 생활세계의 속악화가 문화의식의 미숙이라는 것을 수용한다면, 생활세계의 속악화에 대한 마지막 책임은 교육과 종교, 특히 교육이 져야 할 것이다. 오늘날의 교육을 이토록 파행적으로 만든 장본인인 지식 위주의 교육을 과감하게 수정하여 품성 순화를 위한 도의교육을 앞세운 전인

---

71) 소광희, 『패러독스로 본 세상』, 103-105쪽.

교육으로 전환시켜야 할 것이다. 우리는 대학입시라는 '나무'에만 정신을 팔지 말고 온 국민의 문화의식의 고양이라는 '숲'을 봐야 할 계제에 처해 있음을 알아야 할 것이다.72)

오늘날 인간 이후의 인간, 즉 '포스트 휴먼(post human)'을 목표로 하는 트랜스휴머니즘(transhumanism) 시대에, 그래도 인간의 본질을 지켜 내려는 네오휴머니즘(neohumanism)을 운정은 옹호하는 셈이다. 운정에게 휴머니즘이란 한마디로 말하면 인간애와 인간존중의 생활형태를 위한 모든 노력이다. 다시 말하면 그것은 인간 역사에 있어서 인간의 존엄성과 인격존중에 바탕을 둔 교양 및 창의력의 자유로운 신장, 사회의 고도 발전과 전 인류의 완성이라는 이념을 구현하려는 노력을 가리킨다. 휴머니즘에는 한편으로는 개인적, 사회적, 인류적으로 자기 능력을 자유로이 계발하여 자기를 완성하려는 이념이 있고, 또 한편으로는 인간존중, 봉사와 희생을 통한 인간애의 완성이라는 이념이 있다. 그것은 인간의 인간화, 인간다움의 구현이다.73)

운정은 동양인으로서 인간애인 인(仁)을 겸비한 이성만이 인간을 인간답게 만든다고 본다. 즉, 이성은 인간에 있어서 가장 신의 본질과 닮은 부분이다. 그러나 이성으로는 아직 인이 가지고 있는 요소, 즉 사랑에는 미치지 못한다. 인은 달리 말하면 인간애이다. 인간에 대한 진정한 사랑을 제쳐 놓고 휴머니즘을 말할 수는 없다. 따지고 보면 믿음도 정의도, 이성이나 의(義)도 모두 이 인간애에서 연유되는 것이다. 진실로 고도 산업시대의 인간을 인간답게 하는 원리는 인간애로서의 인 이외에 다른 것이 없다고 생각한다.74) 특히 유가사상에서 강조되는 도덕적 정신인 경(敬)은 대체로 '공경함(恭)', '엄숙함(肅)' 또는 '삼가다(謹

---

72) 소광희, 『무상의 흔적들』, 228쪽.
73) 소광희, 『패러독스로 본 세상』, 91쪽.
74) 같은 책, 96-97쪽.

懎)' 등의 뜻으로 풀이된다.

정확하게 사고하고 정확하게 말하도록 하는 것은 아무리 강조해도 지나침이 없다. 그러나 그것도 인간의 삶을 위한 것이라야 의의가 있다. 논리를 강조하는 나머지 인간의 삶을 조장하지 못하고 오히려 저해하는 결과가 된다면, 그런 철학의 존재의의가 무엇일까라고 운정은 의미심장한 질문을 던지고 있다.[75)]

잘 알려져 있듯이, 칸트 철학의 제일 목적은 올바른 인식론의 정립을 통해 도덕과 신앙의 본연의 위치를 회복시키는 데 있었다. 이성비판도 도덕적 동기에서 착수했다고 한다. 그 당시의 라이프니츠, 볼프, 스피노자의 합리론은 인간의 자유의지에 여지를 남기지 않고 있었기 때문에 도덕적 책임도 무의미하게 되고 따라서 도덕은 불가능하게 된다는 것이다. 칸트의 태도는 철학을 통하여 인간의 자유와 존엄성을 보존하자는 태도였으며, 이론을 위한 이론이나, 이론을 무시하고 실천만 강조하는 독단을 모두 지양한 태도이다.

'초월에로 열린 존재'로서의 아름다움

운정에 의하면, 인간은 부단히 초월하는 존재이다. 초월의 방향은 여러 가지가 있을 수 있다. 신으로 초월할 수도 있고 현대의 실존사상에서처럼 무로 초월할 수도 있으며, 성불로 초월할 수도 있다. 초월이란 지금의 자기를 넘어서 다른 자기로 나아감을 말한다. 그것은 가장 넓은 의미로는 비본래적 자기를 극복하여 본래적 자기로 됨을 뜻한다. 우리의 모든 행위는 다름 아닌 초월화 작용이라 할 수 있다. 따라서 초월을 말한다 해서 굳이 초월적 존재자로서의 신만을 표상할 필요는

---

75) 소광희,『철학적 성찰의 길』, 171쪽.

없다.76)

지식이 때로 영달을 누리는 수가 있고 자칫 잘못하여 파멸을 가져오는 수가 있는 데 반하여, 지성은 광야의 야인으로서 역사와 민족과 인류를 위해 정의의 횃불을 들고 진실을 외치건만 거기에는 늘 역경의 그림자가 운명처럼 따라다니는 듯싶다. 그러나 한 가지 확실한 것은 이런 지성 때문에 세상은 흐려졌다가도 다시 맑아질 수 있다는 것이다. 그러기에 지성인은 비록 세속에 살면서도 세속을 초월하는 존재이다. 지성인의 운명이 역경의 연속인 것도 바로 이 현실적이면서도 초현실적인 태도 때문이라고 생각한다.77) 운정은 모든 존재가 자신의 본질에 충실하고 본질에 머물 때 아름답다고 본다.

추사의 작품 가운데 '세한도'가 있고 거기에 곁들인 편지가 있음은 세상에 널리 알려진 바이지만, 그 편지 가운데 '송백지후조(松柏之後凋)'라는 명제가 있다. 추사는 송백이 사시에 시들지 않아 세한 전에도 송백이요 세한 후에도 송백이건만 백수가 다 조락한 후라야 비로소 송백이 홀로 청정함을 알게 되고, 이것이 사람으로 치면 성인답다고 말하고 있거니와, 적어도 송백은 송백으로서 사시에 청정해야 성인으로 의인화될 수 있는 것이다. 송백의 상청(常靑)은 송백의 본질에 속한다. 오동나무에는 오동나무의 본질이 있고 매화에는 매화의 본질이 있다. 그 본질을 가장 잘 실현할 때 제격이라 하고 멋지다고 한다. 제격이라 함은 제 본질에의 절대적 충실 이외에 다름이 아니다. 모든 존재자는 제 나름대로 본질과 제격을 가지고 있다. 송백이 송백으로서의 격이 있듯이, 가장에게는 가장으로서의 본분과 격이 있고, 주부에게는 주부로서의 그것이 있다.78)

---

76) 소광희, 『시간과 인간의 존재』, 57쪽.
77) 소광희, 『패러독스로 본 세상』, 187쪽.
78) 같은 책, 66쪽.

요약하자면, 운정은 인문을 품은 철학을 추구한다. 인간의 본성과 본질에 바탕을 둔 철학이야말로 생명력이 있는 아름다운 철학이 될 수 있다. 그는 '물가에 핀 꽃의 향기'처럼, 그렇게 인문의 향기를 품은 철학을 추구함을 엿볼 수 있다.

5. 현대 서양철학 연구의 역사적 맥을 이어 가다

서양철학은 1920년대에 일본을 통해 우리나라에 유입되었다고 한다. 어떤 조사 보고에 따르면, 연희전문학교 1921년 교과과정에 '논리학', '윤리학'을 비롯해 '철학개론'이라는 교과목이 들어 있었다. 이것은 이미 서양 학문의 유입과 더불어, '철학'이라는 낱말과 그 낱말이 지시하는 내용이 우리 사회에 유포돼 있었음을 짐작케 한다. 한편, 철학이 서양 학문의 한 가지로서 일본 제국주의 세력에 실려 우리 사회에 퍼지게 되었을 뿐만 아니라, '철학'이란 낱말 자체가 서양어 'philosophia'의 번역어로서 일본인 니시 아마네(西周)에 의해 만들어졌음도 알려져 있다.[79]

운정에 의하면, 1920년대 후반에 이르러서야 우리나라에서 서양철학이 본격적으로 연구되기 시작되었다는 것이다. 경성제국대학과 일본, 미국, 유럽에서 철학을 공부한 학자들이 국내에 들어와서 전문학교와 기타 교육기관에 종사하면서 철학을 연구한 인사들이 해방 후 새로 발족한 대학에서 철학을 가르친 것인데, 이들이 한국의 철학 연구 1세대를 형성한다.[80] 그분들이 열암 박종홍, 청송 고형곤, 한뫼 안호상이다.

---

79) 백종현, 「서양철학의 수용과 서우(曙宇)의 철학」, 철학연구회 편, 『해방 50년의 한국철학』, 철학과현실사, 1996, 61쪽 이하; 허남진 외, 「최근 백년 서양철학 수용과 한국철학의 모색」, 『철학사상』, vol. 8, 1998 참조.

열암과 청송의 철학의 계승과 극복

잘 알려져 있듯이, 운정은 학부와 대학원에서 열암과 청송 선생으로 부터 학문과 삶의 자세를 배웠다. 열암으로부터는 한국철학사상과 논리학 체계를 배웠고, 청송으로부터는 후설, 하이데거, 선불교에 대해서 가르침을 받았다. 운정은 서양철학 수용사의 제1세대인 두 스승들로부터 근거리에서 수학하였던 제2세대를 대표한다. 운정의 철학은 두 은사들의 사상을 이어받으면서도 거기에 머무르지 않고, 후설과 하이데거의 사상을 넘어서는 '시간의 존재론'을 구축한 셈이다.

6·25 사변 이후 한국의 많은 철학자들의 마음을 사로잡았던 서양의 실존철학이나 현상학이 한국에 도입되는 과정에서, 한편으로는 그것을 수동적으로 받아들였다. 1세기가 채 안 되는 서양철학의 수용의 역사에서 우리는 한국철학의 맥을 찾지 못하고 있다. 그러나 그것은 맥이 없어서가 아니라, 우리에게 그 맥을 바라볼 눈이 없고 그 맥을 읽어 낼 정신이 없기 때문이며, 무엇보다도 우리가 정신의 맥, 철학의 맥을 찾아내고 이어 가고 싶은 의지와 열정이 없기 때문이다.[81]

그러나 다른 한편으로 전통적인 철학적 개념의 틀에 따라 주체적으로 서양철학을 해석하려는 시도가 있었다는 것은 열암 선생을 통해 살펴볼 수 있다. 해방 이전부터 활동하기 시작하여 1970년대에 이르기까지 동서를 넘나드는 광범위한 철학 저술을 남긴 열암은 서양철학을 수용하되 민족의식을 갖고 주체적으로 철학함으로써 오늘날 우리로 하여금 현대 한국철학의 역사가 단순히 서양철학사의 수용에 그치는 것이 아니라고 말할 수 있는 기반을 제공한다.[82]

---

80) 소광희, 『청송의 생애와 선철학』, 49-50쪽.
81) 한자경, 『한국철학의 맥』, 이화여자대학교 출판부, 2010, 392쪽 이하.
82) 같은 책, 395쪽.

열암에 의하면, 실존철학과 현상학은 그것이 '향내적'이라는 점에서 불교와 일치한다. 물론 그에 따르면 '향내적'이라는 것은 철학의 한 우연적 특징이 아니라, 어떤 사유이든지 그것이 철학이고자 하는 한 반드시 갖추어야만 하는 기본요건이다. 즉, 그는 철학의 본질적 특징을 '주체의 자각'으로 본 것이다. 세상을 또는 자기 자신을 인식할 때, 그 인식이 성립하기 위해서는 인식대상이 있어야 할 뿐 아니라, 그 대상을 객관화하여 바라보는 주체가 활동하고 있어야 한다. 바로 이 주체에 대한 자각이 철학이다.83)

이 [객관화하는] 작용으로서의 주체가 주체 자신을 주체적으로 파악하는 것이 다름 아닌 자각인 것이요, 이 자각을 통하는 주체적 파악을 가졌다는 점이 철학이 근본적으로 과학과 다른 특색이라고 하겠다.84)

한뫼는 혈통에 근거한 민족주의를 내세웠고, 그 근본에는 단군 신앙이 있었다. 다시 말하면 단군 신앙을 중심으로 하는 일민주의를 강조했다. 이는 특정 부족을 중심에 둔 배타적, 문화적 민족주의이다. 열암은 이런 한뫼의 한민족 전통사상 고유론을 거부하고, 불교, 유교 등 외래사상을 주체적으로 소화할 수 있는 우리 민족 특유의 공통된 정신적 바탕을 민족의 얼로 본다. 그리고 성실(誠實)의 정신과 종합적 사유가 깃든 유교의 천명(天命)사상을 중시한다. 성실이란 인간을 천명의 자각으로 이끌어 가는 근원적 파토스이다. 성실은 절망, 슬픔 등 가치 박탈의 체험을 견뎌내면서 끝내 삶의 의미와 사명감을 자각하게 되는, 그리하여 사람과 사물 그리고 하늘에 대한 경외심으로까지 고양시키는 파토스이다. 천명사상은 한민족의 근본정신이고, 동서양을 종합할 수

---

83) 같은 책, 398쪽 이하.
84) 박종홍, 『철학개론 강의』(전집 제2권), 형설출판사 1980. 14쪽.

있는 회통의 원리이다. 천명사상이란 인간 행위의 도덕적 기반으로서 천에 대한 신앙, 즉 하늘이 부여한 도덕적 본성에 대한 신앙이다.85) 열암 사상에 대한 이병수의 다음의 지적은 의미 있는 객관적 평가로 여겨진다.

그에게 천명이 실현되는 삶의 현장은 오직 민족 삶의 현장이었고, 천명을 자각하는 주체의 삶의 방식은 조국 국민으로서의 자각과 불가분의 연관을 맺고 있다. [⋯] 예컨대 그가 중시했던 성(誠)과 경(敬)의 정신은 그 의미가 민족국가의 틀에 갇힘으로써 당위적이고 상투적인 공동체 윤리 이상의 의미를 지니지 못했으며 국가와 민족에 대한 의무적 관념이라는 범속한 차원으로 떨어졌다. 천명사상은 민족국가의 틀 속에 좁게 해석됨으로써 다양한 삶의 현장에서 생동하는 삶의 윤리로 해석될 수 있는 가능성이 봉쇄되어 버렸다.86)

청송은 주체성의 강조가 독단과 폐쇄성으로 나아갈 수 있음을 경계하고, 주체적 학문을 하려면 오히려 치밀하고 엄격한 철학적 사유가 필요함을 역설했다. 그는 서양철학사 전체의 사상사적 조감을 바탕으로 하여 선불교를 논하지만 선불교의 우월성을 강조하지는 않았다. 그는 선의 세계를 하이데거의 존재론에 의거하여 해명하려 하였고, 교차의 방법으로 공존과 대화를 모색하였다. 그는 동서사상에 가교를 놓고 선의 세계와 하이데거 존재론이 서로 대화할 수 있도록 하는 데 초점을 두었다. 그에게는 '순간의 삶에 대한 절대적 긍정'을 지향하는 삶에 대한 동경과 역사적 현실에 대한 사회윤리적 관심 사이의 깊은 단절이 있다. 다시 말하자면 청송의 선사상에는, 비록 개인의 생활지혜를 위한

---

85) 이병수, 「문화적 민족주의와 현대 한국철학: 고형곤, 박종홍, 안호상의 철학적 문제의식을 중심으로」, 『통일인문학』, 제47집, 2009.

86) 같은 논문, 108쪽.

권고는 있을지언정, 사회참여를 위한 사회윤리적 모티브가 결여되어 있다.[87]

전통철학의 이해 및 계승에서 전통철학의 근본정신과 사회적 문제의식을 살릴 수 있는 존재론적 접근과 철학사상을 그것이 발생한 역사적, 사회적 연관 속에서 해명하려는 지식사회학적 접근의 유기적 연관이 필요하다.[88] 운정의 철학은 '시간의 존재론'을 통하여 이러한 필요를 충족시키고 한다. 운정은 주체적 시간의식으로서 지성인의 역사적 책무를 다하고자 한다. 이는 우리 민족의 역사적 현실을 자각하면서 그것을 변혁시킬 수 있는 보편적인 철학을 추구하고자 하는 것이다. 그는 한편으로 열암의 주체적 자각과 청송의 현전성의 철학, 그리고 양자의 철학적 원전에 충실한 독해의 중요성을 계승하면서도, 역사적 현실의 모순을 민족을 넘어선 관점에서 대응하고자 하는 생동하는 삶에 정초된 존재론과 실천철학을 모색한다.

현대 한국의 철학자가 서양의 현대철학을 수용함[89]에 있어서, 자신이 가진 선이해에 바탕을 두고 이를 수용하였다고 보는 견해도 있다. 그 선이해란 한국 전통사상, 말하자면 도교적, 불교적, 유교적인 사유 기반이라는 것이다. "서양의 현상학적 또는 실존철학적 문제제기와 그 문제에 대한 사유방식은 우리의 전통사상을 형성하고 있는 불교 및 유학적 언어와 사상체계에 따라 그 연속성 위에서 이해되고 해석될 수

---

87) 같은 논문, 109쪽.

88) 같은 논문, 112쪽.

89) 경성제국대학 예시(1931년 3월) 안에 있는 경성제대 예과 규정(1923년, 개정 1925년, 1928년) 제2조에는 심리학, 논리학, 윤리학, 철학개론 강의가 들어 있고, 경성제대 통칙급 학부 규정(1925년) 제3조에는 법문학부에 법률학과, 정치학과, 철학과, 사학과, 문학과를 둔다고 명시되어 있는 것을 볼 수 있다. 이것으로 철학과가 이때부터 개설되어 있음을 알 수 있다. 박영식, 「인문과학으로서 철학의 수용 및 그 전개과정」, 연세대학교 인문과학연구소 편, 『인문학』, 제26집, 1972, 117쪽 참조.

있다는 것이다."90) 과연 그런 선이해가 있었는지는 확실한 근거가 요구된다.

운정은 서양철학의 수용과 관련하여 우리 철학의 과제를 다음과 같이 제시한다. 첫 번째 과제는 남북의 이데올로기를 넘어서는 새로운 사유와 삶의 방식을 찾는 일이다. 우리의 기성세대는 냉전체제 속에서 자본주의냐 공산주의냐, 자유주의냐 사회주의냐 하는 이데올로기의 택일을 강요받으며 살아왔다. 민족의 재결합을 위해서도 승공통일 아니면 적화통일밖에는 달리 발상의 여지가 없었다. 그러나 그 암울하던 먹구름은 지나가고 있다. 구름이 걷힌 파란 하늘 아래 우리는 우리에게 꼭 알맞은 통일 방식을 강구할 수 있게 되고, 통일에 대비한 또는 통일 이후의 우리의 삶의 진정한 모습에 대해 논의해야 하게끔 되었다. 민족의 운명에 관련되는 이런 과제는 비단 정치, 경제 등에만 맡겨질 성질의 것이 아니요, 오히려 철학이 선구적으로 떠맡아야 할 과제라고 생각한다. 이것은 우리 민족이 우리 철학자들에게 부과한 신성한 과제이다.

우리 한겨레의 철학자들은 우리 민족의 당면한 사태를 선입견 없이 정직하게 직시함으로써 다 같이 하나 되어 잘 살 수 있는 길을 제시해야 합니다. 이것은 우리가 철학자로서 이 민족에게 지고 있는 채무라고 생각합니다. 이 채무를 원만하게 이행할 때 비로소 우리는 자본주의니 공산주의니 하는 갈등 이데올로기를 넘어서서 온 겨레에 타당한 새로운 이념을 창출할 수 있을 것이며, 후손에게도 떳떳해질 수 있을 것입니다.91)

---

90) 한자경, 『한국철학의 맥』, 396쪽.
91) 소광희 엮음, 『변화하는 시대와 철학의 과제』, 9쪽.

두 번째의 과제는 민족정기 속에 있는 윤리와 도의의 회복이다. 이로써 민족의 기상을 드높일 수 있어야 한다. 전래의 정신적 가치 존중의 기풍은 산업화에 편승된 황금숭배의 풍조에 밀려나고, 최근 들어 정치와 제도와 행정 운용이 표류하는 동안 민심은 흩어져서 윤리와 도의는 황폐할 대로 황폐해졌다. 이것을 바로잡고 민족의 기상을 드높이는 일도 철학자들에게 주어진 고귀한 사명이다. 이 두 과제는 그러나 조상들이 일구어 놓은 동북아시아라는 생활공간에 그럴듯한 단일 문화 공동체를 창설한다는 이념에서 만날 수 있을 것이다.

선진화란 개방사회로 가는 것을 함축하고, 개방사회란 달리 말하면 모든 개인을 그 독자적 개별성에 있어서 절대적으로 긍정함을 의미한다는 것을 간과한다면 선진화도 개방사회도 한낱 구두선에 불과하다.92)

열암은 한국철학의 근본정신을 '광원은 다름 아닌 나 자신'이라는 자각, 즉 현상 존재와 인식의 궁극적 근원이 바로 인간 자신이라는 자각으로 간주한다. 그것이 한국 불교와 한국 유교의 특징이기도 하며, 바로 그 정신이 동학의 '인내천(人乃天)'으로 절정화되었다고 보는 것이다. 이에 반해 서양정신은 광원을 인간 너머의 신이나 선의 이데아 또는 존재 자체로 간주한다. 빛이 나 너머에서 나를 향해 다가오는 것으로 여기는 것이다. 철학이기에 향내적으로 인간 자신의 내면으로 향하는 것은 동서가 마찬가지이지만, 그 내면에서 다시 인간을 넘어서는 타자를 발견함으로써 인간 유한성의 확인으로 끝나는 실존철학과, 그 내면에서 중생이 곧 부처이고 인심이 곧 도심이며 사람이 곧 하느님임을 깨닫는 한국정신 간에는 큰 차이가 있다고 보는 것이다. 열암은 이 차이가 결국 서양 기독교와 동양철학 내지 한국철학 정신의 차이가 된

92) 소광희, 『패러독스로 본 세상』, 68쪽.

다고 본다.[93]

운정은 열암을 통하여 다음과 같은 자세를 배운다. 우리가 스승을 통해 배우는 것은 그 알량한 '지식'이 아니라, 삶에 임하는 자세로서의 정신적 유산이다. 말하자면, 공과 사의 엄격한 구별, 굴탁 없는 자유스런 삶, 그리고 평생을 걸고 오직 학문 연구에만 정진하는 모습이다.[94] 운정은 청송을 통하여 지금, 여기의 현전성을 배운다. 그러나 스승의 학문적 유산들을 창조적으로 계승하여 제3의 길을 간다.

진정한 의미에서의 주체성이란 남의 것의 모화가 아닌 자기의 근원의 발견을 통해서 가능하리라고 본다. 우리가 경계해야 할 것은 자기의 문화적 전통을 과대평가해서 침소봉대하거나 견강부회하는 일이다. 우리의 생활이나 전통문화 속에도 깊은 내성과 성실성이 없는 바 아니다. 그것을 실존사상을 기연으로 해서 재현하고, 다시 초월화시켜 우리의 생존을 그 참된 모습으로 구현하는 작업은 앞으로 우리가 해야 할 과업일 것이다.[95]

요약하자면, 한 민족의 객관적 역사도 역사 서술과 함께 시작되듯이, 한국에서의 현대 존재론의 수용과 역사도 세대를 거치면서 그때마다의 중요한 사상의 거점에 대한 서술과 기록이 중요하다고 생각한다. 이런 점에서 운정의 철학은 그 역사적 의의를 지니고 있다. 운정은 열암과 청송의 서양철학 수용을 이어받은 제2세대를 대표하는 철학자이다. 학문의 세계에도 그에 걸맞은 전통과 계보가 있는바, 운정은 해방 이후 지금까지의 한국에서의 형이상학과 존재론 연구의 새 역사를 창조한 셈이다.

---

93) 한자경, 『한국철학의 맥』, 400쪽 이하.
94) 소광희, 「유산은 스스로 쌓아간다」, 43쪽.
95) 소광희, 『시간과 인간의 존재』, 41쪽.

에필로그

'정본청원(正本淸源)의 철학'을 거두다

운정은 '사유의 농부'로서 자신의 '철학의 밭'을 일구어 작물을 키우고 수확하는 데 평생을 바쳐 왔다. 그가 거둬들인 작물들은 이 책에서 우리가 만났던 작품들이다. 그 작품들에는 운정의 삶과 인생 그리고 사색의 여정과 계절의 풍미가 깃들어 있다. 그가 봄날에 밭을 갈아 어떤 씨앗을 파종하였고, 여름에는 어떤 방식으로 김을 매고 가꾸었으며, 가을에는 어떤 수확을 거둬들였으며, 겨울에는 어떻게 그것을 갈무리하여 저장하였는지를 살펴보았다.

그가 남긴 작품들에는 그의 철학적 동기와 수업시대, 그리고 어떻게 그가 사유의 거장들과 스승들의 사상을 창조적으로 계승하여 자신의 철학을 정립하였는지에 대한 단서들이 산종되어 있다. 이 책에서는 운정의 '사유의 건축물'을 볼 수 있는 조감도와 그의 '사유의 광맥'을 찾아갈 수 있는 안내도를 그려 보고자 하였다.

운정이 갈급한 시대와 대결하면서 평생을 바친 철학이란 학문은 그의 삶의 근원적인 열정과 희망의 대상이었다.1) 그러면 그가 이제까지 파종하고 가꾸고 거두어들인 철학의 결실은 무엇인가? 그의 철학적 업적들을 관통하는 철학적 핵심주제는 '시간의 아포리아'이다. 이 시간의 지평에서 자연, 사회, 자아의 존재를 논하고자 하였다. 운정의 철학은 안으로는 시간의식을 지닌 자아의 축과, 밖으로는 시간의 흐름 속에 펼쳐진 자연과 사회라는 현실의 축이다. 그의 철학함은 뭇 존재에 대한 경이와 역사적 현실의 모순에서 출발한다. 자아 및 자연과 역사적, 사회적 현실의 실상을 성찰적인 지성과 청정한 마음의 눈으로 보고 드러내고자 하였다. '있는 그대로의' 실상에 근거한 철학만이 인간과 인류의 나아갈 길을 밝힐 수 있다는 신념은 운정에게 시종일관 견지되고 있다.

운정은 역사적 현실의 모순! 즉 일제강점, 전쟁, 분단, 독재, 민주화, 산업화, 정보화의 격변의 현실과 그로 인한 내면적 갈급함 앞에서 맞닥뜨린 모순! 그 모순과 대결하고자 하는 지적 용기를 가슴에 품고서 평생을 철학함으로 살아왔다. 따라서 그의 철학의 장은 현실과, 그것과 대결하는 철학적 자아의 만남에서 형성된다. 무엇보다도 자아 존재의 근원과 자연과 사회 존재의 근원을 시간의 흐름 속에서 파악하고자 한다.

운정은 사회적, 역사적 삶이란 인간만이 영위한다는 사실에 주목한다. 역사성을 가졌는지의 여부에서 인간과 동물이 나누어진다. 역사적 삶을 산다는 것은 과거를 현재 속에 지니고 있다는 것, 즉 현재의 상황을 과거에 조회해서 파악한다는 것이다. 동시에 역사적 삶은 미래를

---

1) 소광희, 『시간과 영원 사이』, 조양문화사, 1975. "비판이란 본디 이상을 향해서 현실을 겨냥하는 것이다. 이런 비판까지도 봉쇄한다는 것은 우리로부터 이상을 박탈하는 것이다. 이상 없는 삶이 무슨 의의가 있겠는가? 진정 종교와 사상과 학문과 예술 등 문화창달을 위한 이상이란 다기화하는 다년생적인 존재라 할 것이니, 설사 그 이상이 당대에 실현을 보지 못하고 꺾인다 할지라도 그것은 다음 세대에 또 그 다음 세대에 유전처럼 전수되면서 오히려 땅 속 깊이 뿌리를 내리는 것인 까닭이다."(105쪽 이하)

향해서도 과거와 현재를 감안하여 예견하고 대비할 뿐 아니라, 미래를 고려하여 현재의 자기를 선택한다. 말하자면 그것은 사태를 시간성에서 이해하는 것이다. 객관적으로는 과거와 현재 및 미래는 서로 단절되어 있다. 그러나 인간의 삶에서 보면 이 세 시간 양상은 단절되지 않고 상호 침투되어 있다. 현재 속에 과거와 미래가 이미 들어와 있고, 미래 속에도 과거와 현재가 개입되어 있다는 것이다.

앞서 언급하였듯이, 운정의 철학은 '시간론'과 '존재론'을 통람할 수 있는 지형도를 구축하였다. '존재로서의 존재'에 대한 철학적 성찰을 존재론이라고 한다면, 이것들은 각기 자연 존재론, 사회·역사 존재론, 자아 존재론이라고 부를 수 있다. 그것은 한마디로 '시간의 지평에서 존재를 논하다'로 요약할 수 있는 '시간의 존재론'이다.

오늘날 기능주의적 사고가 시대정신으로 등극한 지금, 가장 긴요한 것은 존재론적 사고의 부활이다. 존재론적 사고란 존재자로 하여금 그 자체의 존재이유를 가지고 존재하도록 하는 것이다. 따라서 존재론이야말로 운정 철학의 핵심주제이다. 무엇보다 운정의 철학은 특정한 형이상학과 실천철학에 머무르지 않는다. 그는 철학의 이데올로기화를 거부하고, 철학의 자기부정도 우려한다. 그의 철학적 태도는 우선 '이해관계 없는 관조'를 지향한다. 그리고 그것을 통해 현실을 살아가는 지표로 삼고자 한다. 그는 자유의지를 지니고 책임지는 도덕적 인간회복을 목표로 삼는다. 그리고 '성찰적 이성'이 살아 있는 사회를 바란다.

특히 운정에서 철학은 '근원으로 돌아감'이다. 독창성은 근원으로 돌아감에서 나온다고 믿는다. 여기에는 두 가지 함의가 있다. 그 하나는 철학은 늘 원점에서 시작해야 한다는 사실이다. 즉, 축적된 지식의 최첨단에서 시작하는 것이 아니라, 원점에서 재출발한다는 것이다.2) 그

---

2) 소광희, 『패러독스로 본 세상』, 지학사, 1985, 241쪽.

리고 또 하나의 함의는, 철학은 '아르케(arche)'에서 사물을 본다는 것이다. '아르케'는 단초, 원리, 근거, 근원, 실상을 의미한다. 따라서 철학은 사유를 통해서만 접근 가능한 근원에 대한 물음이다.3) 철학은 늘 근원으로 돌아가는데, 이는 한편, 고전으로 돌아가서 이를 비판적으로 수용함으로써 새것으로 창조한다는 것이요, 다른 한편으로, 철학적 사유는 원리와 근거를 사유하는 것으로서 초월적이고 아 프리오리(a priori)하다는 것이다.4)

모든 면에서 근본을 중시하는 동양사상에서도 '사물의 근본이 바로 서면 방법은 저절로 생겨난다'는 '본립이도생(本立而道生)'이나, '근본을 바로 세우고 상식이 통하는 사회를 만들자'는 '정본청원(正本淸源)'이라는 이념이 이어져 왔음을 확인할 수 있다. 그리고 성리학에서도 '경(敬)'과 '의(義)'를 학문과 삶의 근본가치로 여겼다.

운정에 의하면 철학은 학문이면서 동시에 학문 이상이다. 아리스토텔레스는 철학을 가리켜 지식이라 하지 않고 지혜라 하였다. 이렇게 볼 때 철학은 '메타 사이언스(meta science)'인 것이다. "모든 철학이 체계적(systematisch)이지만, 모든 철학이 다 체계(System)는 아니다."5) 따라서 철학은 진리의 발견이 아니라, 차라리 철학함이며 사유이기도 하다. 철학은 지식의 축적이 아니라 사유이다.6) 철학은 그 어떤 불변의 실체라기보다 사람의 삶의 숨결처럼 신진대사를 하며 생성 소멸해 가는 생각의 운동이다.

---

3) 소광희, 「근원을 찾는 끝없는 여정」(인터뷰), 『人-ART』, 용인문화재단, 2015 봄호, 55쪽.

4) 소광희, 『패러독스로 본 세상』, 242쪽 이하.

5) M. Heidegger, *Schelling: Vom Wesen der menschlichen Freiheit*(1809) (Sommersemester 1936), Frankfurt a. M., 1988(GA 42), p.51.

6) 소광희, 『무상의 흔적들』, 운주사, 1999, 299쪽 이하.

철학은 지성의 활동이지만 지식체계는 아니라는 것 ― 그러면서 시(詩)냐 하면 그것도 아니다. 철학은 진실을 보고 듣고 체험하기 위해 묻고 사유하고 꿈꾸는 지적 노력의 과정 자체라는 것이다. 그 물음은 그러나 존재자를 이유와 귀결, 원인과 결과라는 논리적 규범에 넣어서 묻는 것이 아니라, 존재자의 존재에 대한 초월론적 물음이어야 한다.[7]

철학은 인간은 누구이고 어떻게 살아야 하는가를 최고의 긴장감을 가지고 사유하는 학문이다. 철학자는 가난하고 갈급한 시대에 민족의 미래를 예감할 수 있는 자이어야 한다고 운정은 다음과 같이 역설한다.

자유롭고 대담한 정신을 가진 철학자는 폭풍우 앞에 선 독수리처럼, 다가오는 미래를 앞질러 보는 독창적 사상가인 것입니다. 그런 사상가는 가난한 시절에 시인들이 그랬듯이 성스러운 밤에 이 나라에서 저 나라로 편력하던 디오니소스의 거룩한 사제들(횔덜린, 「빵과 포도주」)처럼, 내일의 민족의 운명을 예감할 것입니다.[8]

인간은 시간 안에 던져져 그 안에 속박되어 있기도 하고, 동시에 시간 밖으로 탈주하여 초월할 수도 있다. 인간이라면 자신의 시간과 만남으로써 짊어져야 할 역사적 책임감과 동시에 자신의 시간적 유한성 앞에서 무상함을 느낀다. 운정의 '시간의 존재론'에는 역사적 책무라는 사회윤리적 파토스와 무상함의 미학적 감수성이 양립한다. 열암에게는 전자가 우선시되고, 청송에게는 후자가 우선시된다. 그러나 운정은 양

---

7) 소광희, 「철학적 인생론: 나와 철학교수」, 『철학과 현실』, 제45호, 철학문화연구소, 2000 여름호, 211쪽.
8) 소광희 엮음, 『변화하는 시대와 철학의 과제』, 한민족철학자대회 대회보 1, 천지, 1991, 10쪽.

자 사이의 긴장을 해소하지 않고, 그 긴장을 '있는 그대로'의 실상으로 받아들인다.

진실을 향한 철학적 열망

운정은 진리를 허위인 은폐성으로부터의 탈취로 보고 있다. 이는 하이데거의 진리 개념을 수용한 것으로 보인다. 즉, 하이데거가 진리를 그 근원어의 본질을 좇아서 '비은폐성(a-letheia)'이라고 하는 것은 그리스인의 진리체험, 즉 은폐로부터의 해방이라는 뜻을 살리기 위해서이기도 하거니와, 진리는 생사를 건 탈취로써 획득됨을 함축하기도 한다.

이 진리를 향한 사유의 몸짓은 은폐된 것을 있는 그대로 밝히는 것으로서 진실을 향한 열망과 상통한다. 이 진실은 운정에게는 불변의 상항(常項)이다.9) 무엇보다 중요한 것은 진실이 살아 숨 쉬게 하는 것이다. 진실이 편만할 때 사람과 사람 사이에 가슴으로 부딪히는 융화가 있을 것이다. 진실은 귀천과 빈부를 나누지 않고 회통시킨다. 진리가 일제평등(一齊平等)이라 함은 바로 이런 뜻이다. 진실이 살아 숨 쉬게 한다는 것은 결코 쉬운 일이 아니다. 그러나 어려워서 못할 일은 결코 아니다. 이롭기 때문에 받아들이는 것이 아니라 진실이기 때문에 받아들이는 용기가 필요하다. 용기는 결행하는 자 자신에게 인고와 희생을 요구한다. 자기희생을 두려워하면 모든 일은 그지없이 어렵지만 자기희생을 받아들이는 사람에게는 진실의 천명은 쉬운 일이다.10) 이렇게 참된 힘은 진실로부터 나온다고 운정은 확신한다. 진실이야말로 인간을 근원적으로 변화시킬 수 있다.

---

9) 소광희, 『무상의 흔적들』, 254쪽.
10) 같은 책, 256쪽.

우리가 진리와 역사적 세계에 새로운 지평을 열어 준 철학을 '철학의 고전'으로 평가한다면, 운정의 '시간의 존재론'으로 집약되는 저서들은 한국 현대철학사에 '철학의 고전'으로 자리매김될 수 있다. 운정의 철학은 포스트모던 시대의 이성과 진리에 대한 회의주의 및 상대주의에 편승하지 않고, 여일하게 삶에 정초된 보편적 이성의 원리에 근거한 철학의 정통성을 이어 가고자 한다.

과연 어떤 철학이 한국 현대철학사에 후대에도 그 영속성을 이어 갈 수 있을까? 그것은 '영원의 철학(philosphia aeternitatis)'이 되어야 하지 않을까! 이는 이른바 유행철학, 구이지학(口耳之學), 곡학아세(曲學阿世)의 철학, 실용적 철학, 이데올로기와는 거리를 두어야 함을 의미한다. 운정의 철학짓기는 농사짓기와 같이 고독하기도 하고, 거칠고 힘든 노역을 필요로 한다. 자연의 이법을 거스르지 않고 정직한 땀의 대가를 기다리며 인고의 세월을 기다리는 단순 소박한 농부의 마음이 바로 철학자의 마음이 되어야 한다는 것, 그 정신으로 거듭 철학적 근원에서 시작하여 진실에의 열망을 품어야 한다는 것이다. 그래야만 진리와 역사적 세계에 새로운 지평을 열어 갈 수 있음을 운정의 철학은 증언하고 있다.

오늘날 시간을 소멸하려는 유크로니아(uchronia)의 공학시대에도, 그리움과 기다림의 시간의식은 여전히 인간 존재의 가능근거이다. 따라서 운정의 '시간의 존재론'과 '무상의 미학'은 인간의 인간성 보존과 정신적 성숙을 위한 철학의 본령, 즉 '정본청원의 철학'으로 그 생명력을 면면히 이어 갈 것이다.

■ 정년퇴임 축사[1)]

■ 고형곤

  필자가 소광희 교수와 사제의 연을 맺기 시작한 것이 1953년 피난
수도 부산에서 그가 서울대학교 문리과 대학 철학과에 입학하면서부터
이니 그와의 관계도 벌써 반세기가 다 되어 간다. 당시야 누군들 어렵
지 않았겠는가만, 그 역시 학부 시절에는 생활의 불안정으로 인해 학
업에 제대로 전념하지 못하였던 것 같다.

  그러나 대학원에 진학하여 조교로 근무하면서부터는 생활에도 어느
정도 안정을 찾고, 특히 후설 연구를 통해 학문의 튼튼한 기초를 확립
하였다. 철학적 사유 여정의 발단을 후설에게 둔 것은 그 후로도 필자
와의 학문적 유대관계를 발전시킬 수 있었던 좋은 계기가 되었다. 그
의 현상학에 대한 관심은 계속 심화되어, 박사학위 논문에서는 '아우구
스티누스와 후설의 시간론'을 연구 성과물로 제시하였다. 당시에는 필
자가 서울대에서 퇴임한 후여서 비록 그의 논문을 직접 지도하지는 않
았지만, 오히려 그런 조건이 그의 논문을 좀 더 객관적으로 냉정하게

---

1) 고형곤, 「정년퇴임 축시」, 소광희 외, 『하이데기와 철학자들』, 칠힉과현실사,
   1999.

바라볼 수 있는 기회가 되었다. 시간을 주제적으로 연구한 그의 학위 논문은 상당한 평가를 받기에 부족함이 없을 정도로 충실한, 당시로는 보기 드문 훌륭한 논문이었다. 학위 논문을 계기로 시간이 그의 철학 탐구의 주요 테마로 되었는바, 지금도 시간 개념을 종합적으로 연구한 저서를 집필 중에 있다고 한다. 그의 학문 연구에 대한 총체적이고도 공정한 평가는 아마도 이 저서가 출간된 뒤에나 가능하리라 여겨진다.

그리고 학위 논문에서 시간을 다룬 것은 하이데거의 『존재와 시간』에 대한 관심으로 이어져서, 그의 학문 연구의 영역이 현상학에서 존재론 내지 형이상학으로 자연스럽게 옮겨 갈 수 있게 해주었다. 그리하여 서울대학교가 종합화되어 관악산 밑으로 이전한 뒤로는 형이상학과 존재론 분야를 맡아 계속 강의하였다.

제2차 세계대전의 전승 세력인 미국의 실증주의적 언어분석철학과 구소련을 종주국으로 하는 공산주의 이데올로기 등 반형이상학적 사조가 팽배한 데다가 우리 사회가 갑자기 산업화와 기계화로 치닫는 분위기였기에 그의 형이상학 강의는 많은 어려움을 겪었을 것이다. 그럼에도 불구하고 10여 년에 걸쳐 『존재와 시간』을 번역해 낸 것은 그의 순수한 학문적 치밀성을 보여준 일이지만, 특히 한글세대에 맞게 하이데거 사상을 이 땅에 끌어들였다는 점에서 한국철학계에 큰 의의를 지닌다고 할 수 있다. 또한 하이데거의 횔덜린 시 해석을 번역, 소개하여 하이데거 후기 철학에 관한 논의에 처음으로 불을 댕긴 것 역시 그의 공로일 것이다. 그가 이렇게 현대 독일철학에 학문적 업적을 쌓게 된 것은 직접 독일에 다녀와서부터라고 기억되는데, 당시 그가 가져다준 핑크나 헬트 등의 저작들은 나의 학문 연구에도 큰 도움이 되었고, 더욱이 그가 그동안 이룬 학문적 향상은 오히려 스승인 내가 그에게서 배운 게 많을 만큼 대단한 것이었다.

그런데 그의 학문적 관심사는 독일을 위시한 서양철학에만 머무른

것은 아니었다. 동양사상, 그중에서도 특히 선불교에 대한 관심은 그와 내가 공유하는 부분이었기에, 우리는 선어록을 읽고 많은 유익한 대화를 나누기도 하였다. 이러한 학문적 유대를 바탕으로 그가 나의 저서 『선의 세계』를 편집하여 출판해 준 것은 아직까지도 내게 잊을 수 없는 고마움으로 남아 있다. 또한 그는 형이상학자이면서도 영미의 언어분석철학을 알기 위해 기호논리학을 연구하여, 그 결과를 『기호논리학』이라는 입문서로 출간하기도 하였다. 이 모두가 그의 학문적 다양성을 보여주는 사례들이라고 할 수 있다.

그는 철학연구회 회장과 한국철학회 회장을 역임하면서 학회를 운영한 바 있는데, 특히 한국철학회 회장으로서는 '한민족철학자대회'를 동아일보사와 공동으로 주최하여, 공산권에서 활동하던 우리 민족 출신의 철학자들을 초청해 발표토록 해서 국내외의 관심을 모으기도 했다. 이로 인해 한국철학회가 학회 차원에서 공산권과 교류함으로써 첫 문호를 여는 선구적 역할을 하게 되었는데, 인촌 선생과의 관계로 내가 한때 근무한 적이 있는 동아일보사와 또 그 창설에 내가 깊이 관여한 한국철학회를 연결하여 의미 있는 행사를 치르는 것을 보고 마치 나의 일인 양 큰 기쁨과 자부심을 함께 느낄 수 있었다.

이제 내 나이 일백수를 바라보는 이 시점에서 나의 믿음직한 제자이자 학문의 훌륭한 조력자였던 소광희 교수의 정년퇴임을 보면서, 세월의 덧없음과 아울러 지난 반세기간의 그와의 인연에 감사하며, 이 축하의 변을 마치고자 한다.

정년퇴임 하사(賀詞)[2]

조요한

　운정(芸汀) 소광희(蘇光熙) 교수가 이번 학기로서 그의 교단생활을 끝내고, 이제부터 퇴임 후의 자유로운 연구생활로 들어간다고 하니 그에게 축하드린다. 내가 운정을 처음 만난 것은 1953년 봄이다. 6 · 25 동란 시 부산 피난 교사에서 나는 철학과를 졸업하고, 그는 신입생으로 입학했다. 가을 학기, 서울에 환도하면서 내가 조교로 근무하게 되었는데 그는 조숙한 편으로 하급생인데도 선배들과 잘 어울렸다. 어쨌든 우리는 존경하는 두 스승(열암 박종홍과 청송 고형곤)의 같은 제자로서 자주 만나서 학문적인 물음과 토론도 하였고, 나아가 철학연구회와 한국철학회에 함께 헌신, 봉사하여 왔다. 때가 이르러 운정이 이제 교직에서 해방되어 자유인이 되었으니, 동인(同人)으로서 경하해 마지 않는다.

　운정은 유능한 일꾼이었다. 1963년에 열암 선생이 회갑을 맞이하셨다. 철학 논문들이 쏟아져 나오는 지금 돌이켜보면 아득한 시절로 여

---

2) 조요한, 「정년퇴임 하사(賀詞)」, 소광희 외, 『하이데거와 철학자들』, 철학과현실사, 1999.

겨진다. 변변한 논문집 하나 없을 때다. 그런 때 제자들이 돈을 모으고 논문을 써서 열암 선생의 『환력기념논문집』을 발간하게 되었다. 출판 사정에 대하여 잘 모르고 있을 때, 운정이 원고들을 교정하며 거침없이 마무리해 내는 것을 보고 나는 놀랐다. 그때가 한국철학의 공백기였다. 1953년에 발족한 한국철학회가 1957년에 논문집 『철학』 2집을 발간한 후에 1969년까지 12년 동안 한 권의 학보도 출간하지 못했던 시기다. 1963년, 열암 선생의 기념논문집을 출간하고 나니, 기금이 좀 남게 되었다. 젊은 소장 학자들이 학문 토론의 장을 마련하여 연구를 활성화할 필요가 있다는 취지에서 철학연구회를 발족시켰다. 운정도 나도 그 적극적 가담자였다.

우리는 26년간의 군사통치 하에서 그리고 6 · 29 이후의 혼란기를 대학에서 지내면서 같은 시국관을 가질 수 있었다. 자유로워야 할 대학이 군사통치의 명령에 의해 이리저리 끌려 다녀야 했던 엄청난 현실에 살면서 상부의 눈초리에만 신경을 쓰는 위인들과 회동하는 것이 마음에 내키지 않을 때, 우리는 서로 속마음을 털어놓을 수 있었다. 운정은 그의 수상집에서 이렇게 기록하였다.

"언필칭 민주주의를 표방하는 국가에서 무력에 의해 국가가 강점되고 무력집단에 의해 국가 운영이 전횡된다면, 그 권력을 적법하다고 말할 수 없다. 그런 권력에게는 정통성을 인정할 수 없다. 정통성이 없는 권력이 국민을 위협할 때 국민은 숨을 죽이고 지시에 맹종할 게 아니라 저항해야 한다. 왜냐하면 민주주의의 기본원리가 보장하고 있는 국민의 기본권을 유린당했기 때문이다."

6 · 29 이전에 대학에는 '국책과목'이라는 이름하에 '국민윤리'라는 필수과목이 있었다. 1980년, 이른바 '서울의 봄'이라 칭했던 자유언론의 시기에 일부 교수들이 군국주의 교육을 기도하는 '국민윤리'는 폐지되든지 또는 다른 과목으로 대치되어야 한다고 주장하였다. 그랬더

니 국민윤리학회에서 이름 있는 교수 몇 분이 폐지를 주장했던 교수들을 '민족 반역자'로 지칭하면서 규탄했다. 그래서 운정도 나도 하마터면 민족 반역자가 될 뻔했다.

민주화 과정을 밟으면서 대학사회가 심한 과도기적 혼란을 겪어야 했다. 최루탄 가스로 뒤범벅이 되었던 대학 캠퍼스가 연일 학생들의 꽹과리 소리에 수업이 지장을 받았고, 비지성적인 난입과 파괴 행위가 자행되는 대학에 대한 기사들이 일간신문에 자주 등장했다. 운정은 대학의 일은 지성적으로 해결해야 한다고 외쳤다. 그는 당시 빗나간 학생들에게 야단칠 수 있는 많지 않은 교수 중 한 분이었다. 정당한 비판이라 하더라도 파괴적, 폭력적 행위를 하는 학생들은 학교를 떠나라고 그는 주장했다.

"원칙이 무너진 사회는 존재할 수 없다. 이 원칙의 파괴를 위협하는 행위를 우리는 폭행 또는 난동이라 하며 비이성적이라고 한다. 비이성은 무원칙이다. 반지성이 야만성을 함축한다면 비이성은 사회의 파괴를 동반한다. 대학생이 '지성인으로서 이성적이길' 바라는 이유는 그들이 후속 세대의 중추로서 다른 모든 국민들에게 사회의 존립과 발전에 모범이 되어야 한다는 데도 있다."

학자의 현실과의 적절한 거리를 까치에게서 발견한다는 '까치의 거리'라는 운정의 명문(名文)이 있다. 학자가 현실에 너무 밀착하면 현실을 대상화할 수 없고, 현실을 떠나 서재나 실험실에 갇히면 독창적이고 생동하는 학문이 될 수 없다는 그의 글이다.

"까치란 놈은 자연의 것으로되 심산유곡에 둥우리 짓지 않는다. 먹이를 사람 가까이에서 구하지만 인가 속에 살지 않는다. 인가에 가까운 자연 속에 집을 짓는다." 공감되는 글이다. 그러고 보니 운정은 재리에 밝거나 감투에 눈이 어두운 사람이 아니다. 맞벌이 부부인데도 그의 주택은 호화롭지 않고, 그는 학회장과 학장직까지만 맡았지, 그

이상은 나가지 않았다.

그는 '개성이 없는 도시, 한밭(대전)' 근처의 '비산비야(非山非野)의 밋밋한 농촌'에서 소년 시절을 보냈다고 한다. 그래서인지는 몰라도 그의 인품에는 계룡산록에서 번조한 분청사기(粉靑沙器)의 토속적인 풍미가 있다. 잔재주 없이 건강한 아름다움을 지닌 동학사 계곡에서 생산된 분청사기와도 같이 운정의 꾸밈없는 서민적인 성품이 오히려 매력적이다. 그래서 많은 후학들이 그를 따르고 있다. 학문적인 지도력뿐만 아니라 그의 성품에 끌리는 면도 있을 것이다. 그의 회갑 기념을 기하여 엮인 『고전형이상학의 전개』와 『현대존재론의 향방』이라는 두 권의 논문집에서 우리는 그의 학덕을 엿볼 수 있다. 그 논문집이 그로부터 직접 배움을 받았던 제자들이거나 아니면 간접적으로 영향을 받았던 후학들의 알찬 연구 결과이기 때문이다.

운정은 이제 그의 표현대로 '직업적 철학 강의'를 끝내고, 넓은 들에 서게 되었다. 이제 다시 '주격(酒格)을 갖춘 주사(酒士)'로서의 젊음을 회복하시라고 권할 수는 없고, 존재망각의 시대에 '존재의 파수꾼'으로 우뚝 서주시기를 바란다. 그가 서 있는 자리가 정자(亭子)가 되어 그 정자의 그늘 아래에서 '인간이 누구이고, 자기 현존재를 어디에서 정주시킬 것인가'를 담론하는 자리가 되기를 바라 마지않는다.

정년퇴임 논문집 헌사[3]

제자 일동

이 땅에서 하이데거의 철학이 소개되어 연구되기 시작한 것은 경성 제국대학에 철학과가 설립된 직후인 1930년대 초까지 거슬러 올라간 다. 하이데거의 대표작 『존재와 시간』이 출판된 직후부터 거의 그와 동시대적으로 사유를 함께해 왔으니, 이곳에서의 하이데거 연구의 연 륜은 결코 짧지 않았다고 할 수 있다. 하이데거의 연구는 사변 후에도 지속되다가 1970-1980년대에 영미의 분석철학 사조가 밀어닥치면서 다소 줄어드는 듯했으나, 이후 1980년대 말부터 하이데거 철학을 전문 으로 연구한 학자들이 대거 등장함으로써 1992년에 결성된 한국하이 데거학회를 중심으로 다시 깊이 있는 연구 성과들이 발표되기 시작했 다.

이러한 성과들의 축적에 힘입어 처음에는 하이데거 철학 자체의 내 적 이해에 머무르던 것이 이제는 그의 철학과 다른 철학자들의 사상을 비교하여 하이데거의 철학사적 의미와 그 공과를 검토해 보려는 단계

---

3) 제자 일동, 「정년퇴임 논문집 헌사(獻辭)」, 소광희 외, 『하이데거와 철학자들』. 철학과현실사, 1999.

에까지 이르렀다. 위대한 철학자들이 모두 그러하듯이, 하이데거 철학도 선대의 사상들에 대한 창조적 대결을 통해 이루어졌지만, 서양철학의 역사를 존재의 역사로 규정하는 그의 철학적 사유에서는 철학사 비판이 단순히 방법에만 머무르는 것이 아니라, 철학함 자체의 내용을 형성하고 있다. 따라서 하이데거의 사유를 철학사의 맥락 속에서 다른 철학자들의 사유와 대비시키는 것은 지적 호기심에서 발동된 소박한 비교의 차원을 넘어, 그의 철학의 핵심 속으로 직접 진입해 들어가는 것이기도 하다. 더욱이 하이데거 자신이 대결했던 선현들뿐 아니라 하이데거 사상에 간접적으로 영향을 받았던 현대의 철학자들의 사유와 그의 철학을 특정한 주제 속에서 상호 관련시키는 것은 하이데거의 현재적 위상을 정립하는 데 필수적인 작업이라고 할 수 있다.

물론 하이데거의 사유를 그 이전이나 이후의 철학자들과의 관계 속에서 대비시키려는 시도가 전에도 없었던 것은 아니다. 하이데거의 80회 생일 기념 논문집인 『통찰(*Durchblicke*)』과 미국의 예일대 출판부에서 나온 『하이데거와 현대철학』 등이 그 예라고 할 수 있다. 그러나 전자는 하이데거 이전의 철학자들에게만, 그리고 후자는 주로 하이데거와 동시대의 철학자들에게만 대비의 시선이 모아졌다는 점에서 그의 철학사적 위상을 완벽하게 조망해 보는 데에는 다소 부족한 감이 없지 않았다. 이에 아쉬움을 느낀 우리들은 그 점을 보완하기 위해 하이데거 자신이 씨름했던 선대의 대가들에서부터 그의 철학에 긍정적이든 부정적이든 상당한 영향을 받았던 현대의 대가들에 이르기까지 대표적인 철학사적 위인들의 사상을 한자리에 모아 하이데거와 견주어 봄으로써 그의 현재적 의미를 되새겨 볼 수 있는 기회를 제공하고자 노력하였다.

이러한 노력의 결실로 탄생한 이 논문집이 우리들의 본래 의도에 얼마나 부합하는 성과물인지는 전적으로 독자들의 판단에 달린 일이라고 할 수 있으나, 이 정도의 수준에서나마 하이데거 사상을 전 철학사 안에서 총체적으로 고찰할 수 있었던 것은 전적으로 우리들 필자 모두의 스승이신 소광희 교수님 덕택이라 할 수 있다. 이번에 서울대 철학과를 정년퇴임하시는 교수님은 한국하이데거학회 초대 회장으로서 이 땅에서 하이데거 연구의 산 역사와도 같은 분이다. 우리들의 젊은 시절 한때, 선생의 인도로 존재론과 형이상학의 길에 눈을 뜨게 되면서 오늘날 나름대로 학문적 일가를 성취할 수 있는 도상의 문턱에나마 설 수 있게 되었다. 이러한 선생의 학은에 감사드리고자, 그리고 그러한 학은의 수혜로 이루어진 우리 소장 학자들의 학문적 성취를 모아 하이데거의 철학사적 위상을 조감하고자 이루어진 본 논문집이 아무쪼록 한국의 철학사상 형성에 조금이나마 보탬이 되기를 바라 마지않는다.

정년퇴임 논문집 헌사[4)]

강학순

한국하이데거학회 회원 모두는 선생님의 영예스러운 정년퇴임을 진심으로 축하드리며 선생님과 함께 기뻐하는 바입니다.

한밭 변의 들길을 따라 걸어오시면서 시작된 선생님의 인생행로는 바야흐로 수확의 계절에 이르렀고, 이제 평생 땀 흘려 가꾸어 오신 철학적 삶과 사유의 들판에서 수확을 하셔야 할 '그때'가 되었습니다. 그러하기에 선생님께서 정성과 애정을 쏟으셔서 씨를 심으시고 물을 주며 가꾸어 오신 '한국하이데거학회'라는 나무에서 여문 소담스런 열매를 우리의 마음을 모아 선생님께 드리고자 합니다.

우리 모두는 본 학회의 태동과 발전 및 그간의 모든 업적들에 선생님의 숨결과 손끝이 닿아 있음을 너무도 잘 알고 있습니다. 선생님께서는 지금으로부터 7년 전인 1992년 9월 26일 한국하이데거학회의 태동을 위해 산파역을 흔쾌히 맡아 주셨고, 동시에 1998년까지 회장직을 맡으셨고, 현재는 명예회장직을 수행하시면서 본 학회에 이바지하신

---

4) 강학순, 「정년퇴임 논문집 헌사(獻辭)」, 한국하이데거학회 편, 『하이데거와 근대성』, 철학과현실사, 1999.

공로는 이루 말로 다 할 수가 없이 지대하십니다. 하이데거 사상에 관한 탁월한 연구논문과 아울러 십 여 년 동안 각고의 노력으로 번역하여 1995년에 빛을 보게 된『존재와 시간』(경문사)은 한국 하이데거 연구사에 길이 남을 독보적인 연구업적으로 평가될 것입니다. 아울러 원활한 대내외적인 학회 활동을 위해 수고를 아끼지 않으셨고, 더욱이 하이데거의 철학을 전공하는 후학들을 십 수 명 길러 내시고『하이데거 연구』4집이 나오기까지 세심하게 정성을 기울여 주시고 애써 주셨습니다. 그동안 학회를 이끌어 오시고 회원들을 뒷바라지해 주시면서 선생님께서 보여주신 노고는 많은 회원들에게 크나큰 격려가 되었습니다.

선생님의 철학적 화두는 '삶의 유한성에 대한 우수'라고 할 수 있겠습니다. 이것을 실마리로 선생님께서는 평생 '시간의 오의(奧義)'를 석명하시고자 했고, '존재의 비밀'에 다가서시고자 했습니다. 선생님의 하이데거 관련 번역서 및 논문들을 학회의 소중한 연구업적으로 길이 간직하고 싶습니다.

우리가 잘 알고 있듯이, 선생님의 저서로는『시간과 시간의식』,『시간과 인간의 존재』,『시간과 영원 사이』,『철학의 제문제』,『기호논리학』,『패러독스로 본 세상』,『무상의 흔적들』이 있습니다. 논문으로는「진리의 존재론적 정초」,「논리의 언어와 존재의 언어」등이 있고, 역서로는『존재와 시간』,『시와 철학』,『역사의 인식』이 있습니다. 그리고 '시간론의 역사'를 오래전부터 구상하여 집필하고 계신 줄 압니다. 그간 선생님께서는 유행철학의 창궐과 도전에도 불구하고 줄곧 형이상학과 존재론에 천착하셨습니다. 곡학아세(曲學阿世)의 철학 및 유행철학과는 거리를 두시면서 '영원의 철학(philosphia aeternitatis)'만을 지향하셨습니다.

선생님께서는 학문하는 일과 농사짓기를 동일시합니다. 학문하는 일은 농사와 마찬가지로 이윤은 없지만 많은 인내와 노역이 필요하다고 보시기 때문입니다. 그리하여 선생님이 어느 글에서 속마음을 보이셨듯이, 삶의 유한성에 대한 우수의 근원을 찾아 농부의 심정을 지닌 사색인으로 '길 없는 길'을 걸어오셨다고 생각합니다.

"귀뚜라미의 애절한 울음은 우리의 심정에 우수를 심는다. 하늘에 별이 총총하고 뜨락에 귀뚜라미 소리 높아 가는 밤에 시인은 삶의 슬픈 사연으로 전전긍긍하고, 사색인은 우수의 근원을 찾아 길 없는 길을 더듬는다. 시인은 다가올 미래의 운명을 현전하는 듯이 노래하고 사색인은 먼 전생의 소식에 귀 기울이며 사유에 잠기나, 시인은 예감하고 사색인은 회상한다. 예감과 회상 속에서 팔월의 밤은 깊어 가고 가을은 삶에 대한 우수와 함께 다가오고 있다."(월간 『신세계』, 1985년 8월호)

선생님의 사유의 세계는 하이데거의 그것과 태생적으로 닮아 있는 듯합니다. 선생님께서는 시간의 지평 위에서 또한 사유의 도상에서 (unterwegs) 인생이 가는 것, 즉 살아가는 것임을 경건하게 받아들이십니다. 선생님이 즐겨 쓰시는 사유의 언어에는 농부, 대지, 들길, 수확, 길, 발자국, 숲, 기다림, 회상, 예감 등이 등장하고 있습니다. 특히 몇 해 전에 선생님이 살아오시면서 흔적을 남기신 사유의 발자국을 『마흔 개의 발자국』으로 모아 출간하셨습니다. '길 없는 길'을 걸으시면서도 흐트러지지 않으시고 올곧게 걸어오신 선생님의 모습을 발견하고 "눈 내린 벌판을 함부로 걷지 마라. 내가 남긴 발자취는 뒤에서 따라오는 사람의 길이 되리라. 그러므로 똑바로 걸어가라"는 백범 김구 선생님의 좌우명이었던 말을 먼저 몸소 보여주셨음을 확인하게 되었습니다.

학문 연구를 위해서는 현실과 초월과의 적정 거리, 즉 형이상학적 거리를 유지해야 한다고 하시면서 현실로 하여금 학문적 탐구의 물음에 대해 스스로를 참된 현실로서 석명하도록 요구해야 한다고 선생님께서는 역설하십니다. 또한 학문 연구에 있어 대학 도서관과 연구소가 연구의 중심이 되었다고는 하나, 그 속에 있는 문헌을 취합하고 발췌하는 것이 학문인 양 착각해서는 안 되고, 사색 공간 속에서 자기 것으로 소화양조(消化釀造)하는 과정을 거쳐야 하며, 더욱이 진정한 학문은 구이지학(口耳之學)이 아니라 독창적인 것이라야 한다고 하셨습니다. 그러기 위해서 사색 공간을 가능한 대로 확대해야 함을 강조하십니다. 선생님께서는 언젠가 송화강가에 벌목회사를 하나 차리고 싶다는 꿈 아닌 꿈을 꾸셨습니다.

"쉰다는 것은 시름을 놓는 것, 근심 걱정에서 해방되는 것이겠는데, 언젠가는 아주 쉴 날이 있겠지만 아직은 구경거리가 조금 있을 듯해서 아주 쉬고 싶진 않고 잠시 푹 쉬고 싶다는 것입니다. 그러다 보면 마지막 한 종지의 피까지 불살라 가며 미친 듯이 열중할 수 있는 일거리가 있을는지도 모르지 않아요. 인생이란 변수투성이니까 그런 공상도 해보는 것입니다. 그런데 그 마지막 일거리라는 것은 전혀 다른 것, 가령 송화강가에 벌목회사를 하나 차리는 것이라든가 하는 것이었으면…"
(「만추의 들길에서」, 『빛』, 1989년 12월호)

들판에서 시작된 선생님의 사색의 여정이 송화강가와 숲으로 이어져 가는 것이 단순한 공상이나 우연이 아니겠지요. 이러한 선생님의 염원은 바로 저 '존재'가 발현하는 본지풍광(本地風光)의 세계를 응시하시는 선생님의 여일(如一)하신 철학함의 여정의 산물이라고 생각됩니다. 선생님! 이제 교수라는 직업이 주는 부자유에서 해방되시어 무한한 초탈과 비상을 구가(謳歌)하시길 바랍니다. 직업으로 철학하는 노역에서 벗어나시어 진정한 자유인으로서 철학하소서! 선생님께서 갈구하시는 가을의 들꽃들과 바람이 낮거리하는 들판과 숲속에서 진정한 철학적 사색의 향연을 펼치시길 바랍니다.

저희 학회를 위해서 이제까지 그렇게 하셨듯이 계속 든든한 버팀목이 되어 주시기를 삼가 부탁드리며, 항상 건안하시길 모든 학회 회원들은 두 손 모아 빌면서 영예롭게 정년퇴임하시는 선생님께 이 논문집을 봉정하옵니다.

고희 기념논문집 축시[5)]

이수정

선생님
처음 뵈올 적
아직 젊을 적
압도적인 권위로 빛나던 학자의 모습
기억합니다

두렵게
조심스럽게 다가가 마주한 모습
부드러움과 강인함이 씨줄 날줄로 엮어내던 그윽한 인품
약간의 떨림 사이로 비치던 그것
생생합니다

그런 시작이 있었습니다

---

5) 이수정, 「고희 기념논문집 축시」, 소광희 외, 『인간에 대한 철학적 성찰』, 문예
출판사, 2005.

무엇인가 거기에 있어 좋았습니다
함께하면서 마주하면서 따라가면서
기대이든지 희망이든지 무언가 꽃다운 것
햇살처럼 떠오르고 있었습니다

아서요? 선생님
선생님은 하나의 전설이셨던 것을
척박한 학적 대지에서 고군분투하던 존재론의 수호자
삭막한 시대를 향해 소리치던 인문학의 대변자
그렇게 우뚝하던 우리들의 영웅이셨던 것을. 선생님은

저희들의 세미나에도 계셨고
저희들의 술자리에도 계셨고
저희들의 산책길에도 계셨습니다. 선생님은

때로는 그 형형한 눈빛으로
때로는 인자하신 미소로 또는 나무람으로

아직은 그 창을 내리지 마십시오. 선생님
아직은 그 깃발을 접지 마십시오. 선생님
높디높은 사유의 준마에 올라 질주하며
호령해 주십시오
우리들의 지평이 드넓지 않습니까. 지금도

우리는 세월을 인식하지만
또한 알고 있습니다

세월이 다가 아님을
선생님의 고희가 아직 젊음을
눈앞에 보고 있습니다

선생님은 사유를 남겼습니다
선생님은 저희들을 남겼습니다
선생님이 씨 뿌린 저희는 자라갈 것입니다
해바라기처럼 코스모스처럼 꽃도 피우고
더러는 열매도 씨앗도 남길 겁니다

고희 기념논문집 하사(賀詞)[6]

박찬국

내가 처음으로 소광희 교수님에게서 가르침을 받게 된 것은 석사과 정에 입학한 지 1년 정도가 지나서였다. 학부 시절뿐 아니라 대학원에 입학한 후에도 나는 사회철학에 관심이 있었을 뿐 존재론이나 형이상 학에는 관심이 없었다. 그런데 대학원에 들어온 지 1년쯤 되어 나는 동료 대학원생들로부터 교수님께서 정식 강의시간 외에 대학원생들과 함께 세미나를 열고 계신다는 말을 들었다. 나는 그 세미나의 주제나 내용 여하를 떠나서 교수님께서 의무시간 외에 학생들을 지도하신다는 사실에 신선한 감동을 받았다. 세미나에서 다루던 하이데거 철학에 대 해서 그 당시 나는 관심도 매력도 느끼지 못했지만, 의무시수 외에도 따로 세미나를 할 정도로까지 열성적인 교수님의 가르침을 받고 싶다 는 일념으로 그 세미나에 참석하게 되었다. 이것이 내가 교수님과 인 연을 맺게 된 첫 번째 계기였다.

벌써 17년 전의 일이지만 교수님과 세미나를 했던 시절은 그 당시에

---

6) 박찬국, 「고희 기념논문집 하사(賀詞)」, 소광희 외, 『인간에 대한 철학적 성찰』, 문예출판사, 2005.

도 보기 드물게 스승과 제자 사이에 끈끈한 교감이 오갔던 아름다운 시절이었다. 세미나를 마치면 교수님은 우리를 데리고 3차, 4차에 걸쳐서 술자리를 만드셨고, 새벽 세 시나 네 시까지 술을 드시는 교수님의 주량과 힘을 감당할 수 없었던 우리는 막판에 가서는 도망갈 핑계를 만들기에 바빴던 것 같다.

교수님은 이렇게 술을 즐기면서도 절도를 잃으신 적이 없었고 술을 드시면 드실수록 오히려 분위기를 더욱 흥겹게 만드셨다. 교수님이야말로 내가 지금까지 본 사람들 중에서 가장 술을 즐길 줄 아는 분이 아닌가 한다. 아직 술맛도 모르는 나는 술 잘하는 사람을 부러워한 적이 없지만 교수님을 보면서는 교수님처럼 술을 즐길 수 있으면 좋겠다는 생각을 하곤 했다. 교수님은 항상 원칙과 정도에 입각한 행동으로 우리에게 모든 면에서 본을 보여주셨지만, 술자리에서도 진정한 주도가 무엇인지를 보여주셨다.

교수님과의 술자리는 단순히 세미나 후의 뒤풀이가 아니라 철학과 인생과 정치, 그리고 우리나라의 역사에 대한 교수님의 고견을 들을 수 있는 귀한 자리였다. 나는 세미나 못지않게 술자리에서도 교수님에게서 많은 것을 배웠다. 그 당시는 6·29 선언을 전후한 시기였기에 술자리에서 자연스럽게 정치가 주제로 떠올랐고 우리는 교수님의 말씀 하나하나에 숨을 죽이고 귀를 기울이곤 했다. 교수님은 현실정치의 이면을 꿰뚫어 보는 예리한 안목으로 우리의 탄성을 불러일으키곤 했고, 그런 교수님을 뵈면서 나는 종종 교수님은 정치를 하셨어도 잘하셨을 것이라고 생각을 했었다. 교수님의 우국하는 마음과 깊은 통찰력이 경합되어 보기 드물게 귀감이 되는 정치인이 될 수도 있지 않았을까 한다.

글을 쓰는 지금 이 순간에도 숱한 술자리에서 교수님과 함께 철학과 정치를 열띠게 논했던 동학들의 얼굴이 삼삼하게 떠오른다. 그러한 술자리뿐 아니라 교수님과 명산과 고찰을 찾아다니면서 함께했던 많은 시간들은 나뿐 아니라 동학들에게도 언제까지나 아름다운 추억으로 남아 있게 될 것이다. 그리고 교수님과의 만남 덕분에 몇몇 동학들과 소중한 우정을 맺게 된 것 역시 내가 교수님의 세미나에 처음 참여할 때는 전혀 예상하지 못했던 귀중한 선물이다.

교수님은 정년퇴임을 하신 후 『시간의 철학적 성찰』이라는 700쪽이 넘는 대작을 쓰셨다. 국내뿐 아니라 국외에서도 지금까지 이렇게 시간에 관한 방대한 저술이 나온 적은 없었다. 교수님은 이 책에서 동서고금의 시간론을 정리하시는 한편, 독자적인 시간론을 전개하고 계신다. 유난히 학자들의 조로 현상이 심하여 교수들이 60이 넘으면 보통 연구를 중단하곤 하는 우리 학계의 현실에서 교수님은 대기만성의 한 범형을 보여준 셈이다. 교수님은 지금도 『시간의 철학적 성찰』에 필적할 만한 존재론에 관한 역저를 저술 중이시다. 교수님이 10년에 걸쳐서 번역하신 『존재와 시간』과 『시간의 철학적 성찰』, 그리고 현재 저술 중인 존재론에 관한 저서는 철학계에 기념비적인 업적으로 남게 될 것이다.

이제 70이 되시는 교수님을 뵈면 아름답게 늙어 간다는 것이 무엇인지를 보여주시는 것 같다. 교수님은 학자로서 연구의 끈을 늦추지 않으시면서도 인격적으로는 갈수록 더 원숙하고 자애롭게 변해 가시는 것 같다. 예전에는 교수님을 대할 때 간혹 어려움을 느끼곤 했지만 지금은 교수님 앞에서 한없는 푸근함과 편안함을 느낀다. 교수님을 대하면 이제는 손자들을 사랑하는 훈훈한 할아버지와 함께 있는 것 같다. 나는 교수님이 변하셨다고 느끼면서 언젠가 교수님께 어떻게 해서 그렇게 부드럽게 되신 것인지 여쭤본 적이 있다. 교수님은 그때 "늙으면 다 그렇게 된다"고 대수롭지 않게 대답하셨다. 그러나 노추(老醜)라는 말도 있는 것처럼 늙는다고 해서 다 그렇게 되는 것은 아닐 것이다. 나이가 들면서 오히려 우리에게 실망을 주시는 분들도 많지 않은가.

교수님은 한때 심장으로 인해 시술도 받으시는 등 건강 때문에 힘드신 적이 있었지만 지금은 건강하게 보인다. 교수님이 지금의 건강을 잘 유지하셔서 우리 후학들의 사표로 오래도록 우리 곁에 머물러 계시기를 기원해 마지않는다.

운정 소광희 연보 및 저술

■ 연보

1934. 5. 충남 대덕군 유천면 용두리 236에서 출생(현 대전시 용문동 236)

1940   서당에서 한문 수학

1941   유천공립초등학교 입학

1947   대전공립중학교 입학

1950   학제 개편으로 중 4에서 고 1로 편입

1953   대전고등학교 졸업

1953   서울대학교 문리과대학 철학과 입학

1957   서울대학교 대학원 철학과 입학. 한국철학회 간사

1960   충남대학교 문리과대학 강사

1960   서울대학교 농과대학 강사

1962   서울대학교 대학원 박사과정 입학

1963   철학연구회 초대 간사. 서울대학교 대학원 조교

1964-70 성균관대학교 동양철학과 강사. 홍익대학교 강사

1967   서울대학교 대학원 전임강사

1968-75   한국외국어대학교 강사

1971-73   서울대학교 음악대학 조교수

1975   서울대학교 인문대학 철학과로 전입(형이상학, 존재론, 논리학 담당)

1977   「시간과 시간의식」(철학박사학위 취득)

1980-81   독일 쾰른대학교, 프라이부르크대학교 객원교수

1982   서울대학교 철학과 학과장

1983   서울대학교 철학과 정교수

1986   철학연구회 회장

1991   한민족철학자대회 조직위원장

1991-92   제22대 한국철학회 회장

1991-93   서울대학교 인문대학 학장

1992.   한국하이데거학회 초대 회장

1999   서울대학교 정년퇴임 및 명예교수

2010   대한민국학술원 회원

■ 서훈사항

1996   서우 철학상

1999   국민훈장 동백장

2002   한국백상출판문화상 저작상 인문부분(『시간의 철학적 성찰』)

2003   대한민국학술원상

■ 주요 저술과 업적

1. 단행본

(1) 저서
『시간과 영원 사이』, 조양문화사, 1975.
『시간과 인간의 존재: 소광희 철학에세이』, 문음사, 1980.
『기호논리학』, 경문사, 1985.
『패러독스로 본 세상』, 지학사, 1985.
『철학이 있는 교실』, 벽호, 1994.
『무상의 흔적들: 운정 소광희 산문선』, 운주사, 1999.
『시간의 철학적 성찰』, 문예출판사, 2001; 2012(3판).
『하이데거 「존재와 시간」 강의』, 문예출판사, 2003.
『철학적 성찰의 길』, 철학과현실사, 2004.
『자연 존재론: 자연과학과 진리의 문제』, 문예출판사, 2008.
『인간의 사회적 존재의미: 지구촌 시대의 평화와 삶의 방식』, 문예출판사,
  2013.
『청송의 생애와 선철학』, 운주사, 2014.

(2) 공저 및 편저
『기호논리학』, 소광희, 김정선 공저, 법문사, 1970.
『철학의 제문제』, 소광희, 이석윤, 김정선 공저, 지학사, 1973.
『한국사상의 철학적 조명』, 한국철학회 편, 일지사, 1974.
『철학입문』(서울대학교 철학교재), 서울대학교 출판부, 1975.
『정의의 철학』, 김태길 외 지음, 대화출판사, 1977.
『후설과 현대철학』, 한국현상학회 편, 서광사, 1990.
『변화하는 시대와 철학의 과제』, 소광희 엮음, 천지, 1991.
『현대 한국에서의 철학의 제문제』, 소광희 엮음, 천지, 1991.

『현대의 학문 체계: 대학에서 무엇을 배울 것인가』, 소광희 외 지음, 민음사, 1994.

『청송의 선과 철학』, 소광희 외 지음, 운주사, 2011.

(3) 역서

『휴매니스트에의 편지』, M. 하이데거 지음, 소광희 옮김, 동양출판사, 1960.

『시와 철학: 횔덜린과 릴케의 시세계』, M. 하이데거 지음, 소광희 옮김, 박영사, 1975.

『역사의 인식』, R. G. 콜링우드 지음, 소광희, 손동현 공역, 경문사, 1979.

『존재와 시간』, M. 하이데거 지음, 소광희 옮김, 경문사, 1995.

2. 헌정된 기념논문집

(1) 화갑 기념논문집

『고전형이상학의 전개』(형이상학과 존재론 1), 소광희 외 지음, 철학과현실사, 1995.

『현대존재론의 향방』(형이상학과 존재론 2), 소광희 외 지음, 철학과현실사, 1995.

『하이데거의 존재사유』, 한국하이데거학회 편, 철학과현실사, 1995.

(2) 정년퇴임 기념논문집

『하이데거와 근대성』, 한국하이데거학회 편, 철학과현실사, 1999.

『하이데거와 철학자들』, 소광희 외 지음, 철학과현실사, 1999.

(3) 고희 기념논문집

『인간에 대한 철학적 성찰』, 소광희 외 지음, 문예출판사, 2005.

3. 수필집, 기타 기고문

『7요일의 명강의』, 고일섭 외 지음, 우석, 1981.

『생각하는 실타래』(동아일보사 55인선), 동아일보사, 1985.

『곡선에 깃든 생명』, 소광희 외 지음, 서울대학교 출판부, 1994.

「한국철학사에 기대하는 것」, 한국철학회, 1987.

「배분 정의론을 위한 발제」, 한국철학회, 1990.

「민족주의를 논하는 우리의 자세」, 한국철학회, 1992.

「산업사회와 유교」, 애산학회, 1992.

「生命論의 단초를 어느 次元에 둘 것인가?」, 서강대학교 생명문화연구소,
 1993.

「생명존중과 교육」, 서강대학교 생명문화연구소, 1994.

참고문헌

■ 국내문헌

1. 저서

김동규, 『철학의 모비딕: 예술, 존재, 하이데거』, 문학동네, 2013.

김성일, 『사랑은 죽음같이 강하고』, 홍성사, 1989.

김수영, 『김수영 전집 2. 산문』, 민음사, 1993.

김용석, 『문화적인 것과 인간적인 것: 포스트 글로브 시대의 철학 에세이』, 푸른숲, 2010.

김재현, 「인식과 관심: 하버마스」, 한국철학사상연구회, 『철학의 명저 20』, 새길, 1993.

나태주, 『멀리서 빈다』, 시인생각, 2013.

도정일, 『시인은 숲으로 가지 못한다』, 문학동네, 2016.

박종홍, 『철학개론 강의』(전집 제2권), 형설출판사, 1980.

박찬국, 『들길의 사상가 하이데거』, 동녘, 2004.

백종현, 「서양철학의 수용과 서우(曙宇)의 철학」, 철학연구회 편, 『해방 50

년의 한국철학』, 철학과현실사, 1996.

소광희, 『청송의 생애와 선철학』, 운주사, 2014.

소광희, 『시간의 철학적 성찰』, 문예출판사, 2001; 2012(3판).

소광희 엮음, 『변화하는 시대와 철학의 과제』, 한민족철학자대회 대회보 1, 천지, 1991.

소광희, 『인간의 사회적 존재의미: 지구촌 시대의 평화와 삶의 방식』, 문예출판사, 2013.

소광희, 『시간과 인간의 존재: 소광희 철학에세이』, 문음사, 1980.

소광희, 『패러독스로 본 세상』, 지학사, 1985.

소광희, 『무상의 흔적들: 운정 소광희 산문선』, 운주사, 1999.

소광희, 「공사의 구별이 엄격한 대학원장」, 열암기념사업회 엮음, 『스승의 길』, 천지, 1998.

소광희 외, 『인간에 대한 철학적 성찰』, 문예출판사, 2005.

소광희, 『자연 존재론: 자연과학과 진리의 문제』, 문예출판사, 2008.

소광희 외, 『하이데거와 철학자들』, 철학과현실사, 1999.

소광희 외, 『철학의 제문제』, 지학사, 1973.

소광희, 「아우구스티누스의 시간론: 시간의 의식 내재화의 효시」, 소광희 외, 『고전형이상학의 전개』(형이상학과 존재론 1), 철학과현실사, 1995.

소광희 외, 『고전형이상학의 전개』(형이상학과 존재론 1), 철학과현실사, 1995.

소광희 외, 『현대존재론의 향방』(형이상학과 존재론 2), 철학과현실사, 1995.

소광희, 『하이데거 「존재와 시간」 강의』, 문예출판사, 2003.

소광희, 『기호논리학』, 경문사, 1990.

소광희 외, 『현대의 학문 체계: 대학에서 무엇을 배울 것인가』, 민음사, 1994.

소광희, 「한국철학회와 나: 1991년 제1회 한민족철학자대회를 중심으로」, 『한국철학회: 역대 회장의 회고와 전망』, 철학과현실사, 2003.

열암기념사업회 엮음, 『스승의 길』, 천지, 1998.

윤구병, 「창조적 진화: 베르그송」, 한국철학사상연구회 편, 『철학의 명저 20』,

새길, 1993.

이정우, 『세계철학사』, 길, 2011.

조광제, 「유럽 학문의 위기와 선험적 현상학」, 한국철학사상연구소 편, 『철학의 명저 20』, 새길, 1993.

한국철학회 기념사업편집위원회 편, 『한국철학회 50년: 역대 회장의 회고와 전망』, 철학과현실사, 2003.

한국하이데거학회 편, 『하이데거의 존재사유』, 철학과현실사, 1995.

한국하이데거학회 편, 『하이데거와 근대성』, 철학과현실사, 1999.

한자경, 『한국철학의 맥』, 이화여자대학교 출판부, 2010.

2. 논문 및 번역서

박영식, 「인문과학으로서 철학의 수용 및 그 전개과정」, 연세대학교 인문과학연구소 편, 『인문학』, 제26집, 1972.

비트겐슈타인, 이승종 옮김, 『철학적 탐구』, 아카넷, 2016.

소광희, 「근원을 찾는 끝없는 여정」(인터뷰), 『人-ART』, 용인문화재단, 2015 봄호.

소광희, 「하이데거 연구의 이모저모」, 『존재론 연구』, 제36집, 한국하이데거학회, 2014 겨울호.

소광희, 「평등이념에 관하여」, 『철학과 현실』, 제84호, 철학문화연구소, 2010 봄호.

소광희, 「배분 정의론을 위한 발제」, 『철학』, 제33집, 한국철학회, 1990.

소광희, 「철학적 인생론: 나와 철학교수」, 『철학과 현실』, 제45호, 철학문화연구소, 2000 여름호.

소광희, 「하늘과 땅 사이에서」, 『철학과 현실』, 제91호, 철학문화연구소, 2011 겨울호.

소광희, 「산으로 들로」, 『철학과 현실』, 제82호, 철학문화연구소, 2009 가을호.

소광희, 「유산은 스스로 쌓아간다」, 『월간 샘터』, 26(01), 샘터사, 1995.

소광희, 「가난하게 살아본 자라야 자족할 줄 안다」, 『철학과 현실』, 제75호, 철학문화연구소, 2007 겨울호.

신귀현, 「『시간의 철학적 성찰』 서평」, 『철학』, 제71집, 한국철학회, 2002.

이병수, 「문화적 민족주의와 현대 한국철학: 고형곤, 박종홍, 안호상의 철학적 문제의식을 중심으로」, 『통일인문학』, 제47집, 2009.

정은해, 「학제적 연구의 필요성과 철학의 정체성」(『자연 존재론』 서평), 『철학사상』, vol. 29, 2008.

카시러, 최명관 옮김, 『인간이란 무엇인가?』, 전망사, 1979.

하이데거, 소광희 옮김, 『시와 철학: 횔덜린과 릴케의 시세계』, 박영사, 1972.

하이데거, 소광희 옮김, 『존재와 시간』, 경문사, 1995.

허남진 외, 「최근 백년 서양철학 수용과 한국철학의 모색」, 『철학사상』, vol. 8, 1998.

■ 외국문헌

Aristoteles, *Metaphysica*, Ed. by Werner Jaeger, Oxford Classical Texts, Oxford University Press, 1957.

H. Bergson, *Essai sur les données immédites de la conscience*, Paris: Alcan, 1889.

H. Bergson, *Matière et mémoire: essai sur la relation du corps a l'ésprit*, Paris: Alcan, 1896.

H. Bergson, *Durée et simultanéité à propos de la théorie d'Einstein*, Paris: Alcan, 1922.

W. W. Fuchs, *Phenomenology and Metaphysics of Presence*, The Hague, 1976.

H. H. Gerth and C. Wright Mills, "Science as a Vocation", *From Max Weber: Essays in Sociology*, New York: Oxford University Press, 1967.

M. Heidegger, *Frühe Schriften*(1912-1916), Frankfurt a. M., 1978(GA 1).

M. Heidegger, *Sein und Zeit*, Frankfurt a. M., 1977(GA 2).

M. Heidegger, *Erläuterungen zu Hölderlins Dichtung*(1936-1968), Frankfurt a. M., 1981(GA 4).

M. Heidegger, *Vorträge und Aufsätze*(1936-1953), Frankfurt a. M., 2000 (GA 7).

M. Heidegger, *Unterwegs zur Sprache*, Frankfurt a. M., 1985(GA 12).

M. Heidegger, *Aus der Erfahrung des Denkens*, Frankfurt a. M., 1983(GA 13).

M. Heidegger, *Prolegomena zur Geschichte des Zeitbegriffs*, Frankfurt a. M., 1979(GA 20).

M. Heidegger, *Metaphysische Anfangsgründe der Logik im Ausgang von Leibniz* (Sommersemester 1928), Frankfurt a. M., 1978, 2. Auflage, 1990(GA 26).

M. Heidegger, *Die Grundbegriffe der Metaphysik. Welt — Endlichkeit — Einsamkeit*(Wintersemester 1929/30), Frankfurt a. M., 2004(GA 29/30).

M. Heidegger, *Vom Wesen der menschlichen Freiheit. Einleitung in die Philosophie*(Sommersemester 1930), Frankfurt a. M., 1982(GA 31).

M. Heidegger, *Hölderlins Hymnen 'Germnien' und 'Der Rhein'*, Frankfurt a. M., 1980(GA 39).

M. Heidegger, *Schelling: Vom Wesen der menschlichen Freiheit*(1809) (Sommersemester 1936), Frankfurt a. M., 1988(GA 42).

M. Heidegger, *Phänomenologie des religiösen Lebens*, Frankfurt a. M., 1995(GA 60).

M. Heidegger, *Zum Ereignis-Denken*, Frankfurt a. M., 2013(GA 73.2).

M. Heidegger, *Feldweg-Gespräche*(1944/45), Frankfurt a. M., 1995(GA 77).

M. Heidegger, *Technik und Kehre*, Pfullingen, 1985.

M. Heidegger, *Zur Sache des Denkens*, Tübingen, 1988.

M. Heidegger, *Wegmarken*, Frankfurt a. M., 1978.

M. Heidegger, *Identität und Differenz*, Pfullingen, 1982.

M. Heidegger, *Holzwege*, Frankfurt a. M., 1980.

M. Heidegger, *Einführung in die Metaphsik*, Tübingen, 1953.

M. Heidegger, *Was ist Metaphysik?*, Frankfurt a. M., 1965.

A. Heller, *Everyday Life*, London, 1984.

Winifred F. Hicken(Hrsg.), *Theaitetos*, In Elizabeth A. Duke u. a.(Hrsg.), *Platonis opera*, Bd. 1, Oxford: Oxford University Press, 1995.

F. Hölderlin, *Sämtliche Werke*, Bd. 1, *Gedichte* bis 1800. 2. *Hälfte: Lesarten und Erläuterungen*, Hrsg. von Friedrich Beissner(Stuttgarter Hölderlin-Ausgabe), Stuttgart, 1947.

E. Husserl, *Zur Phänomenologie des inneren Zeitbewußtseins(Husserlian* X, 1893-1917), Ed. by Rudolf Boehm, The Hague, Netherlands: Martinus Nijhoff, 1969.

Platon, *Theaitetos*, In Elizabeth A. Duke u. a.(Hrsg.), *Platonis opera*, Bd. 1, Oxford: Oxford University Press, 1995.

찾아보기

강학순

독일 뒤셀도르프대학교 철학과에서 수학하고, 마인츠대학교 대학원 철학과에서 철학박사학위를 취득하였다. 한국하이데거학회 회장을 역임하였고, 열암 학술상을 수상하였다. 현재 안양대학교 기독교문화학과에서 철학교수로 재직 중이다. 저서로는 『존재와 공간』, 『근본주의의 유혹과 야만성』 등이 있고, 역서로는 『하이데거 사유의 도상에서』, 『하이데거와 기독교』 등이 있다.

시간의 지평에서 존재를 논하다

1판 1쇄 인쇄	2016년 9월 15일
1판 1쇄 발행	2016년 9월 20일
지은이	강 학 순
발행인	전 춘 호
발행처	철학과현실사
등록번호	제1-583호
등록일자	1987년 12월 15일

서울특별시 종로구 동숭동 1-45
전화번호 579-5908
팩시밀리 572-2830

ISBN 978-89-7775-795-0   93160
값 18,000원